O selo DIALÓGICA da Editora InterSaberes faz referência às publicações que privilegiam uma linguagem na qual o autor dialoga com o leitor por meio de recursos textuais e visuais, o que torna o conteúdo muito mais dinâmico. São livros que criam um ambiente de interação com o leitor – seu universo cultural, social e de elaboração de conhecimentos –, possibilitando um real processo de interlocução para que a comunicação se efetive.

Gestão da sustentabilidade urbana:
leis, princípios e reflexões
Angelo Augusto Valles de Sá Mazzarotto ♦
Rodrigo de Cássio da Silva

**EDITORA intersaberes**

Rua Clara Vendramin, 58 • Mossunguê
CEP 81200-170 • Curitiba • PR • Brasil
Fone: (41) 2106-4170
www.intersaberes.com
editora@editoraintersaberes.com.br

|  |  |
|---|---|
| conselho editorial ♦ | Dr. Ivo José Both (presidente) |
|  | Drª Elena Godoy |
|  | Dr. Nelson Luís Dias |
|  | Dr. Neri dos Santos |
|  | Dr. Ulf Gregor Baranow |
| editora-chefe ♦ | Lindsay Azambuja |
| supervisora editorial ♦ | Ariadne Nunes Wenger |
| analista editorial ♦ | Ariel Martins |
| preparação de originais ♦ | Entrelinhas Editorial |
| edição de texto ♦ | Fabielle Gonçalves Gineste Olsemann, Arte e Texto Edição e Revisão de Textos e Sara Duim Dias |
| capa ♦ | Laís Galvão (design), Alison Hancock, Strahil Dimitrov, crystal51, jgolby, Gustavo Frazao, hfzimages, Matej Kastelic, pisaphotography, Dragon Images, TierneyMJ, Talita Nicolielo, Maxger, Witolda e MarynaG/Shutterstock (imagens) |
| projeto gráfico ♦ | Raphael Bernadelli |
| fotografias de abertura ♦ | Stefany Conduta Wrublevski |
| diagramação ♦ | Alfredo Netto |
| equipe de design ♦ | Sílvio Gabriel Spannenberg e Laís Galvão |
| iconografia ♦ | Celia Kikue Suzuki e Regina Claudia Cruz Prestes |

Dados Internacionais de Catalogação na Publicação (CIP)
(Câmara Brasileira do Livro, SP, Brasil)

♦ ♦ ♦

Mazzarotto, Angelo Augusto Valles de Sá
  Gestão da sustentabilidade urbana: leis, princípios
e reflexões/Angelo Augusto Valles de Sá Mazzarotto,
Rodrigo de Cássio da Silva. Curitiba: InterSaberes, 2017.
(Série Gestão Pública).

Bibliografia.
ISBN 978-85-5972-598-8

  1. Áreas urbanas – Brasil 2. Brasil – Política Nacional
de Resíduos Sólidos 3. Cidades 4. Desenvolvimento
sustentável 5. Gestão ambiental 6. Meio ambiente
7. Mobilidade urbana 8. Planejamento urbano
9. Sustentabilidade I. Silva, Rodrigo de Cássio da.
II. Título. III. Série.

17-10355                              CDD-711.4

♦ ♦ ♦

Índices para catálogo sistemático:
1. Gestão da sustentabilidade urbana: Cidades: Planejamento
    urbano e regional   711.4

1ª edição, 2017.

Foi feito o depósito legal.

Informamos que é de inteira
responsabilidade dos autores a emissão
de conceitos.

Nenhuma parte desta publicação poderá
ser reproduzida por qualquer meio
ou forma sem a prévia autorização da
Editora InterSaberes.

A violação dos direitos autorais é crime
estabelecido na Lei n. 9.610/1998 e
punido pelo art. 184 do Código Penal.

✦ ✦ ✦

# Sumário

Agradecimentos, x

Prefácio, xiv

Apresentação, xviii

Como aproveitar ao máximo este livro, xxiv

*capítulo um*    Conceitos introdutórios de gestão urbana, 30

    1.1    Meio ambiente, 32

    1.2    Ecossistema, 33

    1.3    Cadeia trófica e relações ecológicas, 37

    1.4    Poluição, 40

*capítulo dois*    Energia, sustentabilidade e meio ambiente, 48

    2.1    Conceituando energia, 50

    2.2    Fontes e tipos de energia, 51

    2.3    A crise ambiental e energética do Brasil, 59

    2.4    O uso de biocombustíveis no Brasil, 64

*capítulo três*    Mobilidade urbana: um caminho para a sustentabilidade, 72

    3.1    Política Nacional de Mobilidade Urbana, 74

    3.2    Conhecendo um pouco mais sobre a lei, 75

| | 3.3 | Mobilidade e desenvolvimento urbano sustentável, 82 |
|---|---|---|
| | 3.4 | Mobilidade urbana sustentável, 85 |
| | 3.5 | Boas práticas em mobilidade urbana, 91 |
| *capítulo quatro* | | **Planejamento de áreas verdes urbanas, 102** |
| | 4.1 | Florestas urbanas, 104 |
| | 4.2 | Áreas urbanas de preservação permanente, 108 |
| | 4.3 | Telhados verdes, 110 |
| | 4.4 | Contribuição para as cidades, 114 |
| | 4.5 | Contribuição econômica e social, 116 |
| | 4.6 | Indicadores para avaliação econômica, 118 |
| | 4.7 | Contribuição qualiquantitativa das áreas verdes urbanas, 120 |
| | 4.8 | Indicadores qualiquantitativos, 121 |
| | 4.9 | Método composto para avaliação de florestas urbanas, 132 |
| *capítulo cinco* | | **Gestão da fauna urbana, 144** |
| | 5.1 | A fauna urbana, 146 |
| | 5.2 | Conceitos introdutórios, 147 |
| | 5.3 | A importância das florestas urbanas, 150 |
| | 5.5 | Espécies mais comuns da fauna urbana brasileira, 159 |
| *capítulo seis* | | **Gestão dos recursos hídricos e saneamento em áreas urbanas no Brasil, 196** |
| | 6.1 | Saneamento básico: o cenário nas cidades brasileiras, 198 |
| | 6.2 | As principais causas do desperdício de água, 205 |
| | 6.3 | Métodos aplicados na avaliação de perdas reais, 209 |
| | 6.4 | Evolução global do setor, 213 |

6.5   Controle de inundação, 214

6.6   A experiência recente no Brasil na regulação pública dos recursos hídricos e saneamento, 223

*capítulo sete* **Gerenciamento de resíduos e poluição nas áreas urbanas, 238**

7.1   Conceitos iniciais, 240

7.2   Classificação dos resíduos sólidos, 241

7.3   Panorama dos resíduos sólidos no Brasil, 245

7.4   Política Nacional de Resíduos Sólidos (PNRS), 256

7.5   Gestão e gerenciamento de resíduos sólidos, 263

*capítulo oito* **Poluição atmosférica, 276**

8.1   Atmosfera e seus componentes, 278

8.2   Reações fotoquímicas, 282

8.3   Poluição atmosférica, 286

8.4   Padrões de qualidade do ar e controle da poluição atmosférica, 294

8.5   Efeitos da poluição atmosférica, 302

8.6   As mudanças climáticas e os gases de efeito estufa (Green House Gases), 308

8.7   Poluição atmosférica em ambientes internos – a síndrome dos edifícios doentes, 312

Para concluir..., 320

Referências, 325

Respostas, 346

Sobre os autores, 355

Anexos, 357

# Agradecimentos

Curitiba, minha cidade querida, para mim já foi "Cutitiba" quando, aos 3 anos de idade, retornei. Terra onde minha família pisou o chão e deu nome a rua, mas, acima de tudo, terra onde sabíamos o nome de todos da rua em que morávamos.

A cidade completa aqueles que moram nela, como um palco completa o ator; ela é o plano no qual milhares de pontos se conectam, por inúmeras razões – tanto boas quanto ruins. Curitiba é a tela do quadro do Solar do Rosário, é o acorde da música que vem do Conservatório de MPB, é o passo de dança do Balé do Teatro Guaíra. E para cada curitibano é mais, muito mais, é o repertório de uma vida, é o lugar onde o neto brica com a avó, onde os pais criam os filhos e onde estes aprendem a viver. É, ainda, onde a dor e a felicidade se colocam em comunhão para imprimir na alma as experiências que formam cada um de nós.

Escrevi este livro com meu colega, professor Rodrigo Silva, para demonstrar que nossas mãos estão à disposição para a realização de qualquer trabalho que possa ajudar a preservar e a melhorar as cidades que nos construíram. Melhorá-las, mantê-las seguras e capazes de formar bons cidadãos possibilitando que eles vivam bem – estes são os objetivos que buscamos a cada capítulo. Preservar a cidade é cuidar da nossa família, e cuidar é um legado justo e perfeito.

Inspirado nas palavras de Leonardo Boff sobre a ética do cuidado, agradeço ao meu querido avô Ildefonso Valles de Sá e à minha mãe, Zaide Enilza Valles de Sá, não só por me mostrarem a importância desse legado, mas também por me encherem de exemplos. Agradeço a Deus, acima de tudo, por ter me dado o propósito e a família. Agradeço à minha esposa, Aline Bonotto da Luz, por nossa caminhada juntos e pela vida presenteada por nossos dois filhos, meu pequeno melhor amigo, Filipe Mazzarotto, e minha ternura, Isabelli Mazzarotto, dos quais cuidamos com muito amor, para que eles possam viver em uma cidade linda.

Deixo, ainda, um forte abraço e um agradecimento ao meu irmão, Sergio Mazzarotto, cujo corpo não mais passeia pelas ruas da cidade, mas cuja alma ainda habita nossos corações.

**Angelo de Sá Mazzarotto**

Agradeço imensamente à professora Cláudia Osório pelo convite para a escrita desta obra e pela confiança em mim depositada.

Agradeço ao professor doutor Angelo Mazzarotto, parceiro nesta empreitada, por acreditar neste belo trabalho.

Por fim, porém de maior importância, agradeço a Deus por Sua bondade e Sua generosidade ao permitir a perpetuação de minhas palavras e de meus pensamentos por meio destas páginas.

Dedico esta obra à minha filha, Mariana; o maior amor do mundo.

**Rodrigo de Cássio da Silva**

# Prefácio

Foi com grata satisfação que recebi o convite para prefaciar a obra "Gestão da Sustentabilidade Urbana" cujos autores, os professores Ângelo Augusto Valles de Sá Mazzarotto e Rodrigo de Cássio da Silva, além de profundos conhecedores do assunto, são dois entusiastas pelo tema. Tal entusiasmo se reflete em cada linha do livro, como o leitor terá oportunidade de conferir.

É fato conhecido que atualmente a maioria da população mundial vive em cidades, num fenômeno de urbanização acelerada que se apresenta na forma de inúmeros desafios a serem enfrentados na busca da qualidade de vida para as gerações presentes e vindouras. Segundo a ONU, quase 54% do contingente populacional global reside em áreas urbanas, número este que provavelmente deverá crescer para 66% até 2050. Tal crescimento se dará nas cidades e megalópoles com mais de 10 milhões de habitantes em países da América Latina, Ásia e África, historicamente vinculadas a graves problemas socioambientais.

O impacto ambiental deste boom populacional, com inúmeras pessoas vivendo de forma concentrada em áreas urbanas, pode representar um desastre sob o ponto de vista ecológico. As demandas pelos recursos hídricos, a alta descarga de poluentes na atmosfera, a adaptação das matrizes energéticas, a mobilidade urbana, a destinação dos resíduos e a manutenção das áreas verdes, são, dentre tantos, graves problemas a serem enfrentados. Neste cenário, administrar as áreas urbanas passou a ser um dos mais importantes desafios do desenvolvimento sustentável para o século XXI. E é disso que o livro trata.

Em capítulos organizados de forma sequencial e didática, os autores paulatinamente introduzem o leitor, mesmo aqueles que não estão familiarizados com a temática, na compreensão precisa dos conceitos e principais aspectos a serem discutidos no que tange à sustentabilidade urbana.

As duas primeiras partes do livro são uma espécie de apresentação às ciências ambientais. Ali estão dispostos os conceitos introdutórios necessários à compreensão do que será abordado quando o assunto envolver diretamente a questão urbana. Cuidadosamente o leitor é convidado a conhecer os conceitos de meio ambiente, sustentabilidade, ecossistemas, energia, e outros de vital importância, funcionando como uma antecâmara para o tema central da obra.

Depois desta introdução, que per si já representa uma importante contribuição teórica para quem tem interesse no estudo das questões ambientais, o texto adentra no campo da sustentabilidade urbana, trazendo elementos que permitem ao leitor adquirir importantes conhecimentos acerca da integração entre transporte e uso do solo, do planejamento de áreas verdes, da problemática do saneamento básico, da gestão de resíduos, poluição atmosférica, enfim, um rico apanhado de conceitos fundamentais para quem deseja familiarizar-se ou ampliar seus conhecimentos sobre o tema.

Impossível deixar de ressaltar que Ângelo Mazzarotto e Rodrigo Silva de certa forma aproximam-se do renomado Ignacy Sachs, autor que, ao abordar os critérios de sustentabilidade, já chamava a atenção para a questão da sustentabilidade territorial, na qual a melhoria do ambiente urbano é de fundamental importância, principalmente no que tange ao fomento de estratégias de desenvolvimento ambientalmente seguras para as áreas ecologicamente frágeis.

Da mesma forma, colocam-se ao lado do arquiteto Richard Rogers, que no seu best seller "Cidades para um Pequeno Planeta", adverte sobre o impacto negativo das cidades modernas sobre o meio ambiente. Para ele, somente por meio de um planejamento sustentável será possível proteger a ecologia do planeta e fazer jus às responsabilidades que se tem para com as futuras gerações.

Sem sombra de dúvida, a obra que ora se apresenta, pela sólida base conceitual com que que foi delineada, constitui-se numa importante contribuição não apenas para o público acadêmico, mas também para pesquisadores e profissionais, tal como arquitetos, engenheiros, planejadores urbanos, diretamente envolvidos com a formulação de um novo desenho urbano capaz de reverter as condições adversas que atingem as grandes cidades deste pequeno planeta.

**Mario Alencastro**
Engenheiro e Doutor em Meio Ambiente e Desenvolvimento

# Apresentação

As cidades, assim como os grandes centros urbanos, precisam ser reinventadas constantemente. E esse contínuo projeto de urbanização deve envolver a reestruturação das áreas urbanas abandonadas ou ultrapassadas, a recuperação de espaços obsoletos, a ampliação do capital intelectual e inovador, o fortalecimento das práticas sociais regionais, a ampliação dos espaços culturais, a preservação da história, a manutenção dos espaços ecológicos, o empreendedorismo urbano, a evolução racional das infraestruturas e os demais fatores correlacionados. Enfim, a urbanização é um processo contínuo e deve conceber as cidades como obras de arte complexas e em constante evolução orgânica e física.

Para o desenvolvimento das cidades e metrópoles, devemos optar pela reestruturação dos grandes espaços centrais ou devemos, por meio de conceitos contemporâneos e com a reformulação de suas funções primordiais, permitir que os espaços urbanos cresçam conforme dinâmica própria e aleatória? Devemos ter em mente, no entanto, que um mau planejamento pode nos levar à ocupação de regiões adjacentes ou distantes e tornar mais complexas e onerosas a estruturação e a manutenção da infraestrutura dos serviços.

Quanto a áreas novas, sua ocupação deve ser planejada com projetos de médio e de longo prazo, pois conduzir o desenvolvimento dos espaços urbanos com uma boa visão é incomparavelmente menos dispendioso do que consertar erros, como a marginalização de pequenos núcleos urbanos, propícios às rupturas sociais, legando-os ao abandono e ao que dele decorre.

Pensamos que o desenvolvimento sustentável das áreas urbanas passa pela difícil tarefa de reestruturar os seus espaços, recriando as cidades, tornando-as mais inteligentes e inclusivas, pois a inovação dos espaços urbanos é tão necessária quanto a construção de novas infraestruturas.

Manter as metrópoles vivas, tornando-as sustentáveis, sem dúvida, é a grande tarefa da sociedade atual, pois, se estas adoecerem, o modo de vida que desejamos não se concretizará. Contudo, há exemplos de cidades – como Vancouver, Barcelona, Nova Iorque, Bogotá, entre outras – que estão se reinventando e ampliando cada vez mais sua capacidade de sobreviver às grandes transformações sociais, econômicas e ambientais.

A reinvenção das metrópoles precisa considerar os novos desafios da sociedade contemporânea, como o aumento das demandas energéticas, o uso sustentável de recursos, a gestão inteligente dos resíduos, o controle da poluição, a manutenção e o desenvolvimento dos espaços verdes e culturais, a gestão dos recursos hídricos, a contenção das enchentes, o planejamento da mobilidade urbana, o desenvolvimento do potencial ecológico e a redução das espécies invasoras e nocivas, assim como a melhor distribuição espacial, evitando o crescimento desordenado e as ocupações irregulares.

Mesmo com a ideia de ruptura entre as áreas urbanas e a natureza, percebemos que o desenvolvimento da ecologia da cidade permite incorporar mecanismos da natureza e promover serviços imprescindíveis, como o controle de enchentes, a melhoria na qualidade do ar, a manutenção do equilíbrio térmico, a promoção na saúde pública, melhorias nos aspectos psicossociais, entre muitos outros. Todas as possibilidades que os ambientes naturais podem promover para inspirar a reestruturação das cidades devem ser tratadas como aspectos sérios e prementes.

Precisamos considerar as grandes possibilidades que as tecnologias verdes, somadas à gestão inteligente das cidades, podem criar, sejam novos arranjos espaciais das áreas urbanas, como a recuperação de bairros, seja a criação de uma cidade inteira sustentável, como Masdar, em Dubai, projetada pelo arquiteto britânico Norman Foster. Mesmo que modelos como esses sejam inviáveis para a maioria das cidades, eles nos mostram possibilidades de replicar a experiência ou compartilhar algumas técnicas que ajudariam na evolução dos centros urbanos.

*Figura A – Masdar, uma cidade 100% planejada*

Vale salientar que escrever uma obra acerca desses temas requer uma grande responsabilidade devido à importância e à extensão de informações. Nosso intuito, no entanto, não foi apenas compilar esses dados, mas fornecer a você, leitor, conceitos básicos que o auxiliarão na construção do saber ambiental e no alcance da sustentabilidade tanto em uma organização quanto na sociedade e na vida.

Desejamos uma boa leitura!

✦ ✦ ✦

# Como aproveitar ao máximo este livro

Este livro traz alguns recursos que visam enriquecer o seu aprendizado, facilitar a compreensão dos conteúdos e tornar a leitura mais dinâmica. São ferramentas projetadas de acordo com a natureza dos temas que vamos examinar. Veja a seguir como esses recursos se encontram distribuídos no decorrer desta obra.

Logo na abertura do capítulo, você fica conhecendo os conteúdos que serão nele abordados.

Você também é informado a respeito das competências que irá desenvolver e dos conhecimentos que irá adquirir com o estudo do capítulo.

Conteúdos do capítulo:

- Conceitos de meio ambiente.
- O ecossistema e suas interações ecológicas.
- Conceitos básicos sobre poluição.
- Impacto ambiental e legislação pertinente.

Após o estudo deste capítulo, você será capaz de:

1. refletir acerca dos diferentes conceitos de meio ambiente;
2. compreender as relações ecológicas – harmônicas e desarmônicas – entre os diferentes seres de um ecossistema;
3. compreender os conceitos relacionados a poluente, poluição e poluidor;
4. conceituar impacto ambiental e reconhecer a legislação pertinente a esse aspecto.

### Síntese

O termo *ambiente* está presente em nosso cotidiano e pode ser usado de muitas maneiras e em contextos diferentes. Não há como negar a importância do meio ambiente para a vida dos seres humanos. Neste capítulo, apresentamos diferentes conceitos, concluindo que meio ambiente é tudo, inclusive nós, seres humanos. Esse papel inclusivo das pessoas como uma parte do todo faz com que a responsabilidade pela preservação dos recursos naturais se amplie.

Outro conceito visto neste capítulo foi o de ecossistema. Um ecossistema inclui todos os seres vivos (plantas, animais e outros organismos) de determinada área, interagindo uns com os outros, bem como com as formas não vivas (solo, clima, atmosfera, luz, entre outros). Percebemos que, em um ecossistema, cada organismo tem seu próprio papel.

As interações de alimentação entre os organismos de um ecossistema podem ser denominadas *cadeia trófica*. Nelas, os animais de níveis tróficos superiores se alimentam daqueles que estão em níveis inferiores, portanto, qualquer alteração ambiental que quebre algum elo dessa cadeia, prejudica todo o grupo restante. Uma das formas de alterar as interações em uma cadeia trófica são os impactos ambientais provenientes da poluição. Assim, os poluentes ambientais (substâncias que promovem a poluição) devem ser constantemente monitorados para que seus limites não sejam ultrapassados, prejudicando o ecossistema, seja urbano, seja natural.

> Você dispõe, ao final do capítulo, de uma síntese que traz os principais conceitos nele abordados.

### Questões para revisão

1. Leia o texto de Lima (2017) a seguir:

   > A Campanha da Fraternidade 2017 terá caráter ecológico. O tema será "Fraternidade: biomas brasileiros e defesa da vida" e o lema "Cultivar e guardar a criação". A iniciativa

> Com estas atividades, você tem a possibilidade de rever os principais conceitos analisados. Ao final do livro, os autores disponibilizam as respostas às questões, a fim de que você possa verificar como está sua aprendizagem.

---

5. No Brasil, as inundações ocorrem com frequência anual, atingindo principalmente as cidades das regiões Sul e Sudeste, devido a um conjunto de causas ambientais, sociais e econômicas que potencializam os impactos dos fatores naturais sobre essas regiões. Quais são as principais causas que se destacam?

### Questão para reflexão

1. Identifique na sua região áreas de risco para inundações, faça o levantamento das condições que levam a esse diagnóstico e apresente possíveis soluções.

> Nesta seção, a proposta é levá-lo a refletir criticamente sobre alguns assuntos e a trocar ideias e experiências com seus pares.

#### Para saber mais

Para conhecer mais sobre o enquadramento em bacias hidrográficas, acesse o site a seguir:

BRASIL. ANA – Agência Nacional das Águas. Implementação do enquadramento em bacias hidrográficas no Brasil: Sistema Nacional de Informações sobre Recursos Hídricos – SNIRH no Brasil: arquitetura computacional e sistêmica. Brasília: ANA, 2009. Disponível em: <http://portalpnqa.ana.gov.br/Publicacao/IMPLEMENTACAO_DO_ENQUADRAMENTO.pdf>. Acesso em: 22 nov. 2017.

Você pode acessar a Resolução, acessando o endereço eletrônico a seguir.

BRASIL. Ministério do Meio Ambiente. Conselho Nacional do Meio Ambiente. Resolução n. 357, de 17 de março de 2005. Diário Oficial da União, Brasília, DF, 18 mar. 2005. Disponível em: <http://www.mma.gov.br/port/conama/res/res05/res35705.pdf>. Acesso em: 22 nov. 2017.

> Você pode consultar as obras indicadas nesta seção para aprofundar sua aprendizagem.

Nesta seção, os autores respondem a dúvidas frequentes relacionadas ao conteúdos do capítulo

---

Embora sejam enormes os investimentos na geração de energia por meio de combustíveis fósseis, o mundo precisa apoiar o uso de energia limpa e investir nela, já que mais de 1,3 bilhão de pessoas ainda não têm acesso à eletricidade de que necessitam para elevar seu padrão de vida.

### Perguntas & respostas

1. (Inep – 2010 – Enem) Deseja-se instalar uma estação de geração de energia elétrica em um município localizado no interior de um pequeno vale cercado de altas montanhas de difícil acesso. A cidade é cruzada por um rio, que é fonte de água para consumo, irrigação das lavouras de subsistência e pesca. Na região, que possui pequena extensão territorial, a incidência solar é alta o ano todo. A estação em questão irá abastecer apenas o município apresentado.

   Qual forma de obtenção de energia, entre as apresentadas, é a mais indicada para ser implantada nesse município de modo a causar o menor impacto ambiental?

   a. Termelétrica, pois é possível utilizar a água do rio no sistema de refrigeração.
   b. Eólica, pois a geografia do local é própria para a captação desse tipo de energia.
   c. Nuclear, pois o modo de resfriamento de seus sistemas não afetaria a população.
   d. Fotovoltaica, pois é possível aproveitar a energia solar que chega à superfície do local.
   e. Geotérmica, considerando as condições geológicas da região.

   **Resposta:** *d*.

---

Nesta seção, você dispõe de algumas reflexões dirigidas com base na leitura de excertos de obras dos principais autores comentados neste livro.

---

Portanto, conflitos socioambientais envolvidos na construção de usinas hidrelétricas, sejam pequenas, sejam grandes, estão longe do fim, sobretudo pelos altos investimentos nesse tipo de geração de energia. Como uma crítica a esse modelo, sugerimos a leitura do texto de Ricardo Abramovay*: "Belo Monte, a idade da pedra" (2015), que disserta brevemente sobre os impactos socioambientais da construção da polêmica usina de Belo Monte, no Estado do Pará.

#### Para refletir
##### Belo Monte, a idade da pedra

O mundo nunca conheceu tão grande deslocamento de terra e de pedras como na construção da usina hidrelétrica de Belo Monte, no berço do rio Xingu, no Pará. Pode-se encarar esse feito como uma vitória de nossa engenharia.

Mas não na segunda década do século 21, em que a revolução solar, os ganhos de eficiência dos geradores eólicos e as formas modernas de energia da biomassa mobilizam os melhores cérebros e as mais ousadas atividades empresariais.

Em matéria de energia, o Brasil encontra-se na idade da pedra, ou seja, naquela em que se produz energia removendo rochas e desviando rios. Enquanto a vanguarda tecnológica global se apoia na física quântica e na revolução dos semicondutores, nós continuamos insistindo na energia mecânica da pressão da água sobre turbinas.

Esse contraste se torna trágico quando se examinam as consequências do que se ergue em Belo Monte. É uma fonte de energia considerada barata, mas o custo só é baixo por escamotear perdas irreparáveis. Uma delas refere-se ao patrimônio socioambiental da Volta Grande do Xingu. Belo Monte é o mais claro exemplo de uma tecnologia que opera na natureza como um exército inimigo.

* * *

* Ricardo Abramovay, 61 anos, é professor sênior do Instituto de Energia e Ambiente da Universidade de São Paulo (USP). É autor de *Muito além da economia verde* (ed. Planeta Sustentável) e organizador de *Biocombustíveis e energia da controvérsia* (ed. Senac) (Abramovay, 2015).

Esta seção traz ao seu conhecimento situações que vão aproximar os conteúdos estudados de sua prática profissional.

---

*Estudo de caso*

A matriz energética brasileira

Para darmos início ao assunto, precisamos caracterizar a expressão matriz energética. De acordo com Bueno (2013, p. 3):

> A matriz energética exprime o quadro de geração e consumo de energia. É instrumento utilizado para o Planejamento Energético do País e fundamental para se estabelecer políticas que promovam a competitividade. A partir dos dados apresentados na matriz é possível ter um planejamento que assegure a disponibilidade de energia (segurança energética), com os menores custos possíveis e que seja ambientalmente sustentável. Evidentemente que essas três características, segurança, economicidade e sustentabilidade, são, na maioria dos casos, contraditórias. Portanto, é necessário, no planejamento energético, levar em consideração a maximização em conjunto dessas três características.

Como o Brasil tem grande disponibilidade de recursos naturais, sobretudo água, e a utiliza como base da sua matriz energética – a energia hidráulica –, o país se coloca, dessa forma, em uma posição singular em relação às outras (Anjos; Rocha; Andrade, 2014). Na Tabela 2.1, verificamos a composição e a contribuição das diferentes fontes energéticas na oferta de energia interna do Brasil durante o biênio 2013/2014 (Brasil, 2015).

Tabela 2.1 – Composição e contribuição das diferentes fontes energéticas na oferta de energia interna do Brasil durante o biênio 2013/2014

| Especificação | mil tep | | 14/13% | Estrutura % | |
|---|---|---|---|---|---|
| | 2013 | 2014 | | 2013 | 2014 |
| Não renovável | 176.468 | 185.200 | 4,9 | 59,6 | 60,6 |
| Petróleo e derivados | 110.400 | 120.127 | 5,5 | 39,3 | 39,4 |

*capítulo um*

# Conceitos introdutórios de gestão urbana

## Conteúdos do capítulo:

- Conceitos de meio ambiente.
- O ecossistema e suas interações ecológicas.
- Conceitos básicos sobre poluição.
- Impacto ambiental e legislação pertinente.

## Após o estudo deste capítulo, você será capaz de:

1. refletir acerca dos diferentes conceitos de meio ambiente;
2. compreender as relações ecológicas – harmônicas e desarmônicas – entre os diferentes seres de um ecossistema;
3. compreender os conceitos relacionados a poluente, poluição e poluidor;
4. conceituar impacto ambiental e reconhecer a legislação pertinente a esse aspecto.

Neste capítulo, apresentaremos tópicos introdutórios sobre as bases da gestão da sustentabilidade urbana. Esse preâmbulo é necessário porque os conteúdos aqui abordados serão nosso arcabouço teórico para que você compreenda o que será abordado e discutido nos capítulos posteriores.

## 1.1 Meio ambiente

Para você, o que é meio ambiente?

É interessante observarmos que grande parte das respostas a essa pergunta está relacionada ao natural, ao verde, à fauna e à flora. No entanto, não é só isso. Meio ambiente é tudo o que nos circunda, inclusive nós mesmos. Parece um tanto quanto filosófico – e o é em certa forma –, mas o fundamental é entender que fazemos parte do meio ambiente, ao mesmo tempo que somos o meio ambiente; portanto, qualquer atitude para com ele é como se tivéssemos a mesma atitude para conosco.

Robert Ricklefs, ecólogo norte-americano, em sua obra *A economia da natureza*, define **meio ambiente** como aquilo "que contorna um ser; esse envoltório abrange plantas e animais" (Ricklefs, 2003, p. 480). No âmbito jurídico, de acordo com a Lei n. 6.938, de 31 de agosto de 1981, que dispõe sobre a Política Nacional do Meio Ambiente, em seu art. 3º, *meio ambiente* é "o conjunto de condições, leis, influências e interações de ordem física, química e biológica, que permite, abriga e rege a vida em todas as suas formas" (Brasil, 1981).

Nesse caso, é possível observar que alguns autores assumem que o conceito de meio ambiente engloba aspectos naturais e biológicos, ao passo que outras vertentes vão além, incluindo aspectos relacionados à cultura, à economia e à sociedade. Porém, o objetivo dessa discussão não é engessar esse conceito, tampouco encontrar um definitivo, mas é válido destacar que cada vez mais essa definição tende a agregar mais valores e ser de concepção mais holística. Milaré (2002, p. 63) elucida que "o meio ambiente pertence a uma daquelas categorias cujo conteúdo é mais facilmente intuído que definível, em virtude da riqueza e da complexidade do que encerra".

## 1.2 Ecossistema

Todos os indivíduos são capazes de interagir entre si e com o meio ambiente que os rodeia, assim, surge o conceito de **ecossistema**, que inclui todos os organismos em determinada área e suas interações com os ambientes químicos e físicos – ambiente não vivo, como clima, temperatura, solo, atmosfera etc. (Ricklefs, 2003). Em um ecossistema, cada organismo tem seu papel. Você pode considerar um ecossistema em uma escala **macro** ou **maior** (uma floresta, por exemplo) ou em uma escala **micro** ou **menor** (um pequeno lago, por exemplo), pois, em ambos os ambientes, é possível encontrar uma variedade de seres vivos, como microrganismos, insetos, peixes e plantas. Além disso, esses organismos (fatores bióticos) dependem de "coisas não vivas" (fatores abióticos), como a água, a luz solar, a temperatura, a pressão atmosférica e até mesmo os nutrientes presentes nesses locais. Todos esses fatores abióticos são também chamados de *fatores limitantes*, pois podem impedir a sobrevivência dos organismos (Odum, 2004).

Os seres vivos na Terra apresentam diferentes níveis de organização biológica e espacial, que podem variar da mais simples organização, como uma célula que chega a uma comunidade, até formas mais complexas, como um ecossistema, um bioma ou a biosfera. De maneira geral e simplista, organizam-se de maneira hierárquica, como pode ser visto na Figura 1.1.

*Figura 1.1 – Níveis de organização dos sistemas biológicos, com destaque para os ecossistemas*

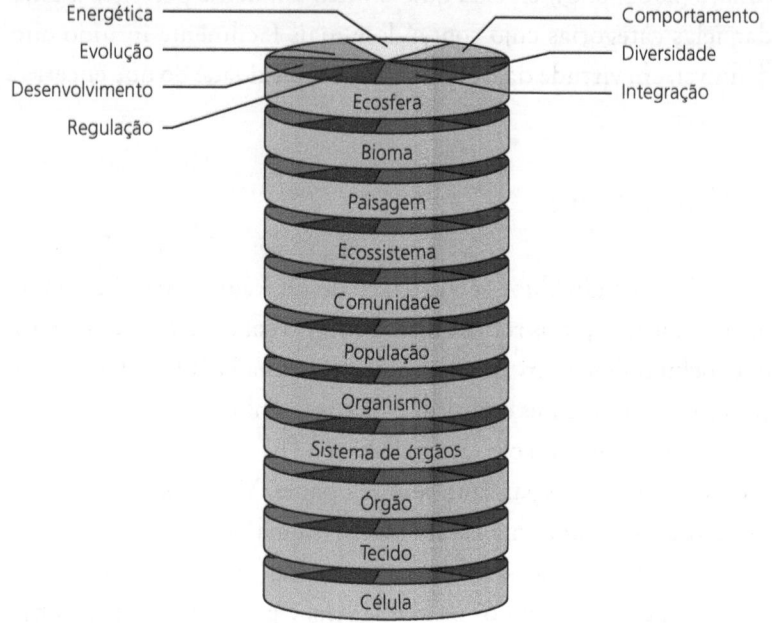

Fonte: Adaptado de Silva Junior; Sasson, 1998, p. 17.

Assim, é importante mencionar que a ciência que estuda as relações entre os seres vivos e o meio ambiente é chamada de *ecologia*. Porém, infelizmente muitos ecossistemas foram alterados e até mesmo destruídos por desastres naturais, como incêndios, inundações, tempestades e erupções vulcânicas. No entanto, são as atividades humanas que mais têm contribuído para a perturbação de muitos ecossistemas e biomas.*

Nesse sentido, para o gestor ambiental ou qualquer outro profissional que atue na área, compreender os processos ambientais é a chave para interpretar o comportamento, o transporte e o destino

✦ ✦ ✦

\* *Bioma* é m grande conjunto de diferentes ecossistemas com fatores bióticos e abióticos semelhantes. São exemplos de biomas brasileiros: Mata Atlântica, Amazônia, Cerrado etc. (Coutinho, 2006).

das diversas substâncias dentro e entre os compartimentos ambientais, seu equilíbrio, suas (bio)transformações e, com isso, avaliar a influência e a interferência das atividades antrópicas. A Figura 1.2, a seguir, considera processos biológicos químicos, físicos, geológicos e suas interações, que determinam as características dos diferentes compartimentos ambientais.

*Figura 1.2 – Diagrama ilustrado dos principais processos ambientais globais*

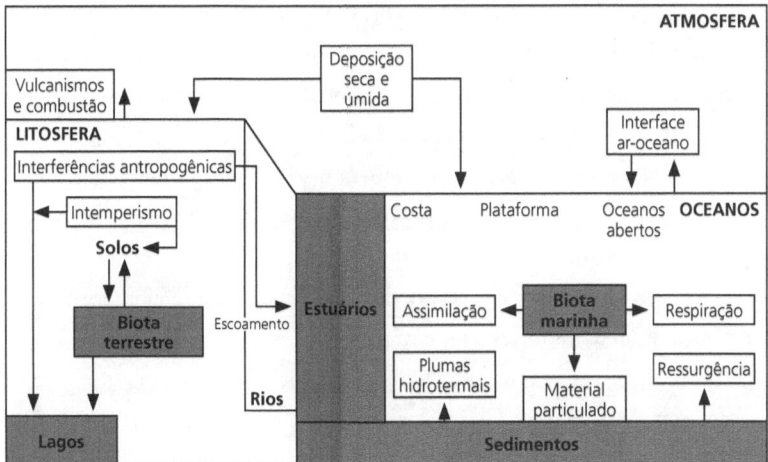

Fonte: Adaptado de Hanrahan, 2012, p. 12, tradução nossa.

## Para refletir

### Biodiversidade brasileira

O Brasil é um país de proporções continentais: seus 8,5 milhões km² ocupam quase a metade da América do Sul e abarcam várias zonas climáticas – como o trópico úmido no Norte, o semiárido no Nordeste e áreas temperadas no Sul. Evidentemente, estas diferenças climáticas levam a grandes variações ecológicas, formando zonas biogeográficas distintas ou biomas: a Floresta Amazônica, maior floresta tropical úmida do mundo; o Pantanal, maior planície inundável; o Cerrado de savanas e bosques; a Caatinga de florestas semiáridas; os campos dos Pampas; e a floresta tropical pluvial da Mata Atlântica. Além disso, o Brasil possui uma costa marinha de 3,5 milhões km², que inclui ecossistemas como recifes de corais, dunas, manguezais, lagoas, estuários e pântanos.

A variedade de biomas reflete a enorme riqueza da flora e da fauna brasileiras: o Brasil abriga a maior biodiversidade do planeta. Esta abundante variedade de vida – que se traduz em mais de 20% do número total de espécies da Terra – eleva o Brasil ao posto de principal nação entre os 17 países megadiversos (ou de maior biodiversidade).

Além disso, muitas das espécies brasileiras são endêmicas, e diversas espécies de plantas de importância econômica mundial – como o abacaxi, o amendoim, a castanha do Brasil (ou do Pará), a mandioca, o caju e a carnaúba – são originárias do Brasil.

Mas não é só: o país abriga também uma rica sociobiodiversidade, representada por mais de 200 povos indígenas e por diversas comunidades – como quilombolas, caiçaras e seringueiros, para citar alguns – que reúnem um inestimável acervo de conhecimentos tradicionais sobre a conservação da biodiversidade.

Porém, apesar de toda esta riqueza em forma de conhecimentos e de espécies nativas, a maior parte das atividades econômicas nacionais se baseia em espécies exóticas: na agricultura, com cana-de-açúcar da Nova Guiné, café da Etiópia, arroz das Filipinas, soja e laranja da China, cacau do México e trigo asiático; na silvicultura, com eucaliptos da Austrália e pinheiros da América Central; na pecuária, com bovinos da Índia, equinos da Ásia e capins africanos; na piscicultura, com carpas da China e tilápias da África Oriental; e na apicultura, com variedades de abelha provenientes da Europa e da África.

Este paradoxo traz à tona uma ideia premente: é fundamental que o Brasil intensifique as pesquisas em busca de um melhor aproveitamento da biodiversidade brasileira – ao mesmo tempo mantendo garantido o acesso aos recursos genéticos exóticos, também essenciais ao melhoramento da agricultura, da pecuária, da silvicultura e da piscicultura nacionais.

Como se sabe, a biodiversidade ocupa lugar importantíssimo na economia nacional: o setor de agroindústria, sozinho, responde por cerca de 40% do PIB brasileiro (calculado em US$ 866 bilhões em 1997); o setor florestal, por sua vez, responde por 4%; e o setor pesqueiro, por 1%. Na agricultura, o Brasil possui exemplos de repercussão internacional sobre o desenvolvimento de biotecnologias que geram riquezas por meio do adequado emprego de componentes da biodiversidade.

Produtos da biodiversidade respondem por 31% das exportações brasileiras, com destaque para o café, a soja e a laranja. As atividades de extrativismo florestal e pesqueiro empregam mais de três milhões de pessoas. A biomassa vegetal, incluindo o etanol da cana-de-açúcar, e a lenha e o carvão derivados de florestas nativas e plantadas respondem por 30% da matriz energética nacional – e em determinadas regiões, como o Nordeste, atendem a mais da metade da demanda energética industrial e residencial. Além disso, grande parte da população brasileira faz uso de plantas medicinais para tratar seus problemas de saúde.

Por tudo isso, o valor da biodiversidade é incalculável.

Fonte: Brasil, 2017d.

## 1.3 Cadeia trófica e relações ecológicas

*Cadeia trófica*, ou *teia trófica*, é um conceito fundamental que representa basicamente a relação de alimentação em determinada comunidade, o que também implica dizer que há transferência de energia entre os diferentes níveis tróficos, ou seja, energia luminosa (sol) que passa pelos vegetais (**seres autótrofos**, portanto, **produtores**) e é transformada – via fotossíntese – em energia química, que, por sua vez, é transferida para o nível acima (**herbívoros**, desse modo, **consumidores primários**). Por fim, transfere essa energia para o nível dos carnívoros (consumidores terciários, quaternários etc.) e, quando algum indivíduo de algum nível trófico (produtor, primário, secundário etc.) morre, entram em ação os decompositores, que podem ser considerados tanto a base da cadeia quanto o topo (Hui, 2012).

Como podemos observar na Figura 1.3, o propósito fundamental de teias alimentares é descrever a relação de alimentação entre as espécies em uma comunidade.

*Figura 1.3 – Cadeia trófica ou teia trófica com exemplos de representantes de cada nível trófico*

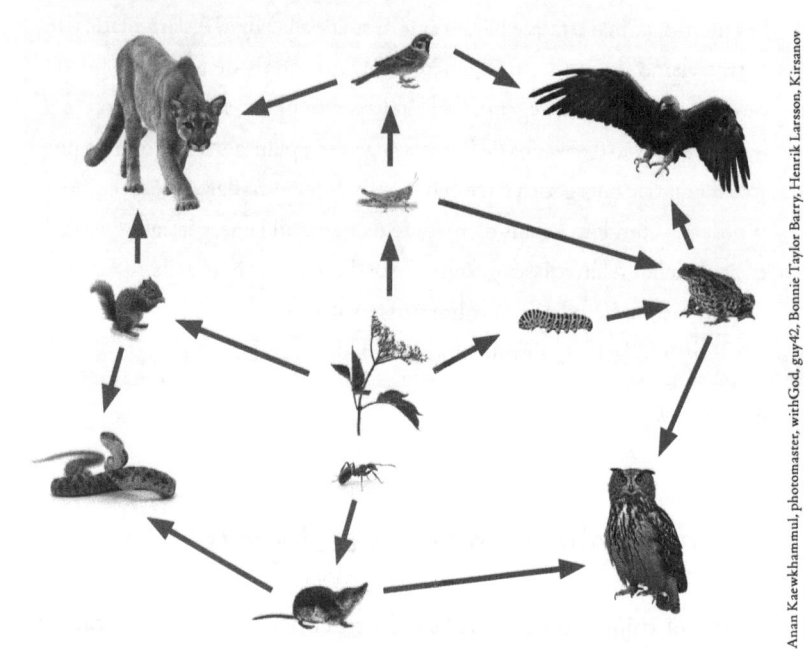

Fonte: Adaptado de Lopes; Rosso. 2010. p. 72.

Ao analisarmos brevemente uma cadeia trófica, percebemos que cada espécie presente tem sua importância. Observe o exemplo da Figura 1.3 e imagine algum tipo de perturbação ambiental que favorecesse o desaparecimento dos sapos. Qual seria o efeito direto? Como os sapos se alimentam de lagartas e gafanhotos, a ausência desse predador natural causaria um aumento da população desses dois insetos, levando a um desequilíbrio ecológico. Com a ausência de sapos, a águia e a coruja não mais teriam alimento e, assim, precisariam se alimentar mais de roedores e outros passarinhos, diminuindo drasticamente essas populações, gerando mais um desequilíbrio. Desse modo, é possível observar como uma única espécie pode desequilibrar todo um ecossistema.

Com base nessas explicações, podemos notar que os indivíduos de uma comunidade se relacionam entre si; logicamente, podendo ter resultado positivo para uns, negativo para outros ou mesmo sendo uma relação neutra. De acordo com Odum (2004), denominamos essas relações entre indivíduos de uma comunidade de *relações ecológicas*, as quais podem ser:

- **Intraespecíficas:** Ocorrem entre indivíduos de uma mesma espécie.
- **Interespecíficas:** Ocorrem entre indivíduos de espécies diferentes.
- **Harmônicas:** Ocorrem nos casos em que pelo menos um (ou os dois) se beneficia e o outro não tem nenhum tipo de prejuízo.
- **Desarmônicas:** Ocorrem nos casos em que uma (ou as duas) espécie tem prejuízos.

Veja o Quadro 1.1 com exemplos de cada uma dessas relações ecológicas.

*Quadro 1.1 – Relações ecológicas e suas particularidades*

| RELAÇÕES ECOLÓGICAS | | | |
|---|---|---|---|
| Intraespecíficas | | Interespecíficas | |
| *Desarmônicas* | *Harmônicas* | *Desarmônicas* | *Harmônicas* |
| Canibalismo | Colônias | Amensalismo | Inquilinismo |
| Interação desarmônica na qual um indivíduo mata e se alimenta do outro da mesma espécie. Ex. louva-a-deus. | Associações de indivíduos da mesma espécie que formam uma unidade estrutural e funcional diferente do organismo individual. Nesse tipo de interação, todos os indivíduos levam vantagem e são dependentes uns dos outros. Ex.: recifes de corais. | Associação entre organismos de duas espécies diferentes em que um é inibido ou destruído. Ex.: ação do fungo *Penicillium* sobre certas bactérias. | Associação entre duas espécies, em que apenas uma delas é beneficiada, porém a outra não é prejudicada. Nesse caso, a beneficiada obtém abrigo (proteção) ou suporte no corpo da espécie hospedeira. Ex.: recifes de corais e peixes. |

(continua)

*(Quadro 1.1 – conclusão)*

| RELAÇÕES ECOLÓGICAS | | | |
|---|---|---|---|
| **Intraespecíficas** | | **Interespecíficas** | |
| *Desarmônicas* | *Harmônicas* | *Desarmônicas* | *Harmônicas* |
| *Competição* | *Sociedade* | *Competição* | *Mutualismo* |
| Quando indivíduos da mesma espécie disputam recursos que estão em falta no ecossistema no qual vivem. | Conjunto de indivíduos organizados com funções específicas de cada indivíduo. Ex.: recife de corais, colmeia de abelhas etc. | Processo em que organismos disputam uma parte de um recurso limitado. | Interação biótica entre dois organismos de espécies diferentes na qual cada um se beneficia de alguma forma. Ex.: líquens. |
| | | *Parasitismo* | *Comensalismo* |
| | | Relação entre duas espécies em que uma se beneficia em detrimento da outra. | Quando uma espécie aproveita restos de alimento de outra espécie sem prejudicá-la. Ex.: tubarão e peixe rêmora. |
| | | *Predatismo* | |
| | | Interação trófica em que indivíduos de uma espécie (predadores) matam e comem indivíduos de outras espécies (presas). Ex.: leão e veado. | |

No item a seguir, vamos iniciar nossos estudos sobre a poluição e o impacto dela no ambiente em que vivemos.

## 1.4 *Poluição*

Sempre que algo estranho – seja um organismo vivo, seja a alteração de um fator limitante, como o aumento da temperatura, por exemplo – é introduzido em um ecossistema, isso pode ser tornar desastroso, afinal, o novo organismo (ou fator) pode alterar o equilíbrio natural das interações existentes e prejudicar ou destruir potencialmente o ecossistema. Nesse caso, é necessário conhecer três termos importantes: poluição, poluente e poluidor. Vamos a eles.

De acordo com o art. 3º, inciso III, da Lei n. 6.938/1981, *poluição* é

> a degradação da qualidade ambiental resultante de atividades que direta ou indiretamente:
>
> a. prejudiquem a saúde, a segurança e o bem-estar da população;
> b. criem condições adversas às atividades sociais e econômicas;
> c. afetem desfavoravelmente a biota;
> d. afetem as condições estéticas ou sanitárias do meio ambiente;
> e. lancem matérias ou energia em desacordo com os padrões ambientais estabelecidos; [...]. (Brasil, 1981)

Segundo Woolley e Kjarsgaard (2008), *poluente* é qualquer substância presente em um ecossistema e que excede as quantidades (concentrações) normais do ambiente com potencial de causar danos à biota local.

Ainda segundo a Lei n. 6.938/1981, art. 3º, inciso IV, *poluidor* é "a pessoa física ou jurídica, de direito público ou privado, responsável, direta ou indiretamente, por atividade causadora de degradação ambiental" (Brasil, 1981).

## *Estudo de caso*

### *Impactos ambientais*

Os impactos ambientais se agravaram principalmente após a Revolução Industrial, nos séculos XVIII e XIX, devido ao exponencial aumento das indústrias e, consequentemente, da poluição. No entanto, foi na década de 1960 que se iniciou uma mudança de paradigma no que se refere aos conceitos de preservação e conservação ambiental, sobretudo com a publicação da obra *Primavera silenciosa (Silent Spring)*, da bióloga e escritora Rachel Carson, em que denuncia as consequências ambientais nefastas relacionadas ao uso do DDT (*diclorodifeniltricloroetano*), um poderoso pesticida.

Depois da Revolução Industrial, uma série de catástrofes ambientais antrópicas foi documentada e chegou até a imprensa (Alencastro, 2013), por exemplo:

- vazamento de mercúrio da Baía de Minamata (Japão/1956);
- explosão nuclear em Three Mile Island (EUA/1979);
- vazamento de gases em Bhopal (Índia/1984);
- vazamento de petróleo em Cubatão (Brasil/1984);
- acidente na usina nuclear de Chernobil (Ucrânia/1986);
- acidente com o navio petroleiro Exxon Valdez (Alasca-EUA/1989);
- vazamento de petróleo no golfo do México (EUA/2010);
- acidente nuclear de Fukushima (Japão/2011);
- explosão de tanques de combustíveis em Santos/SP (Brasil/2015);
- vazamento de rejeitos de mineração da Samarco em Mariana (Brasil/2015).

De acordo com o Conselho Nacional do Meio Ambiente (Conama), no art. 1º, da Resolução n. 1, de 23 de janeiro de 1986, considera-se *impacto ambiental*:

> qualquer alteração das propriedades físicas, químicas e biológicas do meio ambiente, causada por qualquer forma de matéria ou energia resultante das atividades humanas que, direta ou indiretamente, afetam:
>
> I – saúde, a segurança e o bem-estar da população;
> II – atividades sociais e econômicas;
> III – a biota;
> IV – as condições estéticas e sanitárias do meio ambiente;
> V – a qualidade dos recursos ambientais (Brasil, 1986).

Alguns autores afirmam que o impacto ambiental também pode ter origem natural, entretanto, juridicamente, esse conceito só pode ser empregado quando se trata de atividades antrópicas.

## Síntese

O termo *ambiente* está presente em nosso cotidiano e pode ser usado de muitas maneiras e em contextos diferentes. Não há como negar a importância do meio ambiente para a vida dos seres humanos. Neste capítulo, apresentamos diferentes conceitos, concluindo que meio ambiente é tudo, inclusive nós, seres humanos. Esse papel inclusivo das pessoas como uma parte do todo faz com que a responsabilidade pela preservação dos recursos naturais se amplie.

Outro conceito visto neste capítulo foi o de ecossistema. Um ecossistema inclui todos os seres vivos (plantas, animais e outros organismos) de determinada área, interagindo uns com os outros, bem como com as formas não vivas (solo, clima, atmosfera, luz, entre outros). Percebemos que, em um ecossistema, cada organismo tem seu próprio papel.

As interações de alimentação entre os organismos de um ecossistema podem ser denominadas *cadeia trófica*. Nelas, os animais de níveis tróficos superiores se alimentam daqueles que estão em níveis inferiores, portanto, qualquer alteração ambiental que quebre algum elo dessa cadeia, prejudica todo o grupo restante. Uma das formas de alterar as interações em uma cadeia trófica são os impactos ambientais provenientes da poluição. Assim, os poluentes ambientais (substâncias que promovem a poluição) devem ser constantemente monitorados para que seus limites não sejam ultrapassados, prejudicando o ecossistema, seja urbano, seja natural.

## Questões para revisão

1. Leia o texto de Lima (2017) a seguir:

> A Campanha da Fraternidade 2017 terá caráter ecológico. O tema será "Fraternidade: biomas brasileiros e defesa da vida" e o lema "Cultivar e guardar a criação". A iniciativa

> da Conferência Nacional dos Bispos do Brasil (CNBB) divulgará texto-base que terá como proposta dar ênfase à diversidade de cada bioma e criar relações respeitosas com a vida e a cultura dos povos que neles habitam, especialmente à luz do Evangelho. Segundo a CNBB, a depredação dos biomas é a manifestação da crise ecológica que pede uma profunda conversão interior. (Lima, 2017)

Entre os conceitos a seguir, aquele que melhor elucida a definição de *bioma* é:

a. um complexo de organismos vivos, seu ambiente físico e todas as suas inter-relações em uma unidade particular de espaço.
b. local de vivência de organismos (ou uma comunidade deles), incluindo os fatores e condições bióticos e abióticos.
c. variação biológica encontrada em uma área espacial definida: pode se referir à variação no nível de genoma, fenótipo, espécie, comunidade ou ecossistema.
d. conjunto de vida vegetal e animal presentes em um ambiente que apresenta condições naturais parecidas e que historicamente foi influenciado pelo mesmo processo de formação.
e. um ecossistema global composto por organismos vivos (biota) e fatores abióticos (não vivos) dos quais derivam energia e nutrientes.

2. Imagine a seguinte situação:
   Uma ampla área de vegetação nativa sofreu grande devastação, o que levou à saída de diversas espécies de consumidores primários para uma localidade próxima, que estava em perfeito equilíbrio.
   Após a análise do ocorrido, o que se pode esperar que aconteça na comunidade que recebeu as novas espécies?

a. Aumento das espécies produtoras e, consequentemente, a diminuição da competição entre os herbívoros.
b. Aumento das espécies de herbívoros, por conseguinte, a competição entre os produtores.
c. Diminuição do número de espécies de produtores, porém sem alteração nas populações de consumidores.
d. Diminuição do número de produtores e aumento da competição entre os herbívoros.
e. Aumento nas interações de comensalismo.

3. Observe a figura a seguir. Nela se apresentam duas espécies de animais: um búfalo e um pássaro. Os pássaros comem os carrapatos (parasitas) que infestam os búfalos, assim, promovem o controle das pragas presentes no couro desses animais e, ao mesmo tempo, se alimentam delas.

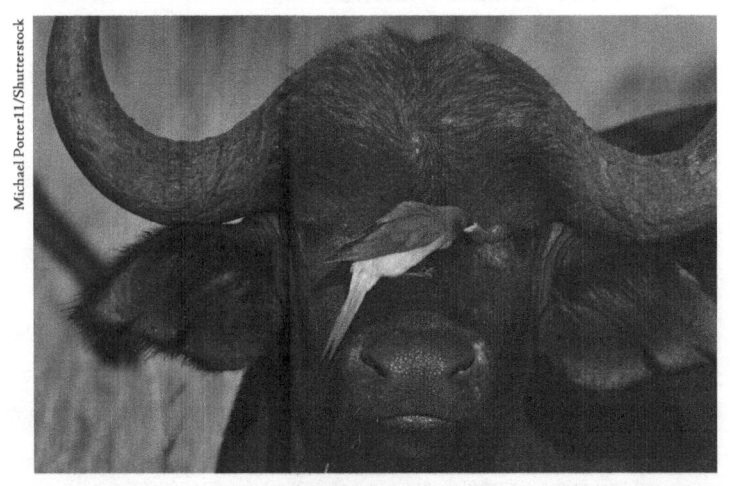

Entre as opções a seguir, marque aquela que representa melhor a relação apresentada na figura.
a. Mutualismo.
b. Parasitismo.

c. Comensalismo.
d. Predatismo.
e. Alelopatia

4. Catástrofes ambientais sempre fizeram parte da história da humanidade. Entretanto, a tecnologia criada pelo ser humano acelerou e ampliou a diversidade desses desastres. Os movimentos ambientalistas iniciados nas décadas de 1950 e 1960 foram fundamentais para as mudanças de pensamento da sociedade em relação aos impactos ambientais. Comente sobre desastres ambientais de origem antrópica.

5. Qual a definição de *poluição*?

## Questão para reflexão

1. Reflita sobre a forma como a poluição interfere na vida da população e comente suas conclusões.

---

*Para saber mais*

Para ampliar seu conhecimento sobre este livro, sugerimos assistir aos dois vídeos a seguir. Neles, o economista Ricardo Abramovay e o geógrafo Wagner Costa Ribeiro discutem sobre a nova era: o antropoceno.

PROGRAMA CAPITAL NATURAL. A Era do Antropoceno. Parte I. Disponível em: <https://www.youtube.com/watch?v=76gfeBIn-FI>. Acesso em: 25 nov. 2017.

PROGRAMA CAPITAL NATURAL. A Era do Antropoceno. Parte II. Disponível em: <https://www.youtube.com/watch?v=YcyB3IiQOrY>. Acesso em: 25 nov. 2017.

capítulo dois

*Energia, sustentabilidade e meio ambiente*

## Conteúdos do capítulo:

- Conceitos de tipos de energia.
- Energias renováveis e não renováveis.
- Matriz energética brasileira.
- Crise ambiental e energética no Brasil.
- Biocombustíveis.

## Após o estudo deste capítulo, você será capaz de:

1. identificar diversos tipos de fontes energéticas e seus múltiplos exemplos e usos;
2. compreender a diferença entre energias renováveis e não renováveis;
3. analisar a matriz energética brasileira e refletir sobre seus múltiplos impactos ambientais;
4. compreender a inter-relação entre a crise energética brasileira e seus impactos socioambientais;
5. refletir sobre as possibilidades do uso dos biocombustíveis no Brasil.

Você verá neste capítulo que a energia está por toda parte, que cada organismo precisa dela para viver, além das máquinas que dependem dela dia a dia para funcionar. Vamos refletir sobre a matriz energética brasileira e entender o papel dos biocombustíveis em tempos de olhares voltados à sustentabilidade.

## 2.1 *Conceituando energia*

A energia nos leva à escola, ao trabalho e nos permite viajar e usar nossos computadores; possibilita que ouçamos nossas músicas favoritas, que nos aqueçamos no inverno e nos resfriemos no verão.

Energia se move e pode ser convertida em diferentes tipos. Por exemplo, a bateria do seu telefone celular converte a energia química em energia elétrica e, em seguida, em som e imagem.

Você sabia que nossos corpos são programados para detectar energia? Basta pensar que nós sentimos calor e frio, vemos a luz, ouvimos o som, sentimos a força da gravidade e, também, quando levamos um choque elétrico. Também podemos sentir o cheiro dos alimentos, que é a fonte de energia do nosso corpo.

Enfim, a energia é um recurso valioso e deve ser usado com sabedoria. Com a população mundial em crescimento e o mundo em desenvolvimento e cada vez mais industrializado, mais e mais pessoas querem ter acesso à energia para melhorar a qualidade de vida (ver Gráfico 2.1). Contudo, devemos lembrar que as gerações futuras também vão querer desfrutar a vida da forma como fazemos.

Gráfico 2.1 – Consumo energético diário por pessoa em diferentes períodos da humanidade (em BTU)

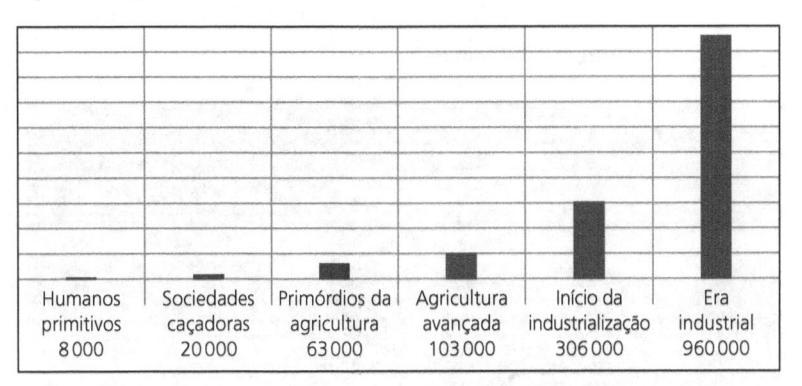

| Humanos primitivos | Sociedades caçadoras | Primórdios da agricultura | Agricultura avançada | Início da industrialização | Era industrial |
|---|---|---|---|---|---|
| 8 000 | 20 000 | 63 000 | 103 000 | 306 000 | 960 000 |

Fonte: Adaptado de Cook, 1971, p. 94, tradução nossa.

Note na imagem que há um aumento exponencial no uso energético. O termo BTU (unidade térmica britânica, do inglês, *British Thermal Unit*) refere-se à quantidade de energia necessária para elevar o calor de uma libra de água em 1 grau Fahrenheit. É a mesma unidade utilizada nos aparelhos de ar-condicionado.

## 2.2 Fontes e tipos de energia

A cultura do consumo excessivo está se espalhando para além dos muros dos países ricos da América do Norte, Europa e Ásia, indo para as nações em desenvolvimento, trazendo com isso o apetite voraz por bens, serviços e energia.

Um dado alarmante: o consumo de energia nos países em que menos de 5% da população vive abaixo da linha de pobreza é quatro vezes superior do que em países onde a maioria das pessoas vive na pobreza. Por exemplo, os americanos representam menos de 5% da população do mundo, todavia, consomem 26% da energia produzida no planeta. Somente os Estados Unidos e o Canadá, juntos, respondem por 50% da energia consumida pelos países industrializados mais ricos do mundo. A Europa vem logo atrás com 33%.

*Figura 2.1 – Imagem da Terra\**

Agora, vamos aprender (ou rever) alguns conceitos básicos sobre energia necessários para compreender esse tema e utilizá-lo bem.

Na física, *energia* é a capacidade para realizar trabalho. Pode estar em uma grande variedade de formas (Molina Júnior.; Romanelli, 2015, p. 22):

- **Térmica**: É a energia que gera trabalho por meio do calor. O fogo é um bom exemplo.
- **Radiante**: É a energia que gera trabalho por meio de luz. Um exemplo disso é a geração de energia pela luz solar.

♦ ♦ ♦

\* As luzes mais aparentes estão localizadas nos países do hemisfério norte.

- **Mecânica:** É a energia do movimento que realiza algum tipo de trabalho. O vento quando movimenta um moinho é um bom exemplo desse tipo de energia.
- **Elétrica:** Ocorre quando a eletricidade gera calor ou movimento. O carro elétrico se move com esse tipo de energia.
- **Química:** É a energia gerada por meio de reações químicas. A energia nuclear é um ótimo exemplo.
- **Gravitacional:** É a energia gerada pela força da gravidade. As usinas hidrelétricas utilizam esse tipo de energia para mover suas turbinas e gerar energia.

A luz solar é, de longe, a fonte predominante de energia. É possível dizer que outras formas se originam dessa fonte de energia. Vejamos: a energia do sol aquece a superfície do planeta, alterando as correntes oceânicas (energia das marés); ainda, as correntes de ar térmicas (ventos) podem movimentar as turbinas eólicas gerando energia elétrica; a energia solar também evapora a água, que, posteriormente, cai em forma de chuva e se acumula nos rios; assim, o movimento dessas águas é usado para gerar eletricidade através de energia hidrelétrica; por fim, a energia solar é crucial no crescimento dos vegetais (por meio do processo de fotossíntese) que, por sua vez, pode ser utilizada como energia de biomassa.

Com a correria do dia a dia não nos atentamos para fatos comuns. Por exemplo, você já se perguntou como a energia chega à sua casa? Você já notou todos os postes e fios da sua rua? Você sabe para que servem? Esses postes e fios são o sistema de transmissão e distribuição de energia elétrica. Em outras palavras, é a maneira pela qual a energia pode entrar em nossas casas, para que possamos usá-la. Veja na Figura 2.2 como isso funciona.

*Figura 2.2 – Esquema de transmissão de energia da fonte geradora até as residências*

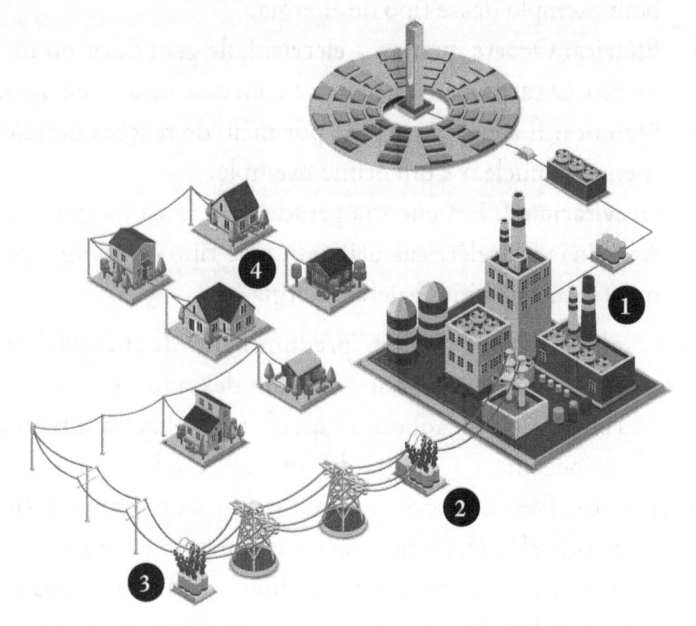

A energia produzida em alguma usina geradora (hidrelétrica, termelétrica, eólica, solar, entre outras) (1) é enviada a um transformador (2), que modifica a voltagem da energia para que possa ser transmitida a longas distâncias por meio de linhas de transmissão até uma subestação (3), que tem por finalidade baixar a tensão elétrica visando à transmissão da energia para as casas (4).

Para mais praticidade e visando atender nossa finalidade, vamos categorizar as fontes de energia em duas: fontes renováveis e fontes não renováveis.

As **energias renováveis** são aquelas que não se esgotam com o tempo, ou aquelas para as quais não podemos estabelecer um fim para sua utilização, no entanto, o seu uso depende da disponibilidade. A seguir, descreveremos brevemente as principais fontes de energias renováveis utilizadas pelo homem (Portal Energia, 2015).

1. **Hídrica:** É a energia gerada pelo movimento das águas, como é o caso das hidrelétricas. Apesar de ser considerada renovável, seu uso depende do volume e da vazão dos rios.

2. **Eólica:** É a energia gerada pelos ventos.
3. **Solar:** É a energia gerada pela luz solar.
4. **Geotérmica:** É a energia gerada pelo calor no interior da crosta terrestre (vulcões, gêiseres, fontes termais etc.).
5. **Marés:** É a energia obtida por meio da variação do nível do mar.
6. **Ondas:** Ocorre de modo semelhante à energia obtida pela variação das marés.
7. **Biomassa:** É a energia obtida pela decomposição ou pela queima da matéria orgânica (cana-de-açúcar, lixo orgânico etc.)

Também há o uso de biodiesel e de etanol, que são combustíveis provenientes de matéria-prima vegetal. Assim, em sua classificação, podem ser considerados *renováveis* ou *não renováveis*, de acordo com o ponto de vista.

Na Figura 2.3, apresentamos os tipos de energias renováveis mais utilizados atualmente.

*Figura 2.3 – Principais fontes de energias renováveis*

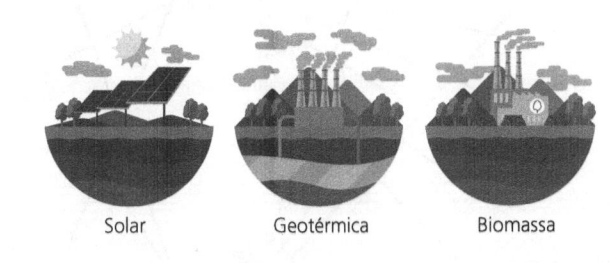

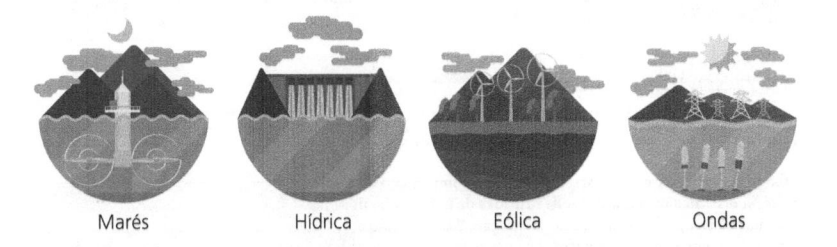

As **energias não renováveis** são aquelas que podem se esgotar com o uso e não há tempo hábil para sua renovação, ou seja, não podem ser regeneradas. São exemplos desse tipo de energia os combustíveis fósseis* e a energia nuclear.

Na Figura 2.4, destacamos que a energia passa por diferentes processos de transformação até ser utilizada. Nesse trajeto, parte dela é perdida sob a forma de calor e outra parte nos processos de transmissão inadequados e/ou ineficientes.

*Figura 2.4 – Processos de transformação dos diferentes tipos de energia*

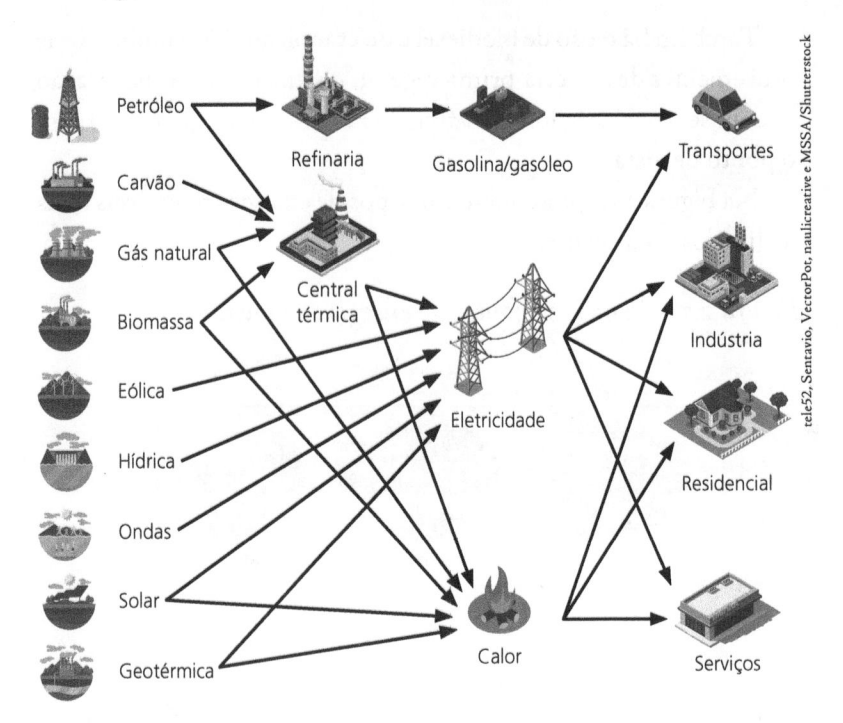

Fonte: Adaptado de Portal Energia, 2015.

✦ ✦ ✦

* Combustíveis fósseis são originados da decomposição de matéria orgânica muito antiga, de milhões de anos atrás, por isso não há tempo hábil para sua renovação. São exemplos: o carvão, o petróleo e o gás natural.

## Estudo de caso

### A matriz energética brasileira

Para darmos início ao assunto, precisamos caracterizar a expressão *matriz energética*. De acordo com Bueno (2013, p. 3):

> A matriz energética exprime o quadro de geração e consumo de energia. É instrumento utilizado para o Planejamento Energético do País e fundamental para se estabelecer políticas que promovam a competitividade. A partir dos dados apresentados na matriz é possível ter um planejamento que assegure a disponibilidade de energia (segurança energética), com os menores custos possíveis e que seja ambientalmente sustentável. Evidentemente que essas três características, segurança, economicidade e sustentabilidade, são, na maioria dos casos, contraditórias. Portanto, é necessário, no planejamento energético, levar em consideração a maximização em conjunto dessas três características.

Como o Brasil tem grande disponibilidade de recursos naturais, sobretudo água, e a utiliza como base da sua matriz energética – a energia hidráulica –, o país se coloca, dessa forma, em uma posição singular em relação às outras (Anjos; Rocha; Andrade, 2014). Na Tabela 2.1, verificamos a composição e a contribuição das diferentes fontes energéticas na oferta de energia interna do Brasil durante o biênio 2013/2014 (Brasil, 2015).

Tabela 2.1 – *Composição e contribuição das diferentes fontes energéticas na oferta de energia interna do Brasil durante o biênio 2013/2014*

| Especificação | mil tep | | 14/13% | Estrutura % | |
| --- | --- | --- | --- | --- | --- |
| | 2013 | 2014 | | 2013 | 2014 |
| Não renovável | 176.468 | 185.100 | 4,9 | 59,6 | 60,6 |
| Petróleo e derivados | 116.500 | 120.327 | 3,3 | 39,3 | 39,4 |

*(continua)*

(Tabela 2.1 – conclusão)

| Especificação | mil tep | | 14/13% | Estrutura % | |
|---|---|---|---|---|---|
| | 2013 | 2014 | | 2013 | 2014 |
| Gás natural | 37.792 | 41.373 | 9,5 | 12,8 | 13,5 |
| Carvão mineral e derivados | 16.478 | 17.551 | 6,5 | 5,6 | 5,7 |
| Urânio (U308) e derivados | 4.107 | 4.036 | −1,7 | 1,4 | 1,3 |
| Outras não renováveis(*) | 1.592 | 1.814 | 13,9 | 0,5 | 0,6 |
| Renovável | 119.833 | 120.489 | 0,5 | 40,4 | 39,4 |
| Hidráulica e eletricidade | 37.093 | 35.019 | −5,6 | 12,5 | 11,5 |
| Lenha e carvão digital | 24.580 | 24.728 | 0,6 | 8,3 | 8,1 |
| Derivados da cana-de-açúcar | 47.601 | 48.128 | 1,1 | 16,1 | 15,7 |
| Outras renováveis | 10.559 | 12.613 | 19,5 | 3,6 | 4,1 |
| Total | 296.301 | 305.589 | 3,1 | 100,0 | 100,0 |
| Dos quais fósseis | 172.362 | 181.064 | 5,0 | 58,2 | 59,3 |

(*) Gás industrial de alto forno, aclaria, coqueria, enxofre e de refinaria

Fonte: Adaptado de Brasil, 2015b.

A unidade de medida *mil tep* corresponde a mil toneladas equivalentes de petróleo e é utilizada para medir grandes quantidades de energia. Uma *tep* corresponde à energia que se pode obter a partir de uma tonelada de petróleo padrão. 14/13% é o percentual de crescimento do ano 2014 em relação ao ano de 2013. Já a estrutura (%) se refere à contribuição de cada fonte na estrutura energética do país.

Grosso modo, podemos notar que houve um aumento no país de apenas 0,5% no uso de energias renováveis, ao passo que houve um crescimento de 5% no uso de energias não renováveis, ou seja, o aumento do uso de energias não renováveis foi 10 vezes maior. Considerando o que é demonstrado por esses dados, não parece haver um desejo de substituição da nossa matriz energética (principalmente pelo aumento do uso de energia não renovável).

Como sabemos, as energias não renováveis são extremamente prejudiciais à saúde humana e ambiental. Doenças respiratórias, degradação ambiental, emissão de gases tóxicos, efeito estufa e geração de lixo nuclear são alguns dos problemas relacionados a esse tipo de combustível. Notamos também que as principais contribuições das energias de fontes renováveis provêm da energia das hidrelétricas e de derivados da cana-de-açúcar. Porém, ainda não observamos a presença massiva de duas fontes importantes: solar e eólica, muito embora o potencial brasileiro seja grande.

De acordo com o relatório *Resenha energética brasileira: exercício de 2014* (Brasil, 2015d), o Brasil ocupa lugar de destaque no uso de energias renováveis em relação aos países que fazem parte da Organização para a Cooperação e Desenvolvimento Econômico (OCDE) – países ricos, na maioria. As nações da OCDE utilizam em média apenas 9,8% de energias renováveis em suas matrizes, e a média mundial é de apenas 13,8%. Isso significa que mais de 80% da energia consumida no mundo provêm de combustíveis fósseis.

Esse fato ainda merece destaque em relação às taxas de emissões de $CO_2$ – parâmetro que mede quão poluente é determinado serviço. No Brasil, como a matriz energética é hidráulica e de biomassa (cana-de-açúcar), as taxas de emissão de $CO_2$ (1,59 $tCO_2$/tep) são menores do que no restante do mundo (2,37 $tCO_2$/tep). É importante mencionar também que, no ano de 2012, somente Estados Unidos e China foram responsáveis pela emissão de 42% das emissões mundiais de $CO_2$ (Brasil, 2015d).

## 2.3 *A crise ambiental e energética do Brasil*

Embora a matriz energética brasileira aponte para um cenário positivo diante do resto do planeta, é preciso fazer algumas importantes ressalvas sobre os impactos socioambientais que ela causa.

A geração de energia no país com base em recursos energéticos renováveis está regulamentada na Lei n. 10.762, de 11 de novembro de 2003, que traça como objetivo principal o financiamento para apoiar projetos que melhorem ou utilizem esse tipo de energia.

Para essa discussão, utilizaremos outro dado oficial: a geração de energia elétrica por fonte. Na Tabela 2.2 há a demonstração da participação de cada fonte energética na estrutura produtora, evidenciando o quanto se produz de energia em cada fonte (Brasil, 2015b).

*Tabela 2.2 – Geração de energia elétrica por fonte no Brasil (em gigawatts)*

|  | 2010 | 2011 | 2012 | 2013 | 2014 | Δ% (2014/2013) | Part. % (2014) |
|---|---|---|---|---|---|---|---|
| Total | 515.799 | 531.758 | 552.498 | 570.835 | 590.479 | 3,4 | 100 |
| Gás natural | 36.476 | 25.095 | 46.760 | 69.003 | 81.075 | 17,5 | 13,7 |
| Hidráulica[i] | 403.290 | 428.333 | 415.342 | 390.992 | 373.439 | −4,5 | 63,2 |
| Derivados de petróleo[ii] | 14.216 | 12.239 | 16.214 | 22.090 | 31.668 | 43,4 | 5,4 |
| Carvão | 6.992 | 6.485 | 8.422 | 14.801 | 18.385 | 24,2 | 3,1 |
| Nuclear | 14.523 | 15.659 | 16.038 | 15.450 | 15.378 | −0,5 | 2,6 |
| Biomassa[iii] | 31.209 | 31.633 | 34.662 | 39.679 | 44.733 | 12,7 | 7,6 |
| Eólica | 2.177 | 2.705 | 5.050 | 6.578 | 12.210 | 85,6 | 2,1 |
| Outras[iv] | 6.916 | 9.609 | 10.010 | 12.241 | 13.590 | 11,0 | 2,3 |

i) Inclui autoprodução.
ii) Derivados de petróleo: óleo diesel e óleo combustível.
iii) Biomassa: lenha, bagaço de cana e lixívia.
iv) Outras: recuperações, gás de coqueria e outros secundários.

Fonte: Adaptado de Brasil, 2015b.

Nossa análise a respeito desse tema se iniciará com a energia hidráulica – mais especificamente as hidrelétricas e seus múltiplos impactos socioambientais – e seguirá para as demais fontes relevantes.

Historicamente, as usinas hidrelétricas são responsáveis por drásticos impactos sociais, sobretudo na população que é atingida diretamente pela construção do empreendimento. Para termos uma ideia da magnitude desse impacto, no início da década de 1980 (1982), a construção da usina de Itaipu – a segunda maior do mundo em potência instalada, perdendo somente para a de Três Gargantas, na China – promoveu a expulsão de quase 30 mil pessoas dos seus locais de moradia (Germani, 2003). As duas usinas podem ser observadas na Figura 2.5 a seguir.

*Figura 2.5 – Usina de Três Gargantas, na China (A), e Usina de Itaipu, no Brasil (B)*

Outro impacto refere-se à mudança do curso dos rios, bem como ao aumento de áreas inundadas, que altera drasticamente o ecossistema aquático e favorece o aparecimento de microalgas tóxicas e o desaparecimento de peixes nativos. Consequentemente, a população ribeirinha que utiliza esse local para pesca e recreação é prejudicada, instalando-se, assim, um conflito socioambiental (Zhouri, 2004).

Ainda, destacamos a alteração do ciclo hidrológico (regime de chuvas local) e na estrutura geológica local, o que pode causar, inclusive, abalos sísmicos, ou seja, terremotos (Bermann, 2008). Além disso, ainda há alteração na fauna ribeirinha, com perda de hábitats devido às inundações.

Também deve ser considerada a limitação hídrica em termos de volume e vazão dos rios, que, ao serem barrados, têm seus ciclos alterados. Dessa forma, podem secar (ou diminuir o volume) a ponto de limitar o uso da usina. Esse foi o caso dos apagões nos anos de 2001 e 2014.

Portanto, conflitos socioambientais envolvidos na construção de usinas hidrelétricas, sejam pequenas, sejam grandes, estão longe do fim, sobretudo pelos altos investimentos nesse tipo de geração de energia. Como uma crítica a esse modelo, sugerimos a leitura do texto de Ricardo Abramovay*: "Belo Monte, a idade da pedra" (2015), que disserta brevemente sobre os impactos socioambientais da construção da polêmica usina de Belo Monte, no Estado do Pará.

## Para refletir

### Belo Monte, a idade da pedra

O mundo nunca conheceu tão grande deslocamento de terra e de pedras como na construção da usina hidrelétrica de Belo Monte, no berço do rio Xingu, no Pará. Pode-se encarar esse feito como uma vitória de nossa engenharia.

Mas não na segunda década do século 21, em que a revolução solar, os ganhos de eficiência dos geradores eólicos e as formas modernas de energia da biomassa mobilizam os melhores cérebros e as mais ousadas atividades empresariais.

Em matéria de energia, o Brasil encontra-se na idade da pedra, ou seja, naquela em que se produz energia removendo rochas e desviando rios. Enquanto a vanguarda tecnológica global se apoia na física quântica e na revolução dos semicondutores, nós continuamos insistindo na energia mecânica da pressão da água sobre turbinas.

Esse contraste se torna trágico quando se examinam as consequências do que se ergue em Belo Monte. É uma fonte de energia considerada barata, mas o custo só é baixo por escamotear perdas irreparáveis. Uma delas refere-se ao patrimônio socioambiental da Volta Grande do Xingu. Belo Monte é o mais claro exemplo de uma tecnologia que opera na natureza como um exército inimigo.

❖ ❖ ❖

\* Ricardo Abramovay, 62 anos, é professor sênior do Instituto de Energia e Ambiente da Universidade de São Paulo (USP). É autor de *Muito além da economia verde* (ed. Planeta Sustentável) e organizador de *Biocombustíveis: a energia da controvérsia* (ed. Senac) (Abramovay, 2015).

Ao desviar o curso do Xingu, alteram-se as oscilações naturais de seu nível e destrói-se o equilíbrio que permitiu sua extraordinária biodiversidade, sobre cuja base floresceram comunidades indígenas e ribeirinhas com cultura fundamentada no respeito à floresta e ao rio.

A população que está além da barragem não será inundada, mas verá seu rio e suas possibilidades de sobrevivência minguarem. No entanto, não é sequer considerada objeto de compensação financeira pelo consórcio que lidera a obra.

Outra perda é de natureza política. Belo Monte fortalece um modelo de obra gigantesca que concentra energia num só local para depois distribuí-la. O prejuízo democrático é duplo. Primeiro, como a obra envolve basicamente atores públicos contratando grandes empreiteiras, as chances de corrupção são imensas, e seus indícios já se revelam em depoimentos prestados na Operação Lava Jato.

Em segundo lugar, energia e poder vão continuar juntos, enquanto deixam de ser sinônimos em vários países. A revolução solar abre caminho a formas eficientes e descentralizadas de geração de energia a partir dos próprios domicílios, fábricas, fazendas e escritórios.

Nos Estados Unidos, a energia solar distribuída já é, em vários Estados, mais barata que as fontes convencionais. Na Alemanha, em julho, houve dias em que mais de 70% da força gerada veio de fontes renováveis, cuja propriedade é de associações e indivíduos. E tudo isso num país com menos área ensolarada que o Brasil.

Está para ser concedida a licença de operação de Belo Monte. Será um crime se ela for concedida sem que as condicionantes em que se apoia sejam cumpridas, como mostra o importante dossiê produzido recentemente pelo Instituto Socioambiental. Mas crime maior é glorificar-se da permanência na idade da pedra, aprovando as hidrelétricas do rio Tapajós.

Ingressar na era da revolução solar é o primeiro passo para que o crescimento brasileiro deixe de ter por base energética a destruição da natureza e do patrimônio cultural dos povos que mais dela cuidam.

Fonte: Abramovay, 2015.

## 2.4 O uso de biocombustíveis no Brasil

Outro destaque que daremos a esta discussão em relação ao uso de energias renováveis na matriz energética brasileira refere-se ao uso de biocombustíveis (biomassa), que é o terceiro maior gerador de energia no país. Algumas projeções da Agência Internacional de Energia (IEA) sugerem que até 2020 haverá um aumento de três vezes no uso desse tipo de combustível (Bermann, 2008).

Os problemas socioambientais relacionados a esses tipos de combustíveis não podem ser desprezados nem deixar de ser pontuados. Assim, para tal discussão incluiremos a cana-de-açúcar (álcool), o biodiesel e a biomassa como biocombustíveis.

No Brasil, a utilização de **álcool** como combustível veio após a crise do petróleo na década de 1970. Ações como o Programa Nacional do Álcool (Proálcool) incentivaram (por meio de investimentos financeiros) a substituição dos combustíveis fósseis por outro menos poluente e que poderia ser produzido em terras brasileiras, o que geraria menor custo/preço final. Atualmente, o álcool é utilizado (em sua maioria) para o abastecimento de automóveis (álcool hidratado ou misturado à gasolina) (Bermann, 2008).

Positivamente, a retirada do chumbo* da gasolina em substituição ao álcool foi um excelente benefício à saúde humana e ambiental. Ainda, os preços competitivos do álcool proveniente da cana em relação ao álcool de outra fonte (milho, trigo e beterraba, por exemplo), somados à sua menor taxa de emissão de $CO_2$, são fatores que favorecem o uso desse combustível. Todavia os impactos negativos do uso como combustível podem ser verificados nesta lista:

- uso de grandes extensões de terras para a plantação da cana-de-açúcar;
- desmatamentos de grandes áreas para as plantações;

---

\* Metal pesado que pode causar inúmeras consequências a diferentes órgãos dos seres humanos, inclusive ao Sistema Nervoso Central.

- perda de biodiversidade local em função dos desmatamentos;
- queimadas que antecedem a colheita da cana, causando poluição atmosférica;
- intenso uso de água para irrigação (para 1 litro de álcool são gastos 13 litros de água);
- geração de subprodutos tóxicos durante a produção – o vinhoto (para cada 1 litro de álcool produzido, são gerados 12 litros de vinhoto);
- mecanização da lavoura, gerando menos empregos à população local;
- redução na produção de outras culturas de vegetais.

Já o biodiesel, combustível regulamentado pela Lei do Biodiesel – Lei n. 11.097, de 13 de janeiro de 2005 (Brasil, 2005a) –, tem uma vantagem, pois a própria plantação é responsável por parte da captação de $CO_2$ emitido durante a queima desse combustível. Ainda, o diesel derivado de petróleo emite mais poluentes atmosféricos (exceto para os óxidos de nitrogênio*) do que o biodiesel (Knothe et al., 2006).

Assim como a cana-de-açúcar, para a produção de biodiesel são necessárias grandes extensões de terras (monoculturas) visando ao plantio de vegetais potencialmente produtores desse tipo de combustível (por exemplo, a soja), além dos extensos desmatamentos, sobretudo na região amazônica (Bermann, 2008).

No caso da energia produzida a partir de biomassa (matéria orgânica animal ou vegetal), o cenário não muda muita coisa. No Brasil, as três principais fontes de biomassa para geração de combustíveis são: a cana-de-açúcar (bagaço da cana), o arroz (por meio da casca) e a madeira (por meio da lixívia, que é a sobra do processo de beneficiamento dessa matéria-prima). Sem dúvida, a maior contribuição para geração de combustível é a queima do bagaço da cana (Bermann, 2008).

♦ ♦ ♦

\* Os óxidos de nitrogênio (NOx) são responsáveis pelos efeitos fotoquímicos (*smog*), assunto que será discutido no capítulo sobre poluição atmosférica.

Ainda de acordo com Bermann (2008), a principal vantagem para o uso da biomassa como combustível é a possibilidade de uso direto dessa matéria-prima por meio de sua combustão, que, por sua vez, é vantajosa para sistemas de coprodução (geração de energia e calor, ao mesmo tempo).

No entanto, como desvantagens desse tipo de combustível podemos apontar a emissão de gases tóxicos e de efeito estufa, que promovem a poluição atmosférica e favorece o aquecimento do planeta (Bermann, 2008).

## *Síntese*

*Energia* é definida como a capacidade de realizar trabalho, e *trabalho* é mais precisamente definido como uma força que age sobre um objeto, fazendo com que ele se desloque. A energia tem orige em diferentes formas de calor: luz, térmica, mecânica, elétrica, química e energia nuclear. Todos nós usamos energia para o nosso trabalho diário, por exemplo, para andar, pular, comer, dirigir, jogar etc. A energia é armazenada de diferentes formas e pode ser transformada de um tipo em outro. Ainda, as fontes de energia podem ser classificadas em dois grupos: energia renovável e não renovável (combustíveis fósseis).

O consumo anual global de todas as formas de energia primária aumentou mais de dez vezes durante o século XX, e cerca de três quartos dessa energia vem do carvão, do petróleo e do gás (combustíveis fósseis).

Os sistemas de energia do mundo precisam passar por uma grande mudança. O carvão, o petróleo e o gás natural que alimentam a maior parte da geração de eletricidade no planeta produzem mais de um terço das emissões globais de gases de efeito estufa (GEE).

Embora sejam enormes os investimentos na geração de energia por meio de combustíveis fósseis, o mundo precisa apoiar o uso de energia limpa e investir nela, já que mais de 1,3 bilhão de pessoas ainda não têm acesso à eletricidade de que necessitam para elevar seu padrão de vida.

## Perguntas & respostas

1. (Inep – 2010 – Enem) Deseja-se instalar uma estação de geração de energia elétrica em um município localizado no interior de um pequeno vale cercado de altas montanhas de difícil acesso. A cidade é cruzada por um rio, que é fonte de água para consumo, irrigação das lavouras de subsistência e pesca. Na região, que possui pequena extensão territorial, a incidência solar é alta o ano todo. A estação em questão irá abastecer apenas o município apresentado.
   Qual forma de obtenção de energia, entre as apresentadas, é a mais indicada para ser implantada nesse município de modo a causar o menor impacto ambiental?
   a. Termelétrica, pois é possível utilizar a água do rio no sistema de refrigeração.
   b. Eólica, pois a geografia do local é própria para a captação desse tipo de energia.
   c. Nuclear, pois o modo de resfriamento de seus sistemas não afetaria a população.
   d. Fotovoltaica, pois é possível aproveitar a energia solar que chega à superfície do local.
   e. Geotérmica, considerando as condições geológicas da região.

   **Resposta:** *d.*

## Questões para revisão

1. A classificação dos combustíveis pode depender diretamente da sua origem. No caso do petróleo e do álcool proveniente da cana-de-açúcar (e derivados de ambos), essa diferença se caracteriza basicamente por qual característica?

   a. A fonte do petróleo tem o tempo para reciclagem menor do que o do álcool.
   b. A fonte de geração do petróleo é maior do que a do álcool.
   c. O tempo de refinamento do petróleo é menor que o do álcool.
   d. A emissão de poluentes pelo álcool e do petróleo são equiparáveis.
   e. O álcool não gera poluentes.

2. Sobre os recursos energéticos, analise as assertivas a seguir:
   I. Combustíveis fósseis são provenientes de matéria orgânica. Os principais representantes são o carvão, o petróleo e os derivados do álcool.
   II. Os combustíveis fósseis são considerados recursos não renováveis e finitos, além de terem altos custos para sua exploração, por exemplo, o petróleo.
   III. Os combustíveis fósseis, após a queima, liberam grandes quantidades de poluentes, gerando danos severos à saúde humana e ambiental.

   Assinale a alternativa correta em relação aos recursos energéticos:

   a. Os itens I e II estão corretos.
   b. Os três itens estão corretos.
   c. Apenas os itens II e III estão corretos.
   d. Apenas o item III está correto.
   e. Todos os itens estão corretos.

3. Sobre as fontes de energia, o aproveitamento econômico e os impactos ambientais gerados, é correto afirmar:
   a. A maior parte da energia gerada no país é proveniente da queima de combustíveis fósseis, em especial do carvão.
   b. As maiores usinas hidrelétricas do país estão localizadas nas regiões Sudeste e Sul do país.
   c. Embora a energia proveniente das hidrelétricas não seja poluidora, os danos socioambientais das construções são enormes.
   d. Os investimentos em energias renováveis, sobretudo na energia solar, aumentam em maior proporção do que em relação às energias não renováveis.
   e. Nenhuma das alternativas anteriores está correta.

4. Disserte sobre as principais fontes de energia utilizadas no Brasil.

5. Disserte sobre as possíveis consequências de uma condição de escassez de petróleo no mundo.

## Questão para reflexão

1. Comente sobre as principais estratégias que a sociedade moderna adota ou pode adotar para enfrentar a escassez do petróleo.

### Para saber mais

Embora o Brasil tenha grande potencial de produção de energia, nos anos 2001 e 2014, o país passou por uma crise energética sem precedentes. Apagões, falta de luz e aumento de tarifa foram alguns dos problemas enfrentados nessa crise. Para compreender um pouco mais sobre o que aconteceu, sugerimos três vídeos disponíveis no YouTube.

O primeiro é o do Canal Livre, chamado *Crise energética no Brasil*, com o convidado prof. dr. José Goldemberg, físico e pesquisador da Universidade de São Paulo (USP):

CANAL LIVRE – Crise Energética no Brasil (10/02/2014). Disponível em: <https://www.youtube.com/watch?v=a6aGKIJbLyQ>. Acesso em: 25 nov. 2017.

O segundo traz um panorama do setor elétrico no Brasil, com o professor da Universidade Federal do Rio de Janeiro (UFRJ), doutor Adriano Pires:

UM PANORAMA do setor elétrico no Brasil, por Adriano Pires. Disponível em: <https://www.youtube.com/watch?v=De5VgxJxsP4>. Acesso em: 25 nov. 2017.

O terceiro, chamado *Crise hídrica e energética* é do Observatório da Imprensa:

TV BRASIL. Crise hídrica e energética: Observatório da Imprensa. Disponível em: <https://www.youtube.com/watch?v=AIGRw5Xgwyw>. Acesso em: 25 nov. 2017.

*capítulo três*

# *Mobilidade urbana: um caminho para a sustentabilidade*

## Conteúdos do capítulo:

- Política Nacional de Mobilidade Urbana.
- Lei n. 12.587/2012.
- Mobilidade e desenvolvimento urbano sustentável.
- Mobilidade urbana sustentável.
- Boas práticas em mobilidade urbana.

## Após o estudo deste capítulo, você será capaz de:

1. refletir acerca dos diferentes conceitos e práticas de mobilidade;
2. analisar as implicações da Política Nacional de Mobilidade Urbana;
3. compreender o alcance de projetos de mobilidade e ser capaz de propor novos;
4. identificar as leis e suas contribuições para a mobilidade urbana.

Neste capítulo, abordaremos temas como a Política Nacional de Mobilidade Urbana, a mobilidade e o desenvolvimento urbano, a mobilidade sustentável, trazendo exemplos de boas práticas.

## 3.1 *Política Nacional de Mobilidade Urbana*

A Política Nacional de Mobilidade Urbana, segundo o art. 20 da Lei n. 12.587, de 3 de janeiro de 2012 (Brasil, 2012a) – Lei da Mobilidade Urbana –, tem por objetivo contribuir para o acesso universal à cidade, o fomento e a concretização de condições que contribuam para a efetivação dos princípios, objetivos e diretrizes da política de desenvolvimento urbano, por meio do planejamento e da gestão democrática do Sistema Nacional de Mobilidade Urbana. Essa política contempla os seguintes itens:

- mobilidade urbana e desenvolvimento urbano;
- política tarifária do transporte público coletivo;
- serviços de transporte público;
- direitos dos usuários;
- competência da União, dos estados, do Distrito Federal e dos municípios;
- planejamento e gestão dos sistemas de mobilidade urbana sustentável; e
- plano de mobilidade urbana.

Os projetos sustentáveis de mobilidade urbana devem sempre priorizar o transporte coletivo, assim como trabalhar com múltiplos modais. Quando o fluxo de pessoas nas cidades ocorre de forma eficiente, vários aspectos na qualidade de vida são melhorados.

## 3.2 Conhecendo um pouco mais sobre a lei

A Lei n. 12.587/2012, conforme a Associação Nacional das Empresas de Transporte Urbano (NTU), contém as seguintes determinações:

> + priorização do transporte público coletivo sobre o transporte individual e dos projetos de transporte público coletivo estruturadores e indutores de desenvolvimento urbano integrado;
> + a política tarifária deve ter a contribuição dos beneficiários diretos e indiretos para o custeio da operação dos serviços;
> [...]
> + o poder público, seja da União, Estados, Municípios e Distrito Federal tem a obrigação de combater o transporte ilegal de passageiros e poderá firmar convênios para este fim;
> + o poder público poderá estabelecer restrição, controle de acesso e circulação, temporária ou permanente, de veículos motorizados em determinados locais;
> + definição de espaços exclusivos nas vias públicas para o transporte público coletivo de passageiros;
> [...]. (NTU, 2017)

O art. 3º da Lei n. 12.587/2012 define o Sistema Nacional de Mobilidade Urbana como um conjunto organizado e coordenado dos modos de transporte, de serviços e de infraestruturas, de modo a garantir os deslocamentos de pessoas e cargas no território do município.

A classificação dos modos e serviços de transporte e infraestruturas consta no art. 3º:

Art. 3º O Sistema Nacional de Mobilidade Urbana é o conjunto organizado e coordenado dos modos de transporte, de serviços e de infraestruturas que garante os deslocamentos de pessoas e cargas no território do Município.

§ 1º São modos de transporte urbano:

I – motorizados; e

II – não motorizados.

§ 2º Os serviços de transporte urbano são classificados:

I – quanto ao objeto:

a) de passageiros;

b) de cargas;

II – quanto à característica do serviço:

a) coletivo;

b) individual;

III – quanto à natureza do serviço:

a) público;

b) privado.

§ 3º São infraestruturas de mobilidade urbana:

I – vias e demais logradouros públicos, inclusive metroferrovias, hidrovias e ciclovias;

II – estacionamentos;

III – terminais, estações e demais conexões;

IV – pontos para embarque e desembarque de passageiros e cargas;

V – sinalização viária e de trânsito;

VI – equipamentos e instalações; e

VII – instrumentos de controle, fiscalização, arrecadação de taxas e tarifas e difusão de informações. (Brasil 2012a)

A lei exemplifica infraestruturas de mobilidade urbana que compõem o Sistema Nacional de Mobilidade Urbana, o qual deve estar integrado no planejamento das cidades, com atualização e ajustes periódicos para corrigir desvios, aperfeiçoar modos e serviços de transporte e infraestrutura, visando proporcionar benefícios efetivos.

> *Para saber mais*
>
> BRASIL. Ministério das Cidades. Secretaria Nacional de Transporte e da Mobilidade Urbana. **Política Nacional de Mobilidade Urbana**. Brasília, 2013. Disponível em: <http://www.portalfederativo.gov.br/noticias/destaques/municipios-devem-implantar-planos-locais-de-mobilidade-urbana/CartilhaLei12587site.pdf>. Acesso em: 21 nov. 2017.

Todos os municípios com população superior a 20 mil habitantes devem elaborar e seguir um plano de mobilidade urbana que favoreça o crescimento ordenado das cidades e contemple os aspectos sociais, ambientais e econômicos, em consonância com os princípios do desenvolvimento sustentável (Lei n. 12.587/2012).

Os municípios obrigados a seguir o plano de mobilidade urbana podem solicitar à União serviços de assistência técnica e financeira e colaboração para aperfeiçoar tecnicamente os profissionais responsáveis pela aplicação das políticas públicas decorrentes da referida lei e obter colaboração da Secretaria Nacional de Transporte e da Mobilidade Urbana, do Ministério das Cidades (Brasil, 2013).

A elaboração e a aplicação de normas e procedimentos municipais devem compor um conjunto harmônico com a União e demais estados, quanto à lógica nacional de estruturas, legislação e procedimentos relativos à mobilidade urbana.

*Figura 3.1 – Exemplo de integração (São Paulo – SP)*

A Lei n. 12.587/2012 contempla princípios, objetivos e diretrizes da Política Nacional de Mobilidade Urbana, dá segurança jurídica aos municípios na solução de problemas ou adoção de melhorias relativas à mobilidade urbana, esclarece questões quanto aos projetos e investimentos e dá o ordenamento jurídico para solução e encaminhamento de questões que possam ser alvo de contestação judicial ou social, no âmbito da mobilidade urbana.

Segundo a leitura dessa Política, os princípios orientam a compreensão do texto da lei e servem de base para elaboração de normas, leis, decretos ou outros atos administrativos no âmbito da mobilidade urbana. São eles:

> Art. 5º [...]
> I – acessibilidade universal;
> II – desenvolvimento sustentável das cidades, nas dimensões socioeconômicas e ambientais;
> III – equidade no acesso dos cidadãos ao transporte público coletivo;

> IV – eficiência, eficácia e efetividade na prestação dos serviços de transporte urbano;
> V – gestão democrática e controle social do planejamento e avaliação da Política Nacional de Mobilidade Urbana;
> VI – segurança nos deslocamentos das pessoas;
> VII – justa distribuição dos benefícios e ônus decorrentes do uso dos diferentes modos e serviços;
> VIII – equidade no uso do espaço público de circulação, vias e logradouros; e
> IX – eficiência, eficácia e efetividade na circulação urbana. (Brasil, 2012a)

Os objetivos da Política Nacional de Mobilidade Urbana definem os compromissos dos governos e da sociedade para a implementação dessa política voltada à melhoria das condições urbanas de mobilidade e acessibilidade. São eles:

> Art. 7º [...]
> [...]
> II – promover o acesso aos serviços básicos e equipamentos sociais;
> III – proporcionar melhoria nas condições urbanas da população no que se refere à acessibilidade e à mobilidade;
> IV – promover o desenvolvimento sustentável com a mitigação dos custos ambientais e socioeconômicos dos deslocamentos de pessoas e cargas nas cidades; e
> V – consolidar a gestão democrática como instrumento e garantia da construção contínua do aprimoramento da mobilidade urbana. (Brasil, 2012a)

As diretrizes da Política orientam ações para o atingimento dos objetivos da lei. Elas enfatizam a necessidade de integração com as demais políticas urbanas e a priorização dos modos não motorizados e do transporte público coletivo. São elas:

> Art. 6º [...]
>
> I – integração com a política de desenvolvimento urbano e respectivas políticas setoriais de habitação, saneamento básico, planejamento e gestão do uso do solo no âmbito dos entes federativos;
>
> II – prioridade dos modos de transportes não motorizados sobre os motorizados e dos serviços de transporte público coletivo sobre o transporte individual motorizado;
>
> III – integração entre os modos e serviços de transporte urbano;
>
> IV – mitigação dos custos ambientais, sociais e econômicos dos deslocamentos de pessoas e cargas na cidade;
>
> V – incentivo ao desenvolvimento científico-tecnológico e ao uso de energias renováveis e menos poluentes;
>
> VI – priorização de projetos de transporte público coletivo estruturadores do território e indutores do desenvolvimento urbano integrado; e
>
> VII – integração entre as cidades gêmeas localizadas na faixa de fronteira com outros países sobre a linha divisória internacional. (Brasil, 2012a)

A implantação de projetos de mobilidade urbana e a assistência técnica e financeira aos estados e municípios é de competência constitucional da União, e a gestão é de competência dos municípios. Cabe também à União apoiar ações integradas entre estados e municípios e manter o Sistema Nacional de Mobilidade Urbana. A gestão da mobilidade urbana, de competência municipal, conta com o apoio do estado, que é o responsável pela integração das unidades municipais e respectivas regiões metropolitanas, bem como pela prestação de serviços de transporte coletivo intermunicipal urbano, podendo delegar aos municípios a organização e a prestação desses serviços de transporte por meio de consórcio público ou convênio de cooperação (Brasil, 2012a).

No âmbito da mobilidade urbana sustentável, o art. 23 da Lei n. 12.587/2012 estabelece:

> Art. 23 [...]
>
> I – restrição e controle de acesso e circulação, permanente ou temporário, de veículos motorizados em locais e horários predeterminados;
>
> II – estipulação de padrões de emissão de poluentes para locais e horários determinados, podendo condicionar o acesso e a circulação aos espaços urbanos sob controle;
>
> III – aplicação de tributos sobre modos e serviços de transporte urbano pela utilização da infraestrutura urbana, visando a desestimular o uso de determinados modos e serviços de mobilidade, vinculando-se a receita à aplicação exclusiva em infraestrutura urbana destinada ao transporte público coletivo e ao transporte não motorizado e no financiamento do subsídio público da tarifa de transporte público, na forma da lei;
>
> IV – dedicação de espaço exclusivo nas vias públicas para os serviços de transporte público coletivo e modos de transporte não motorizados;
>
> V – estabelecimento da política de estacionamentos de uso público e privado, com e sem pagamento pela sua utilização, como parte integrante da Política Nacional de Mobilidade Urbana;
>
> VI – controle do uso e operação da infraestrutura viária destinada à circulação e operação do transporte de carga, concedendo prioridades ou restrições;
>
> VII – monitoramento e controle das emissões dos gases de efeito local e de efeito estufa dos modos de transporte motorizado, facultando a restrição de acesso a determinadas vias em razão da criticidade dos índices de emissões de poluição;

VIII – convênios para o combate ao transporte ilegal de passageiros; e

IX – convênio para o transporte coletivo urbano internacional nas cidades definidas como cidades gêmeas nas regiões de fronteira do Brasil com outros países, observado o art. 178 da Constituição Federal. (Brasil, 2012a)

Cabe também aos municípios alimentar o Sistema de Mobilidade Urbana com dados e informações referentes à organização, à regulamentação e à prestação de serviços públicos de transporte coletivo, à gestão da Política de Mobilidade Urbana e às ações adotadas para o desenvolvimento de áreas e profissionais dos setores envolvidos.

*Para saber mais*

Veja exemplos de aplicação da Política Nacional de Mobilidade Urbana. NTU – Associação Nacional das Empresas de Transportes Urbanos. **Boas práticas para a nova mobilidade urbana**: exemplos para a aplicação da Lei n. 12.587/2012. Disponível em: <http://www.fetranspordocs.com.br/downloads/26BoasPraticasNovaMobilidade.pdf>. Acesso em: 21 nov. 2017.

## 3.3 *Mobilidade e desenvolvimento urbano sustentável*

A integração da Política de Mobilidade Urbana à Política de Desenvolvimento Urbano apresenta importantes desafios, uma vez que devem ser harmonizados os vários conjuntos complexos de fatores que compõem esses dois grandes campos da gestão pública. O encontro desses dois campos compõe o **Plano Diretor**, termo definido e normalizado na Associação Brasileira de Normas Técnicas

(ABNT) – NBR 12267* como "Instrumento básico de um processo de planejamento municipal para a implantação da política de desenvolvimento urbano, norteando a ação dos agentes públicos e privados" (ABNT, 1992b, p. 1).

Essa integração enfrenta inúmeros desafios, entre os quais citamos (Brasil, 2004):

- Analisar as boas práticas adotadas em cidades de maior qualidade de vida e com desenvolvimento sustentável e buscar se aproximar, gradativamente, dessa realidade via Plano Diretor, sem perder de vista a dinâmica socioeconômica e novos eventos.
- Regularizar e adensar os centros e as áreas ocupadas com ajustes eficazes da infraestrutura, para a prestação de serviços públicos e privados, com condições adequadas de mobilização de pessoas, bens, equipamentos e transporte, eliminando irregularidades de uso do espaço público e riscos que afetem a saúde e o bem-estar dos cidadãos.
- Controlar as ações de empreendimentos públicos e privados, preservando as leis e as normas que regem o município e a região, sem perder de vista as necessárias adaptações às novas demandas geradas pelo crescimento e desenvolvimento das atividades humanas produtivas nas cidades, nos estados e no país, bem como pelo turismo de lazer e de negócios.
- Manter bancos de dados atualizados no se refere ao desempenho dos fatores que compõem a Política de Mobilidade Urbana e a Política de Desenvolvimento Urbano, para alimentar o Sistema de Mobilidade Urbana e as atualizações periódicas do Plano Diretor.
- Estabelecer e aplicar leis que favoreçam a segurança dos cidadãos, dos espaços e dos equipamentos públicos, bem como que

---

* A NBR 12267 estabelece normas para orientar a elaboração de planos diretores, em conformidade com os termos do art. 182 da Constituição Federal.

- assegurem a criação de ambientes limpos, organizados, funcionais e seguros, que estimulem a prática da cidadania e da vizinhança.
- Adotar e fiscalizar estratégias de gestão integrada que garantam a qualidade dos serviços essenciais, como saúde e educação, abastecimento, saneamento e mobilidade, entre outros, no âmbito de competência do município. Incluem-se aqui medidas de incentivo ao uso de transporte coletivo e uso de veículos não motorizados, gestão do trânsito e qualidade fiscalizada das atividades privadas no comércio local.

Para que o desenvolvimento urbano seja sustentável e de acordo com a Política Nacional de Mobilidade Urbana, os Planos Diretores municipais devem buscar reurbanizar áreas periféricas para reduzir as necessidades de deslocamentos; evitar especialização ou usos específicos de áreas ou bairros como unicamente comerciais ou residenciais; expandir a cidade por meio de planejamento e ações integradas, privilegiando a autonomia de vida nesses locais, conforme os preceitos da sustentabilidade.

> *Para saber mais*
>
> A cartilha indicada como leitura é resultado da parceria entre o Ministério das Cidades, por meio da Secretaria de Transporte e da Mobilidade Urbana, e o Instituto Pólis. Traz em sua abordagem um conjunto de temas básicos envolvidos na mobilidade urbana e suas relações com as outras políticas urbanas.
>
> BRASIL. Ministério das Cidades. INSTITUTO PÓLIS – Instituto de Estudos, Formação e Assessoria em Políticas Sociais. **Conheça o anteprojeto de lei da política nacional de mobilidade urbana. Mobilidade urbana é desenvolvimento urbano!** nov. 2005. Disponível em: <http://www.polis.org.br/uploads/922/922.pdf>. Acesso em: 21 nov. 2017.

## 3.4 Mobilidade urbana sustentável

O conceito **mobilidade urbana sustentável** começou a ser definido na década de 1980, tendo início em ações internacionais no âmbito da sustentabilidade, como fóruns, congressos e pesquisas científicas, passando por longos debates sobre os três termos que compõem o conceito e sobre como conceber o **fator transporte** e seus componentes e a sustentabilidade numa mesma proposta (Brasil, 2004).

*Sustentável* é o desenvolvimento que atende às necessidades sociais, econômicas e ambientais atuais, viabilizando ainda o atendimento futuro, de modo a garantir a prosperidade coletiva e a proteção do meio ambiente, cumprir as premissas sociais de redução da pobreza e da exclusão e favorecer a equidade.

Por exemplo, um aspecto do desenvolvimento sustentável é a prática de transporte que utiliza fontes renováveis a uma taxa inferior àquela necessária a sua regeneração e fontes não renováveis a uma taxa inferior àquela necessária ao surgimento de fontes renováveis de substituição (IMS, 2017).

*Sustentabilidade* é atributo da dinâmica vital do conjunto de aspectos que compõem o planeta, é a condição na qual aspectos naturais e sociais interagem em harmonia; é sistêmica e promove a saúde relacional entre os seres, espaços e recursos. Embora as definições do conceito de **sustentabilidade** impliquem uma totalidade, é possível definir aspectos ou vetores da sustentabilidade, para facilitar o estudo desse fenômeno e a distribuição de responsabilidades na gestão pública, por exemplo.

A sustentabilidade ambiental tem como foco a preservação dos ecossistemas; a sustentabilidade social visa à qualidade de vida humana individual e coletiva; a sustentabilidade política é voltada à cidadania e à qualidade relacional entre cidadãos e governos; a sustentabilidade econômica implica a eficiência e a qualidade na aplicação dos insumos e dos resultados nos processos produtivos;

a sustentabilidade cultural tem como objetivo a valorização e a preservação dos saberes, tradições e costumes das diferentes etnias. Para a Organização das Nações Unidas (ONU), há três categorias de sustentabilidade: a ambiental, a social e a econômica.

Mobilidade urbana sustentável requer, reciprocamente, sustentabilidade urbana, e ambas apresentam, necessariamente, caráter totalitário, ou seja, envolvem amplo conjunto de fatores que constituem o cotidiano humano nas áreas urbanas e regiões, e ambas têm por finalidade última promover a qualidade de vida e a prosperidade nas cidades. A mobilidade sustentável requer a redução dos impactos ambientais, sociais e econômicos da mobilidade humana, em seus modos e meios de locomoção e de uso dos espaços e recursos. Requer, com isso, entre muitos outros fatores, a educação para a sustentabilidade, para a qualidade de vida, para a prosperidade, em vez da prática do enriquecimento ou da apropriação imediata dos benefícios que a cidade e seu entorno podem oferecer (Bergman; Rabi, 2005).

O senso de comunidade, coautoria e corresponsabilidade caracteriza os princípios da sustentabilidade e viabiliza o bom uso do espaço e dos recursos urbanos. Tal afirmação responsabiliza todos os cidadãos e todos os gestores públicos na elaboração, na aplicação e no cumprimento das leis, pois o caráter totalitário da sustentabilidade não se dá em segmentos, senão no todo da vida humana coletiva.

> *Para saber mais*
>
> Para se aprofundar no tema de que estamos tratando, leia *Mobilidade e política urbana: subsídios para uma gestão integrada*, indicado a seguir.
>
> BERGMAN, L; RABI, N-. I. A. de. (Coord.). **Mobilidade e política urbana**: subsídios para uma gestão integrada. Rio de Janeiro: Ibam; Ministério das Cidades, 2005. Disponível em: <http://www.mobilize.org.br/midias/pesquisas/mobilidade-e-politica-urbana.pdf>. Acesso em: 21 nov. 2017.

## Estudo de caso

Para a mobilidade urbana sustentável, é necessário priorizar a redução do consumo de energia não renovável; a redução e o tratamento de resíduos de lixo e de agentes tóxicos; o consumo sustentável de recursos; a preservação dos recursos naturais e construídos; o gerenciamento eficaz dos impactos climáticos; a adoção do conceito de bairro-cidade na gestão do município; o uso de tecnologia para o aperfeiçoamento dos serviços destinados à população; a aplicação do conhecimento das diversas áreas do saber científico, para a prevenção e a correção dos problemas do cotidiano nas cidades e, principalmente, a efetiva promoção da sustentabilidade urbana.

Em 2008, Marcela da Silva Costa apresentou como tese de doutorado uma ferramenta por ela denominada *Índice de Mobilidade Urbana Sustentável* (Imus), com critérios que agregam três dimensões (social, econômica e ambiental), "nove Domínios, trinta e sete Temas e oitenta e sete Indicadores", além de um "sistema de pesos [que] permite identificar a importância relativa de cada critério" em cada dimensão (Costa, 2008, p. IX).

A ferramenta Imus de avaliação foi construída por meio de investigação científica realizada em várias unidades federativas do Brasil e empregou referências bibliográficas nacionais e internacionais. Adotada atualmente por vários profissionais dos setores envolvidos, serve de subsídio para o aperfeiçoamento de políticas públicas municipais e estaduais (Costa, 2008).

No Quadro 3.1, constam os nove domínios e respectivos indicadores Imus.

## Quadro 3.1 – Indicadores Imus

| | |
|---|---|
| Acessibilidade | • Acessibilidade ao transporte público.<br>• Transporte público para pessoas com necessidades especiais.<br>• Despesas com transportes.<br>• Travessias adaptadas para pessoas com necessidades especiais.<br>• Acessibilidade aos espaços abertos.<br>• Vagas de estacionamento para pessoas com necessidades especiais.<br>• Acessibilidade a edifícios públicos.<br>• Acessibilidade aos serviços essenciais.<br>• Fragmentação urbana.<br>• Ações para acessibilidade universal. |
| Aspectos ambientais | • Emissões de CO.<br>• Emissões de $CO_2$.<br>• População exposta ao ruído de tráfego.<br>• Estudos de impacto ambiental.<br>• Consumo de combustível.<br>• Uso de energia limpa e combustíveis alternativos. |
| Aspectos sociais | • Informação disponível ao cidadão.<br>• Equidade vertical (renda).<br>• Educação para o desenvolvimento sustentável.<br>• Participação na tomada de decisão.<br>• Qualidade de vida. |
| Aspectos políticos | • Integração entre níveis de governo.<br>• Parcerias público-privadas.<br>• Captação de recursos.<br>• Investimentos em sistemas de transportes.<br>• Distribuição dos recursos (coletivo *versus* privado).<br>• Distribuição dos recursos (motorizados *versus* não motorizados).<br>• Política de mobilidade urbana. |

*(continua)*

*(continuação)*

| | |
|---|---|
| Infraestrutura e transporte | • Densidade e conectividade da rede viária.<br>• Vias pavimentadas.<br>• Despesas com manutenção da infraestrutura.<br>• Sinalização viária.<br>• Vias para transporte coletivo. |
| Modos não motorizados | • Extensão e conectividade de ciclovias.<br>• Frota de bicicletas.<br>• Estacionamento de bicicletas.<br>• Vias para pedestres.<br>• Vias com calçadas.<br>• Distância de viagem.<br>• Tempo de viagem.<br>• Número de viagens.<br>• Ações para redução do tráfego motorizado. |
| Planejamento integrado | • Nível de formação de técnicos e gestores.<br>• Capacitação de técnicos e gestores.<br>• Vitalidade do centro.<br>• Consórcios intermunicipais.<br>• Transparência e responsabilidade.<br>• Vazios urbanos.<br>• Crescimento urbano.<br>• Densidade populacional urbana.<br>• Índice de uso misto.<br>• Ocupações irregulares.<br>• Planejamento urbano, ambiental e de transportes integrado.<br>• Efetivação e continuidade das ações.<br>• Parques e áreas verdes.<br>• Equipamentos urbanos.<br>• Plano Diretor.<br>• Legislação urbanística.<br>• Cumprimento da legislação urbanística. |

(Quadro 3.1 – conclusão)

| | |
|---|---|
| Tráfego e circulação urbana | • Acidentes de trânsito.<br>• Acidentes com pedestres e ciclistas.<br>• Prevenção de acidentes.<br>• Educação para o trânsito.<br>• Congestionamento.<br>• Velocidade média do tráfego.<br>• Violação das leis de trânsito.<br>• Índice de motorização.<br>• Taxa de ocupação de veículos. |
| Sistemas de transporte urbano | • Extensão da rede de transporte público.<br>• Pontualidade.<br>• Velocidade média do transporte público.<br>• Idade média da frota de transporte público.<br>• Índice de passageiros por quilômetro.<br>• Passageiros transportados anualmente.<br>• Satisfação do usuário com o serviço de transporte público.<br>• Diversidade de modos de transporte.<br>• Transporte coletivo *versus* transporte individual.<br>• Modos não motorizados *versus* modos motorizados.<br>• Contratos e licitações.<br>• Transporte clandestino.<br>• Terminais intermodais.<br>• Integração do transporte público.<br>• Descontos e gratuidades.<br>• Tarifas de transporte.<br>• Subsídios públicos. |

Fonte: Elaborado com base em Costa, 2008.

## *Para saber mais*

Para saber mais sobre a ferramenta Imus, leia a tese *Um índice de mobilidade Urbana*, de Marcela da Silva Costa.

COSTA, M. da S. **Um índice de mobilidade urbana sustentável**. 248 f. Tese (Doutorado em Engenharia Civil) – Universidade de São Paulo, São Carlos, 2008. Disponível em: <http://www.teses.usp.br/teses/disponiveis/18/18144/tde-01112008-200521/pt-br.php>. Acesso em: 21 nov. 2017.

## 3.5 Boas práticas em mobilidade urbana

A experiência mostra que podem ser entendidas como boas práticas para a mobilidade pública: i) escolas públicas localizadas em bairros carentes; postos de saúde, ambulatórios e hospitais próximos a bairros de maior concentração humana; linha de transporte coletivo equipada para conduzir pessoas com necessidades especiais de mobilidade, inclusive constando de redução de tarifa; melhorias nos serviços de iluminação, limpeza e segurança nos parques e praças; fiscalização de serviços particulares ofertados em logradouros públicos; descentralização de serviços públicos essenciais para bairros de maior concentração humana; revisão de leis, procedimentos e gestão da terceirização de serviços públicos essenciais; plano viário que evite a concentração de transito em áreas verdes e de preservação ambiental; entre outras.

Segundo Alves (2006), a questão da mobilidade urbana e da acessibilidade inclusiva parece funcionar melhor em cidades compactas ou com núcleos adensados, com redução de obstáculos materiais, culturais e jurídicos e uma lógica de mobilidade favorável ao fluir da urbanidade. Cidades compactas exigem um urbanismo que rejeite a dispersão de baixa densidade ou a construção de cidade sem um serviço público acessível e confortável. Só a cidade dos bairros, com densidade e diversidade de funções, permite a autonomia de cidadãos de todas as idades ou condição social (Alves, 2006).

A acessibilidade não pode ser tratada como um problema exclusivo de um grupo social ou modo de transporte, ou com soluções técnicas emergenciais ou localizadas, fora do planejamento urbano. "Não se trata portanto de só melhorar a prática, os regulamentos, mas sim operar uma transformação cultural na abordagem da questão da acessibilidade como tema central da equidade e da democracia" (Alves, 2006, p. 14).

São boas práticas em mobilidade urbana:

- **Center multimídia:** Equipamentos dispostos em terminais do sistema, localizados em rodoviárias e terminais de ônibus, que servem de canal de relacionamento dos usuários. Disponibilizam, via SMS e outros canais, informações referentes à região metropolitana, quadros de horários e itinerários das linhas e do trajeto por meio do Google Maps (Curitiba, 2017).
- **Sistema de bilhetagem eletrônica:** Substitui o bilhete físico, facilita o gerenciamento do transporte público e a qualidade dos deslocamentos dos usuários, possibilita um melhor controle da demanda de transporte e pode alimentar o banco de dados que compõem o sistema de informação de trânsito (Curitiba, 2017).
- **Bilhete único:** Adotado em São Paulo e em algumas outras capitais brasileiras, permite a integração entre ônibus, micro-ônibus, metrô e trens da Companhia Paulista de Trens Metropolitanos (CPTM). O cartão eletrônico é emitido conforme a categoria e as necessidades do usuário. Entre os seus benefícios, estão a integração entre diferentes modos de transporte, a facilidade de aquisição dos créditos eletrônicos, o planejamento de trajetos pelo usuário, a redução dos custos de deslocamento e a agilidade do embarque dos passageiros (Curitiba, 2017).
- **Controle de gratuidades:** Em Curitiba, por exemplo, a concessão do desconto tarifário é feita mediante cadastramento dos estudantes e dos idosos, promovendo a igualdade no acesso aos serviços (Curitiba, 2017).
- **Programa Selo Verde:** Sistema desenvolvido para favorecer a redução dos índices de emissões de poluição. No Rio de Janeiro, é operacionalizado pela Federação das Empresas de Transportes de Passageiros do Estado do Rio de Janeiro (Fetranspor), que monitora a poluição sonora. Prevê ações para compensar a emissão de gases de efeito estufa (GEE);

mantém e disponibiliza um banco de dados para gestão dos níveis de emissão em tempo real; promove a redução do consumo de óleo diesel e de $CO_2$ e estabelece limites baixos para a emissão aceitável de poluentes. Os benefícios do Selo Verde favorecem igualmente as empresas de transporte público, pela orientação de resultados para a melhor utilização da frota quanto à manutenção dos veículos e o consumo inteligente de combustível (Sindpass, 2017).

+ **Sistema de pedágio urbano:** Em Cingapura, por exemplo, para minimizar os impactos do tráfego intenso de veículos nas vias urbanas, foram adotados sistemas de gerenciamento do tráfego, que incluem cobrança de taxa para aquisição e licenciamento de veículos, compra de combustíveis e estacionamento; implantação de áreas pedagiadas com tarifação ou Road Pricing Scheme (RPS) e cobrança eletrônica Electronic Road Pricing (ERP) para uso da infraestrutura viária nos horários de tráfego intenso. Com essas ações, houve a diminuição dos congestionamentos nas vias urbanas centrais e a conscientização dos motoristas do custo efetivo do uso do seu veículo, possibilitando um planejamento melhor e mais economia para sua locomoção (Rosa, 2016).
+ **Taxa de congestionamento:** Em Londres, a implantação dessa taxa atingiu seus objetivos de melhorar a qualidade ambiental da cidade, reduzir o congestionamento e incentivar o uso do transporte público. Por meio de pagamentos antecipados e de acordos com as normas do programa, contribuiu também para o planejamento das viagens e da fiscalização (Curitiba, 2017).
+ **Bicicletas, universidades e ciclomobilidade:** Em Curitiba, pesquisadores holandeses, em parceria com instituições locais, desenvolvem projetos para o desenvolvimento de cidade inteligente. O principal objetivo da cooperação entre a Holanda, universidades sediadas no Paraná, órgãos do setor de transporte e mobilidade urbana e empresas privadas é ampliar a

integração da bicicleta à vida da cidade, por meio de projetos inovadores nas áreas de arquitetura, planejamento urbano e *design*, consolidando o modal como opção de mobilidade segura e sustentável (Curitiba, 2017). O acordo prevê a participação da Universidade de Twente, Universidade Wageningen, Universidade Federal do Paraná (UFPR), Universidade Tecnológica Federal do Paraná (UTFPR), Pontifícia Universidade Católica do Paraná (PUCPR), Universidade Positivo (UP), *Dutch Cycling Embassy*, Federação das Indústrias do Estado do Paraná (Fiep), Instituto Brasileiro de Qualidade e Produtividade (IBPQ) e CicloIguaçu. Diversos intercâmbios serão realizados, incluindo pesquisas e propostas de ações sustentáveis urbanas.

- **Vias calmas e ciclovias – estrutura:** Em Curitiba, as vias calmas são estruturas cicloviárias instaladas ao longo das avenidas que têm canaletas para ônibus biarticulados do transporte coletivo, ladeadas por duas vias lentas com sentidos opostos de tráfego. A prioridade é para os ciclistas e a velocidade máxima permitida é de 30 km/h para carros e motos, sinalizada horizontal e verticalmente. Nessas vias, existem as bicicaixas, que são áreas de parada exclusiva para bicicletas nos semáforos, entre a faixa de pedestres e a área de veículos motorizados. O conjunto garante maior segurança aos ciclistas nos cruzamentos e nas conversões (Curitiba, 2017).

## *Síntese*

A mobilidade urbana é um dos aspectos essenciais da gestão das cidades, para análise e solução de problemas decorrentes do aumento populacional urbano, do tráfego crescente e intenso e das ações estabelecidas pelas novas exigências legais para acessibilidade e sustentabilidade.

A mobilidade urbana constitui-se de uma rede complexa de fatores que compõe o cotidiano da vida humana nas cidades e regiões e constitui uma importante função urbana construída em cadeia, ou conjunto de etapas interligadas, que trata das ações humanas desde o momento em que a pessoa sai de sua origem até o momento em que atinge o seu destino (Macário, 2005).

Acessibilidade, inclusão e sustentabilidade são aspectos constituintes da gestão da mobilidade urbana. Segundo a NBR 9050 (ABNT, 2015, p. 2), *acessibilidade* é a "possibilidade e condição de alcance, percepção e entendimento para utilização segura e autônoma de edificações, espaço, mobiliário e equipamentos urbanos".

O caráter inclusivo da mobilidade urbana se expressa na adoção de medidas facilitadoras da vida dos cidadãos em condições específicas de movimentação, acesso e uso de aparelhos e serviços urbanos e regionais, garantindo-lhes os direitos essenciais da vida. Inclusão implica, igualmente, a equidade no trato das condições especiais da vida humana, não devendo se pautar na excepcionalidade, ou seja, deve compor a parte essencial no planejamento e na gestão da mobilidade urbana.

O caráter sustentável da mobilidade urbana resulta da execução do planejamento de integração dos fatores saúde, ambiente, direito de acesso e inclusão à cidade, moradia, geração de emprego e renda, características do uso da energia e integração de todos os modais de transporte.

A mobilidade urbana é regida pela Lei n. 12.587/2012, que institui a Política Nacional de Mobilidade Urbana, em atendimento à determinação constitucional de que a União estabeleça as diretrizes para o desenvolvimento urbano, inclusive transportes, além de tratar de questões da política urbana estabelecida pelo Estatuto da Cidade.

A Lei da Mobilidade Urbana responsabiliza os municípios pelo planejamento e execução da Política de Mobilidade Urbana integrada no planejamento urbano e em conformidade com o Estatuto da Cidade.

O fenômeno mobilidade urbana é constituído de inúmeros fatores e, portanto, a aplicação da Política Nacional de Mobilidade Urbana é permeada pelos seguintes fatores: crescente taxa de urbanização; forte aumento da taxa de motorização; falta de investimento em infraestrutura urbana e falta de visão e ação sistêmicas, que possibilitariam a integração dos contextos municipais, regionais e territoriais, além de que contemplariam um número maior de variáveis que compõem o fenômeno mobilidade urbana.

Considerando o sistema de transporte na sua amplitude, como um dos fatores de crescimento e desenvolvimento das cidades e do país e a sua complexa interdependência com a vida humana, compreende-se a importância da adoção de sistemas integrados e sustentáveis que garantam mobilidade humana com inclusão, segurança, qualidade de vida e desenvolvimento sustentável.

## Perguntas & respostas

1. A Política Nacional de Mobilidade Urbana, segundo o art. 2º da Lei n. 12.587/2012, tem por objetivo ajudar a alcançar o acesso universal à cidade, o fomento e a concretização de condições que contribuam para a efetivação dos princípios, objetivos e diretrizes da política de desenvolvimento urbano, por meio do planejamento e da gestão democrática do Sistema Nacional de Mobilidade Urbana. Discorra sobre a política apresentando os principais elementos que a compõem.

   **Resposta:** *Espera-se que a resposta do leitor abranja a relação entre mobilidade urbana e desenvolvimento urbano e comentários sobre os seguintes tópicos: política tarifária do transporte público coletivo; serviços de transporte público; direitos dos usuários; o que compete à União, aos estados e Distrito Federal e aos municípios; planejamento e gestão dos sistemas de mobilidade urbana sustentável e plano de mobilidade urbana.*

# Questões para revisão

1. Qual é a condição para que um município tenha de elaborar um plano de mobilidade urbana que favoreça o crescimento ordenado, contemple os aspectos sociais, ambientais e econômicos e que esteja em consonância com os princípios do desenvolvimento sustentável?
    a. Todos os municípios com população superior a 30 mil habitantes devem elaborar e seguir um plano de mobilidade urbana.
    b. Todos os municípios com população superior a 100 mil habitantes devem elaborar e seguir um plano de mobilidade urbana.
    c. Todos os municípios com população superior a 10 mil habitantes devem elaborar e seguir um plano de mobilidade urbana.
    d. Todos os municípios com população superior a 20 mil habitantes devem elaborar e seguir um plano de mobilidade urbana.
    e. É facultativo a qualquer município elaborar o plano de mobilidade urbana

2. Segundo a leitura da Política Nacional de Mobilidade Urbana, os princípios orientam a compreensão do texto da lei e servem de base para elaboração de normas, leis, decretos ou outros atos administrativos no âmbito da mobilidade urbana. Entre os itens a seguir, identifique os que não são considerados princípios da lei de mobilidade urbana:
    a. Acessibilidade universal; desenvolvimento sustentável das cidades, nas dimensões socioeconômicas e ambientais; equidade no acesso dos cidadãos ao transporte público coletivo.

b. Eficiência, eficácia e efetividade na prestação dos serviços de transporte urbano; gestão democrática e controle social do planejamento e avaliação da Política Nacional de Mobilidade Urbana; segurança nos deslocamentos das pessoas.

c. Arrecadação de recursos para desenvolvimento urbano; ampliação das redes de transporte privativo; melhoria do acesso do automóvel às vias centrais; aumento da velocidade média de circulação e nas vagas de estacionamento nas regiões centrais, possibilitando um maior acesso do transporte particular.

d. Justa distribuição dos benefícios e ônus decorrentes do uso dos diferentes modos e serviços; equidade no uso do espaço público de circulação, vias e logradouros; eficiência, eficácia e efetividade na circulação urbana.

e. desenvolvimento natural das demandas da mobilidade urbana; fluxo de pessoas para os grades centros e meios de transporte particular.

3. Para que o desenvolvimento urbano seja sustentável e de acordo com a Política Nacional de Mobilidade Urbana, os Planos Diretores municipais não devem priorizar:

a. a reurbanização de áreas periféricas, para reduzir as necessidades de deslocamentos.

b. as vias de acesso para transportes particulares e a especialização de áreas e bairros.

c. a expansão nos usos e na oferta de serviços nos bairros.

d. as ações integradas privilegiando a autonomia de vida nos bairros.

e. características socioculturais da população.

4. Conforme a Política Nacional de Mobilidade Urbana, quais aspectos são importantes para o desenvolvimento de um programa de mobilidade urbana sustentável?

5. Em 2008, Costa apresentou como tese uma ferramenta por ela denominada de *Índice de Mobilidade Humana Sustentável* (Imus), com critérios que agregam três dimensões (social, econômica e ambiental). Considerando esse estudo, descreva quais são os principais indicadores de mobilidade que constam no trabalho de Costa (2008).

## Questão para reflexão

1. Apresente critérios conforme a política de mobilidade urbana para um planejamento sustentável.

### Para saber mais

A elaboração e a aplicação de projetos de mobilidade urbana devem compor um conjunto harmônico entre os elementos e as funções presentes nas cidades. Para que você conheça mais sobre legislação, práticas e exemplos aplicados na mobilidade urbana, recomendamos as leituras a seguir.

Para saber mais sobre a Política Nacional de Mobilidade Urbana, acesse:

BRASIL. Portal Federativo. Secretaria de Governo. **Municípios devem implantar planos locais de mobilidade urbana.** 29 out. 2014. Disponível em: <http://www.portalfederativo.gov.br/noticias/destaques/municipios-devem-implantar-planos-locais-de-mobilidade-urbana/>. Acesso em: 21 nov. 2017.

*capítulo quatro*

# Planejamento de áreas verdes urbanas

## Conteúdos do capítulo:

+ Florestas urbanas.
+ Áreas urbanas de preservação permanente.
+ Telhados verdes.
+ Contribuição econômica e social das áreas verdes para as cidades.
+ Indicadores para avaliação econômica.
+ Contribuição qualiquantitativa das áreas verdes urbanas.
+ Indicadores qualiquantitativos.
+ Método composto para avaliação de florestas urbanas.

## Após o estudo deste capítulo, você será capaz de:

1. indicar os diferentes conceitos e práticas da gestão de áreas verdes urbanas;
2. compreender a importância da manutenção e da preservação das florestas urbanas;
3. aplicar ferramentas de análise qualiquantitativa nas áreas verdes urbanas;
4. relacionar as leis e suas contribuições para manutenção e preservação dessas áreas.

Neste capítulo, vamos abordar o planejamento de áreas verdes urbanas – áreas urbanas de preservação permanente –, os fatores de contribuição econômica, social e ambiental desses espaços para as cidades e os métodos de avaliação e de diagnóstico como ferramentas de auxílio para a implantação da gestão sustentável.

## 4.1 *Florestas urbanas*

A floresta urbana representa um elemento urbanístico com uma forte representatividade social, política, econômica e arquitetônica, e sua estrutura exibe atributos históricos, artísticos e paisagísticos. Contudo, por sua condição urbanizada, há uma dificuldade de planejamento e manutenção desses espaços (Marques, 2012).

Mello Filho (1985, p. 21) define essas áreas como a vegetação urbana "representada por conjuntos arbóreos de diferentes origens e que desempenham diferentes papéis". Miller (1997, citado por Lima Neto et al., 2007, p. 22) comenta que as florestas urbanas são a "soma de toda a vegetação lenhosa que circunda e envolve os aglomerados urbanos desde pequenas comunidades rurais até grandes regiões metropolitanas".

Esse conjunto de elementos é normalmente definido como *vegetação arbórea urbana*, *área verde urbana* ou *florestas urbanas* e suas subclassificações são conceituadas por Lima Neto et al. (2007, p. 24) como:

> **Espaço livre:** trata-se do conceito mais abrangente, integrando os demais e contrapondo-se ao espaço construído, em áreas urbanas. Assim, a Floresta Amazônica não se inclui nessa categoria; já a Floresta da Tijuca,

localizada dentro da cidade do Rio de Janeiro, é um espaço livre.

**Área verde:** onde há o predomínio de vegetação arbórea, englobando as praças, os jardins públicos e os parques urbanos. Os canteiros centrais de avenidas e os trevos e rotatórias de vias públicas, que exercem apenas funções estéticas e ecológicas, devem, também, conceituar-se como área verde. As árvores que acompanham o leito das vias públicas não devem ser consideradas como tal, pois as calçadas são impermeabilizadas.

**Parque urbano:** é uma área verde, com funções ecológicas, estéticas e de lazer, entretanto, com uma extensão maior que as praças e jardins públicos.

**Praça:** como área verde, tem a função principal de lazer. Uma praça, inclusive, pode não ser uma área verde quando não tem vegetação e encontra-se impermeabilizada, por exemplo, a Praça da Sé em São Paulo. No caso de ter vegetação é considerado Jardim.

**Arborização urbana:** diz respeito aos elementos vegetais de porte arbóreo, dentro da cidade. Nesse enfoque, as árvores plantadas em calçadas fazem parte da arborização urbana, porém, não integram o sistema de áreas verdes.

**Área livre e área aberta:** são termos que devem ter sua utilização evitada, pela imprecisão na sua aplicação.

**Espaço aberto:** traduzido erroneamente e ao pé da letra do termo inglês "open space". Deve ser evitada sua utilização, preferindo-se o uso do termo espaço livre.

*Figura 4.1 – Vista da Pedra Bonita, Parque nacional da Tijuca (Rio de Janeiro – RJ)*

O que parece se reafirmar nas várias definições é que o espaço pertence à paisagem, tanto natural como antrópica. As paisagens naturais normalmente são desabitadas por pessoas, e, nas paisagens antrópicas, há intervenção humana, exibindo certo grau de artificialidade. No entanto, é consenso que os espaços abertos conferem certas contribuições para a sociedade, como paisagística, lazer e controle ambiental.

Kliass e Magnoli (1967) conceituam *espaço livre* como áreas públicas sem edificações, independente da sua finalidade. Quando destinadas a áreas verdes, são definidas como *espaços verdes*.

Porém, podemos pensar nesses espaços livres com uma função mais ampla que área verde; já o sistema de áreas verdes seria um elemento pertencente ao sistema de espaços livres, levando em conta a definição de *áreas verdes* apresentada na literatura, a qual compreende áreas com predomínio de vegetação.

O resultado do manejo usualmente aplicado nas florestas urbanas revela a necessidade de uma reestruturação considerando novas abordagens nos processos de gestão. Assim, as florestas urbanas são um conjunto de elementos integrados à cidade; simplificadamente, são todas as áreas que servem à sociedade urbana. A gestão sustentável dessa floresta deve considerar o manejo integrado, a partir do momento que engloba toda a área física urbana destinada ao uso da população.

Nesse sentido, segundo Grey e Deneke (1986), a floresta urbana não pode ser mais definida apenas como um agrupamento de árvores que pode ser manejado, mas sim como um todo composto por vários elementos combinados à vegetação, sendo que qualquer alteração deve ser realizada de maneira a considerar os demais ambientes das áreas urbanas.

*Figura 4.2 – Bosque Alemão (Curitiba – PR)*

Paulo Nabas/Shutterstock

Essa definição foi aplicada pela primeira vez em 1970, no Canadá, segundo Grey e Deneke (1986), como *Urban Forest* (*floresta urbana*), que, para Magalhães (2006, p. 23), está ligada "à expansão das cidades e à demanda crescente de métodos e técnicas que pudessem ser aplicados ao conjunto arbóreo destes espaços".

## 4.2 Áreas urbanas de preservação permanente

Entre outros elementos de uma floresta urbana, as áreas de preservação permanente merecem atenção especial. Conforme o novo Código Florestal – Lei n. 12.651, de 25 de maio de 2012 (Brasil, 2012c) –, essas áreas são definidas como legalmente protegidas, com características de fragilidade e vulnerabilidade; são públicas ou privadas, urbanas ou rurais, com ou sem cobertura vegetal nativa.

> **Para saber mais**
>
> BRASIL. Lei n. 12.651, de 25 de maio de 2012. **Diário Oficial da União**, Poder Legislativo, Brasília, DF, 28 maio 2012. Disponível em: <http://www.planalto.gov.br/ccivil_03/_ato2011-2014/2012/lei/l12651.htm>. Acesso em: 21 nov. 2017.

Essas áreas contribuem potencialmente para a sociedade pelas variadas funções e serviços ambientais prestados no meio urbano, cabendo ressaltar, entre outras funções: a capacidade de contribuir com a manutenção da estrutura do solo, prevenindo a ocorrência de degradação relacionada à ocupação inadequada, principalmente em locais com acentuada declividade; a preservação dos corpos d'água e a manutenção do regime hídrico, reduzindo assim o potencial de enchentes, preservando os corpos d'água da poluição e do assoreamento; o aumento da permeabilidade do solo urbano, contribuindo com a recarga de aquíferos e no abastecimento público; as funções ecológicas, servindo de refúgio para a fauna, assim como possibilitando a construção e a manutenção de trampolins e corredores ecológicos; a redução da amplitude térmica e do efeito "ilha de calor" na manutenção da qualidade e da umidade do ar (Brasil, 2017c).

A manutenção das áreas de preservação permanente nas cidades valoriza a paisagem, o patrimônio natural e as estruturas construídas. Elas exercem, simultaneamente, funções sociais e educativas por meio de práticas de esporte e atividades de lazer e recreação, promovendo contato com a natureza, assim como o desenvolvimento da educação ambiental direcionada para a conservação. Essas áreas possibilitam que 84,4% da população do país que vive em centros urbanos usufrua de uma paisagem cada vez mais escassa nesse meio (Brasil, 2017c).

*Figura 4.3 – Bosque de Chapultepec (Cidade do México)*

A urbanização traz consequências, assim como exige a articulação de estados e municípios para a criação de um sistema integrado de gestão de **áreas de preservação permanente** (APP) urbanas, incluindo seu mapeamento, fiscalização, recuperação e monitoramento; apoio a novos modelos de gestão de APP urbanas, com participação das comunidades e parcerias com entidades da sociedade civil; definição de normas para a instalação de atividades de esporte, lazer, cultura e convívio da população compatíveis com a função ambiental dessas áreas (Brasil, 2017c).

As consequências indesejáveis do efeito da urbanização sem planejamento traz, entre muitos problemas, a ocupação irregular e o uso inapropriado dessas áreas, promovendo a redução e a degradação cada vez mais intensa das APP urbanas. Esse cenário ocasiona sérios problemas, demandando um especial empenho para aperfeiçoar as políticas ambientais direcionadas à recuperação, à manutenção, ao monitoramento e à fiscalização (Brasil, 2017c).

As seções que você verá a seguir referem-se a algumas alternativas ao cenário atual de problemas ambientais.

## 4.3 *Telhados verdes*

No Brasil, as cidades se desenvolveram de modo biocida, desligando-se da natureza ao invés de se integrarem a ela. A redução de espaços verdes das cidades e o aumento das áreas impermeabilizadas contribuem negativamente para o microclima e o bem-estar da população local, afetando a qualidade de vida e a biodiversidade da região.

Nesse cenário, é cada vez mais necessária a criação de infraestrutura verde urbana, biofílica, que possa mimetizar-se à natureza e promovê-la e que não se incompatibilize com o desenvolvimento econômico e imobiliário da cidade, mas que se apresente como alternativa sustentável.

Nesse contexto, é crucial estabelecer critérios adequados para que os terrenos de nossa cidade, considerando suas respectivas taxas de ocupação e áreas remanescentes, mantenham áreas consideradas livres, ou seja, permeáveis e com coberturas vegetadas, favorecendo a purificação do ar, o armazenamento e a purificação da água, além do recarregamento dos aquíferos.

Quase sempre, a necessidade por essas áreas livres entra em choque com o crescimento econômico e, obviamente, imobiliário. Principalmente por esse motivo e pela crescente indisponibilidade de locais, é importante que se tenha, além da definição de critérios que preservem as áreas totalmente livres, a adoção de alternativas para compensar a edificação de tais áreas. Uma possibilidade extremamente promissora, devido a sua multifuncionalidade, é a construção de **telhados verdes**.

> *Para refletir*
>
> Na era de graves problemas ambientais, é necessário investir na adoção de tecnologias sustentáveis, principalmente na construção civil. Elaborado na Alemanha, os telhados verdes ficaram conhecidos em toda a Europa após 1960 e se tornaram exemplos arquitetônicos de requinte e bem-estar, principalmente em cidades como Nova Iorque. Somando estética à diminuição da amplitude térmica no interior das edificações, os *greenroofs*, também denominados *telhados vivos*, contribuem no controle do aquecimento provocado pelo efeito estufa, purificam o ar por meio da fotossíntese e das suas estruturas filtrantes, minimizam o escoamento de águas de chuva para as vias públicas e atenuam o efeito dos bolsões de calor (D'Elia, 2009).

*Figura 4.4 – Telhado ecológico*

Esse sistema de cobertura, amplamente empregado na Europa e na América do Norte, que passou recentemente a ser utilizado no Brasil, vem apresentando uma considerável expansão do seu uso por empregar uma tecnologia altamente eficiente com custos razoáveis. Para termos uma ideia da sua utilização, na Alemanha, 16% das residências novas utilizam telhados ecológicos. O governo inclusive promove incentivos fiscais e até mesmo a isenção de impostos para as construções que adotam essa tecnologia (ATVerde, 2017).

> De acordo com a pesquisa "Natureza em megacidades" coordenada pelo Doutorando da Universidade de Bauhaus Jörg Spangenberg e por meio de convênio aplicada no Laboratório de Conforto Ambiental e Eficiência Energética da Faculdade de Arquitetura e Urbanismo da USP, a utilização em larga escala dos telhados verdes poderia reduzir 1 °C ou 2 °C a temperatura nas grandes cidades. Mas essa redução já é suficiente para impactar na qualidade de vida da população. A redução da temperatura da superfície das lajes após a instalação das coberturas diminui cerca de 15 °C, o que influencia na sensação de conforto térmico dos ambientes. A diferença também é sentida no consumo de energia elétrica. Dependendo do tipo de telhado, capacidade de área, vegetação utilizada e do sombreamento, estima-se que, no andar de cobertura, a redução da carga térmica para o condicionador de ar seja de aproximadamente 240 kWh/m$^2$, proporcionado pela evapotranspiração. (ATVerde, 2017, p. 3)

Entre as inúmeras possibilidades de técnicas para a ampliação das coberturas vegetais em áreas urbanas, há uma prática arquitetônica conhecida como *ecotelhado*, que é a utilização de solo, ou substrato, e vegetação sobre estruturas de cobertura ou laje – por exemplo, telhado composto por telhas de cerâmica ou fibrocimento previamente impermeabilizados. Essa técnica é bastante simples, sendo a impermeabilização o ponto mais crítico. Com base na inclinação e na utilização desses espaços, podem ser empregados sistemas extensivos ou intensivos, ambos estruturados da seguinte maneira (AT Verde, 2017):

- camada de impermeabilização;
- barreira de proteção das raízes;
- camada de drenagem;
- camada de substrato e vegetação.

*Para saber mais*

A National Roofing Contractors Association (EUA) lançou o NRCA Green Roof Systems Manual (2007). Esse documento disponibiliza informações técnicas sobre projeto e instalação de sistemas de qualidade para telhados verdes.

KIRBY, J. R. **The NRCA Green Roof Systems Manual.** Rosemont, IL: NRCA, 2007.

*Figura 4.5 – Esquema de cobertura com telhados verdes*

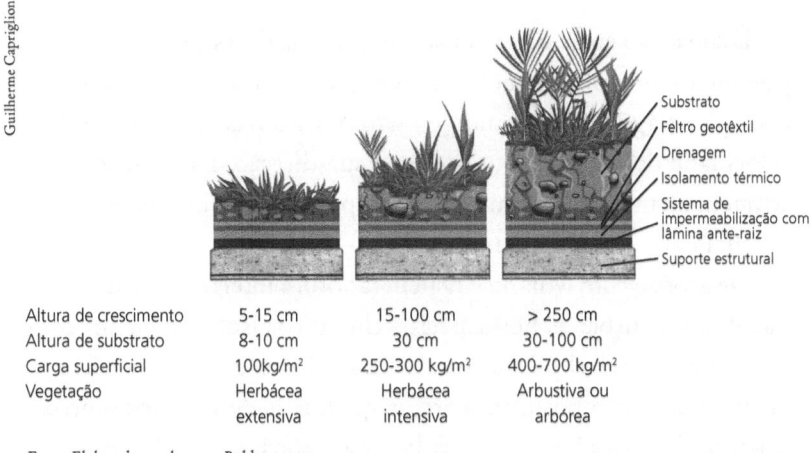

Substrato
Feltro geotêxtil
Drenagem
Isolamento térmico
Sistema de impermeabilização com lâmina ante-raiz
Suporte estrutural

| | | | |
|---|---|---|---|
| Altura de crescimento | 5-15 cm | 15-100 cm | > 250 cm |
| Altura de substrato | 8-10 cm | 30 cm | 30-100 cm |
| Carga superficial | 100kg/m² | 250-300 kg/m² | 400-700 kg/m² |
| Vegetação | Herbácea extensiva | Herbácea intensiva | Arbustiva ou arbórea |

Fonte: Elaborado com base em Baldessar, 2012.

## 4.4 Contribuição para as cidades

As áreas florestadas, assim como as que apresentam cobertura rasteira ou de pequeno porte, atuam, tomadas as devidas proporções, na contribuição do microclima urbano, por exemplo, das seguintes maneiras: com elementos climáticos, interferindo na intensidade de radiação solar, na variação térmica, na umidade relativa do ar, no volume de precipitação e no fluxo e velocidade do ar, bem como no conforto visual de sua ação paisagística.

*Figura 4.6 – Parque Barigui (Curitiba – PR)*

É consenso entre os pesquisadores que as florestas urbanas proporcionam inúmeros benefícios. A vegetação intercepta, absorve e transpira a água, melhorando o fluxo hídrico nas cidades, reduz a velocidade dos ventos e interfere na sua direção. Essas ações contribuem na melhoria do microclima e possibilitam um incremento na qualidade da vida urbana.

De acordo com Milano e Dalcin (2000), a interferência positiva das florestas urbanas nos aspectos climáticos isolados ou em conjunto é responsável pela sensação de conforto das pessoas. Essas áreas contribuem positivamente na qualidade de vida nos centros urbanos de várias formas (Sabadin et al., 2003, p. 3, grifo nosso):

- **Pela diminuição da poluição atmosférica** – participa de forma eficiente na remoção de partículas e absorção de gases, amenizando a ação poluente. Este benefício depende das características morfológicas, fisiológicas e genéticas das espécies arbóreas utilizadas.
- **Pelo controle de erosão** – interceptam a precipitação e amenizam sua queda na superfície do solo, diminuindo o escoamento superficial do solo, erosão e incrementando a infiltração.
- **Pela diminuição da poluição sonora** – as Florestas Urbanas atuam como uma barreira acústica, amenizando e desviando para longe os ruídos indesejáveis provocados por tráfego, indústrias, construções, entre outros, que causam incômodo para as pessoas que vivem nas cidades, as quais podem ter a saúde comprometida.
- **Pelo clima** – a vegetação também pode ser responsável pelo conforto ou desconforto ambiental nas cidades, atuando no controle climático como intensidade de radiação solar, temperatura, circulação, umidade relativa e precipitação.
- **Pelos benefícios psicológicos** – a vegetação em espaços urbanos, além das funções estéticas, ecológicas, econômicas, proporciona também benefícios sociais, agindo como fator de equilíbrio psicológico. A natureza tem regra especial na melhoria da qualidade de vida das pessoas. Atualmente pesquisadores têm constatado que pacientes hospitalizados em quartos de frente para locais arborizados apresenta uma recuperação ou cura significativamente mais rápida do que pacientes que não possuem vista para locais arborizados.
- **Pelos benefícios econômicos** – em estudos realizados nos Estados Unidos, tem sido atribuída às arvores

> uma contribuição entre 5 e 15% do valor de uma propriedade residencial. Os benefícios econômicos das árvores podem ser diretos e são usualmente associados a custo de energia. A importância desta contribuição, no entanto, depende de fatores como a quantidade, a qualidade e a distribuição das florestas na malha urbana.

Mesmo com todos os benefícios apresentados por pesquisas científicas, o crescimento sem planejamento e a má gestão das cidades estão promovendo uma forte diminuição da cobertura arbórea, afetando a população. A escassez de floresta urbana, somada à instabilidade climática e à poluição atmosférica, hídrica, sonora e visual, reduz drasticamente a qualidade de vida nesses lugares, promovendo distúrbios biológicos e psicológicos.

Um eficiente manejo, assim como aumento da vegetação nos núcleos urbanos, tem se tornado um dos mais difíceis desafios, tendo como exemplo o crescente acúmulo de problemas ambientais nas últimas décadas (Milano, 1988).

> *Para saber mais*
>
> Para saber mais acesse a *Revista da Sociedade Brasileira de Arborização Urbana* (Revsbau):
>
> SBAU – Revista da Sociedade Brasileira de Arborização Urbana. Disponível em: <http://www.revsbau.esalq.usp.br/editions.html>. Acesso em: 21 nov. 2017.

## 4.5 *Contribuição econômica e social*

A avaliação econômica realiza a conversão dos serviços e das funções das florestas urbanas em valores monetários, com o objetivo de facilitar o reconhecimento da sua contribuição e possibilitar um melhor planejamento urbano. Dessa forma, essa avaliação permite relacionar valores de implantação e manutenção dessas áreas com ganhos obtidos pela contribuição delas para a sociedade (Mazzarotto, 2008).

A floresta urbana é um recurso que pode ser criado em vários espaços urbanos, os quais podem ser públicos ou privados. Embora seus elementos possam variar em estruturas e dimensões, os espaços disponíveis e estratégicos podem comportar desde árvores plantadas entre espaços de calçadas até bosques nos parques.

Implantar e manter as florestas urbanas envolve custos como o plantio, a manutenção e a infraestrutura de parques e jardins, os quais podem ser facilmente identificados e contabilizados nos orçamentos municipais, pela iniciativa privada ou até mesmo por moradores interessados. O mais difícil é mensurar o retorno proporcionado por essas despesas, ou seja, o ganho obtido por converter espaços urbanos em elementos de florestas urbanas.

> *Para saber mais*
>
> Leia o texto de Wolf para saber mais sobre a relação entre as florestas urbanas e o seu valor econômico.
>
> WOLF, K. L. O valor econômico e social das florestas urbanas. **Revista Agricultura Urbana**, v. 13, p. 30-47, 2006. Disponível em: <http://www.agriculturaurbana.org.br/RAU/AU13/AU13economics.html>. Acesso em: 21 nov. 2017.

As áreas de produção florestal são manejadas para o propósito de gerar produtos para o mercado. A relação entre oferta e demanda é o que define os preços e a receita relativos a esse mercado, como o da madeira, por exemplo. Distintamente, os produtos das florestas urbanas são os bens públicos, recursos da própria comunidade, investimento no capital natural da cidade. São produtos gerados na forma de funções e benefícios intangíveis, que melhoram a vida de cada morador ou visitante (Mazzarotto, 2008).

*Figura 4.7 – Atividade física praticada no parque*

Os produtos das florestas urbanas compõem, na definição de economistas, a condição de "não rivalidade", em que a experiência desses benefícios pode ser usufruída por qualquer um ou por várias pessoas, simultânea, imediata e indefinidamente (Daly; Farley, 2004). Além disso, a condição da oferta de um serviço ou benefício não é reduzida pela quantidade de pessoas que os utilizam, tendo, nesse caso, uma oferta inesgotável ou sustentável.

Na economia, foram criados vários modelos de análise para determinar o valor dos bens públicos. Muitos deles foram primeiramente aplicados para obter o valor econômico de áreas selvagens para o mercado, mas depois foram adaptados para as áreas urbanas.

## 4.6 *Indicadores para avaliação econômica*

As metodologias de valoração e avaliação econômica, segundo Wolf (2006), podem ser aplicadas em várias situações e, principalmente, com objetivo de melhorar o planejamento das áreas urbanas.

- **Valor de uso** – quando algum produto fornecido por estas áreas pode substituir produtos comercializados, como alimentos, lenha, entre outros. Neste indicador são considerados os valores gastos pelos produtos substituídos.
- **Serviços ambientais** – serviços prestados para a sociedade como controle de enchentes, da poluição atmosférica e da temperatura. Neste indicador são considerados os valores que seriam gastos pelos serviços para os mesmos fins por modelos artificiais.
- **Valorização da vizinhança** – a presença de áreas verdes normalmente promove um incremento no valor dos imóveis localizados na proximidade. Neste indicador é possível verificar a variação de preço entre imóveis, promovido pela proximidade de parques, praças, jardins e áreas verdes.
- **Avaliação contingencial** – está relacionada à percepção de valores pelos usuários e o quanto estão dispostos a pagar pela permanência das florestas urbanas em sua cidade. Este indicador é determinado principalmente por meio de pesquisas. (Mazzarotto, 2008, p. 20, grifo do original)

Hildebrand (2001), em seu estudo sobre valorização de áreas verdes urbanas, propôs quantificar monetariamente os benefícios do Bosque do Alemão, na cidade paranaense de Curitiba, e aplicou indicadores relacionados ao valor contingente (VC) ou disposição a pagar (DAP), com objetivo de verificar os valores dos recursos naturais que um usuário se proporia a pagar por essa utilização. Os resultados levantados demonstram valores associados a parques e áreas verdes urbanas e seu reconhecimento pela população abordada.

## 4.7 Contribuição qualiquantitativa das áreas verdes urbanas

São vários os indicadores que buscam estabelecer parâmetros de qualidade ambiental para as florestas urbanas. Jesus e Braga (2005) estudaram os espaços verdes urbanos na Estância de Águas Claras de São Pedro (SP) aplicando o índice de áreas verdes, com o qual se faz a relação entre a área de espaços de uso público e a quantidade de habitantes do município. Nessa avaliação, foram incluídos vários elementos que integram as florestas urbanas, como praças, ruas arborizadas, bosques e outros (Mazzarotto, 2008).

Para avaliar a qualidade ambiental das florestas urbanas de Maringá, o índice aplicado pelos pesquisadores e também por Milano (1988) foi o índice de cobertura vegetal, que considera toda a cobertura vegetal e sua relação com o total da área da localidade em questão.

De forma semelhante, outros indicadores foram utilizados por Harder, Ribeiro e Tavares (2006), para diagnóstico de áreas verdes em Vinhedo (SP), quais sejam:

- índice de áreas e parques de vizinhança;
- índice de áreas verdes de parques de bairros;
- índice de áreas verdes utilizáveis;
- índice de áreas verdes por bairro;
- índice de cobertura vegetal.

A qualidade ambiental das florestas urbanas normalmente é mensurada por uma série de indicadores aplicados individualmente ou em grupos, porém as metodologias não definem regras para uma interação entre eles, e as composições, quando realizadas, seguem critérios individuais de cada pesquisador, o que torna difíceis as comparações e as análises da qualidade de áreas distintas da mesma cidade e mais complicadas ainda entre municípios, estados ou países diferentes. Sobre essa questão, os pesquisadores Jesus e Braga (2005, p. 211) comentam: "A dificuldade de comparar os indicadores de áreas verdes reflete na falta de clareza nas terminologias, bem como as diferentes classificações de termos e métodos empregados".

## 4.8 Indicadores qualiquantitativos

São vários os indicadores – conforme pesquisas dos autores desenvolvidas para elaboração de metodologias de avaliação – que têm o propósito de avaliar elementos das florestas urbanas e de igual forma auxiliar no planejamento dos espaços urbanos. Entre os frequentemente empregados, citamos:

> + Densidade populacional (pessoas) e sua relação com áreas verdes;
> + Área de maciços verdes;
> + Distâncias entre parques;
> + Presença de praças;
> + Condições fitossanitárias;
> + Diversidade de espécies vegetais presentes;
> + Tipo de condução ou arquitetura das árvores;
> + Relação entre espécies nativas e exóticas;
> + Infraestrutura e acesso a áreas verdes, e outros.
> (Mazzarotto, 2008, p. 22)

Daltoé, Karnaukhova e Loch (2006, p. 6), que buscaram "criar cenários ambientais de implantação do sistema de áreas verdes" na cidade de São José, no Estado de Santa Catarina, analisaram os aspectos da qualidade ambiental e socioambientais, como "densidade populacional (DP), índice de áreas verdes (IAV) e índice de arborização urbana (IAUrb)":

+ **Densidade populacional** – Esse índice é estabelecido na relação entre o número de habitantes e a área ocupada. Normalmente, é aplicado nos limites do município. É um fator importante, pois a elevada concentração da população pode acarretar a redução da qualidade de vida nas cidades por sobrecarregar todo o sistema (Daltoé; Karnaukhova; Loch, 2006).

- **Índice de Áreas Verdes (IAV)** – Esse indicador associa a oferta das áreas verdes públicas, que são de uso coletivo, com o número de pessoas que habitam ou utilizam a região em análise. Normalmente, a aplicação desse indicador considera apenas áreas verdes públicas, com uma infraestrutura mínima que possibilite o acesso da população. Pode ser aplicado levando em conta a relação das áreas verdes e a população que a utiliza. Nesse caso, o valor obtido permite diagnosticar a intensidade de uso ou a disponibilidade de área por pessoa que tem acesso (Daltoé; Karnaukhova; Loch, 2006).
- **Densidade de Áreas Verdes (DAV)** – Esse índice está mais associado à capacidade de manter as funções ecológicas e climáticas. Por essa razão, são consideradas todas as áreas verdes, independentemente da sua acessibilidade. Esse indicador apresenta uma relação simples de disponibilidade de áreas verdes no município (Mazzarotto, 2008).
- **Índice de Arborização Urbana (IAUrb)** – Esse índice é estabelecido pela relação das áreas verdes totais pelo número de pessoas da região analisada. As áreas consideradas são a soma de toda a área verde urbana dividida pelo número de pessoas que habitam a região (Daltoé; Karnaukhova; Loch, 2006).

Cavalheiro e Nucci (1998) afirmam que são muitas as situações em que os municípios buscam elevar esses índices, considerando todo espaço livre – com infraestrutura ou não – como área verde, assim como as projeções das copas das árvores sobre as calçadas, manipulando os dados e, dessa forma, superestimando os resultados reais.

Na busca de uma avaliação diagnóstica precisa da condição das florestas urbanas, vários critérios são considerados. Oliveira (1996) afirma que alguns trabalhos realizam levantamentos e cadastramento de árvores para bancos de dados com o propósito de avaliar as condições fitossanitárias da vegetação, enquanto outros tem como foco analisar a utilização do espaço pelas pessoas e os valores percebidos pela população em relação à arborização.

De maneira geral, os municípios calculam os índices de área verde considerando apenas as áreas verdes públicas, próximas às zonas urbanas, que permitam acesso e uso direto pela população da cidade.

Na investigação realizada por Harder, Ribeiro e Tavares (2006) em Vinhedo, foram aplicados indicadores associados à superfície de áreas verdes por habitantes (IAV) ou pela percentagem de área ocupada por arborização (PAV – percentual de áreas verdes). Quanto ao IAV, existem recomendações para um nível considerado o mínimo aceitável, que é proposto por Cavalheiro e Del Picchia (citados por Harder; Ribeiro; Tavares, 2006), de 12 m² de área verde/habitante, valor já reconhecido no Brasil e recomendado pela Organização das Nações Unidas (ONU).

No entanto, outros estudiosos, como Jantsen (1973, citado por Harder; Ribeiro; Tavares, 2006, p. 277), defendem que as áreas verdes precisam ser avaliadas por meio de mais critérios, considerando não apenas indicadores quantitativos, e que a classificação se faria "de acordo com a faixa etária da arborização, o tamanho do espaço, a distância da residência etc". Nucci (2001) também comenta que outros indicadores precisam ser analisados, como o índice de cobertura vegetal, considerando todas as manchas de vegetação, incluindo as copas das árvores e o índice de áreas verdes utilizáveis, descriminando as áreas de acordo com suas condições de uso, sendo elas utilizáveis ou não.

Para calcular e avaliar elementos das florestas urbanas, segue uma série de índices aplicados por profissionais e pesquisadores da área e que consideramos na elaboração da metodologia de avaliação de florestas urbanas, como os indicados nas equações 4.1, 4.2, 4.3, 4.4, 4.5, 4.6, segundo Mazzarotto (2008).

- **Índice de áreas verdes totais (IAVT)**

$$IAVT = \frac{\Sigma \text{ das áreas totais das praças}}{\text{n. de habitantes da área urbana}} \quad (4.1)$$

- **Índice de áreas verdes para parque de vizinhança (IAVPV)**

$$IAVPV = \frac{\Sigma \text{ das áreas de parques de vizinhanças}}{\text{n. de habitantes da área urbana}} \quad (4.2)$$

- **Índice de áreas verdes para parque de bairro (IAVPB)**

$$IAVPB = \frac{\Sigma \text{ das áreas de parques de bairros}}{\text{n. de habitantes da área urbana}} \quad (4.3)$$

- **Índice de áreas verdes utilizáveis (IAVU)**

$$IAVU = \frac{\Sigma \text{ das áreas m}^2 \text{ das praças totalmente utilizáveis}}{\text{n. de habitantes da área urbana}} \quad (4.4)$$

- **Índice de área verde por bairro (IAVB)**

$$IAVB = \frac{\Sigma \text{ das áreas m}^2 \text{ das praças de cada bairro}}{\text{n. de habitantes da área urbana}} \quad (4.5)$$

- **Índice de cobertura vegetal (ICV)**

$$ICV = \frac{\Sigma \text{ das áreas de copa}}{\text{n. de habitantes da área urbana}} \quad (4.6)$$

## *Para saber mais*

Para saber mais recomendamos a leitura do artigo:
MAZZAROTTO, A. de S.; CUBAS, S.; MARANHO, L. T. Florestas urbanas: método de avaliação para gestão das áreas verdes. **Revista Floresta**, Curitiba, v. 41, n. 3, p. 501-518, jul./set. 2011. Disponível em: <http://revistas.ufpr.br/floresta/article/view/24043/16076>. Acesso em: 21 nov. 2017.

É muito importante realizar um inventário dos elementos das florestas urbanas para que seja possível conhecer o patrimônio arbóreo e levantar as necessidades de manejo, porém, quanto mais complexas são essas áreas, mais onerosa será a realização do inventário.

No entanto, o que se deve priorizar nesses inventários são os parâmetros que serão utilizados como indicadores. Os dados básicos considerados normalmente são os seguintes, de acordo com Mazzarotto (2008):

- **Quanto à localização da árvore:** Características da árvore; espécie; porte; fitossanidade.
- **Quanto às características do meio:** Largura de ruas; espaçamento do plantio; afastamento predial, entre outros.

Esses critérios e características, que normalmente fazem parte da confecção de um inventário, são postos como base fundamental para o diagnóstico da qualidade da arborização urbana, assim como outros, segundo Mazzarotto (2008):

- altura total;
- altura da primeira bifurcação;
- diâmetro do tronco na altura do peito (em torno de 1,30 m) (DAP);
- avanço da copa sobre a rua;
- avanço da copa sobre a construção;
- condição do sistema radicular;
- área de crescimento ou área livre para engrossamento do tronco;
- largura do passeio;
- fiação aérea.

Normalmente, nos ambientes urbanos é frequente verificar, após um inventário, uma composição com baixa diversidade ou poucas espécies, representando a maior parte da população, o que não é o ideal. Grey e Deneke (1986) recomendam, com base em seus estudos, que determinada espécie não deveria ultrapassar uma representação acima de 15%, para não potencializar o risco de problemas fitossanitários.

No manejo da arborização viária, que é um dos elementos mais críticos na composição das áreas verdes, algumas práticas devem ser consideradas obrigatórias, como as relatadas a seguir, de acordo com Mazzarotto (2008):

- adaptação e escolha adequada das mudas;
- podas de condução planejada;
- levantamento da arquitetura da planta e do espaço disponível;
- ampliação de canteiros, sempre que possível;
- manutenção das faixas permeáveis.

Quanto às condições dos indivíduos, alguns exemplos de indicadores devem ser considerados no plano de gestão e avaliação das florestas urbanas, como: lesões leves, médias e graves; processo de desequilíbrio do caule e da copa. Já as condições gerais podem ser classificadas como: boa, ótima, regular, péssima ou morta. Outros itens a serem considerados nesse processo são: tipo de podas, presença de danos causados pelo manejo ou por microrganismos decompositores, insetos ou doenças.

Na análise da sanidade, devem ser observadas as seguintes categorias, segundo Melo, Lira Filho e Rodolfo Júnior (2007, p. 70, grifo nosso):

> **morta** – apresenta danos irreversíveis de pragas, doenças ou graves danos físicos; **ruim** – apresenta estado geral de declínio que podem ser severos danos de pragas, doenças ou defeitos físicos e, não aparentando morte iminente, podendo requerer muito trabalho e tempo para a recuperação; **regular** – apresenta condições e vigor médios, mostrando sinais de pragas, doenças ou danos físicos, necessitando de poda corretiva, reparo de danos físicos ou controle sanitário; **boa** – vigorosa e que não apresenta sinais de pragas, doenças ou injúrias mecânicas.

Um aspecto que acarreta sérios transtornos para a qualidade das áreas verdes urbanas é a condição das raízes, as quais devem ser analisadas sob critérios para as condições estruturais; nesse caso, a situação desejável é sem a presença de parte exposta. As demais condições podem apresentar algum prejuízo, como a condição de "aponta", quando parte da raiz se direciona para a superfície; a "quebra" ou raiz exposta acima da superfície com sinais de danos; o "destrói", quando a estrutura superficial está danificada pela sua emersão (Melo; Lira Filho; Rodolfo Júnior, 2007).

*Figura 4.8 – Calçada danificada pelo afloramento de raiz*

A necessidade de manejo de poda das partes aéreas é outro dado importante. Quanto menos intervenção, melhor. De acordo com Mazzaroto, Cubas e Maranho (2011), considerando esse parâmetro, algumas situações podem ser observadas:

- **nenhuma poda** – não há necessidade de poda;
- **poda leve** – necessidade de pouca intervenção;
- **poda pesada** – alteração substancial da arquitetura da árvore;
- **poda drástica** – corte de boa parte da copa, incluindo os troncos principais.

*Figura 4.9 – Condução de poda errada*

Para o melhor manejo das florestas urbanas, no aspecto silvicultural é relevante conhecer as características biométricas das árvores. Quanto à poda, é importante analisar a arquitetura da árvore e os aspectos dos galhos e das folhas, como diâmetro e comprimento, e a morfologia do tronco, como altura e diâmetro. A maneira com que a poda é conduzida interfere significativamente no crescimento, na arquitetura, na sanidade das espécies e na interação com o ambiente urbano.

Na avaliação das condições das copas das árvores, no parâmetro longitudinal, é necessário verificar o espaçamento utilizado no avanço sobre a rua e a possibilidade de causar problemas para o tráfego e do avanço em prédios e casas, o que causa rejeição e insegurança nos moradores, pois pode apresentar riscos de queda, diminuição da iluminação natural e necessidade de limpeza mais frequente de pátios.

Na análise espacial de áreas verdes urbanas, normalmente são abordados parâmetros qualiquantitativos que promovam maior alcance aos benefícios oferecidos pelas áreas verdes. Essas funções, definidas por Bruck, Cardoso e Ono (1982) e por Guzzo (1999, citado por Jesus; Braga, 2005) e mencionadas a seguir, possibilitam ganhos de qualidade aos ambientes urbanos:

- **Funções sociais e de lazer:** Associadas à utilização desses espaços para práticas de lazer nas diferentes faixas etárias, assim como atividades relacionadas à educação ambiental.
- **Funções ecológicas:** Associadas à promoção das características ideais do solo, dos corpos hídricos, microclima, hábitat e redução da poluição urbana.
- **Funções estéticas e de integração:** Associadas à melhora da percepção visual da população quanto à contribuição para a paisagem.
- **Funções econômicas:** Associadas a atividades do turismo, da silvicultura e de produção.

Quanto ao tipo de cobertura das áreas urbanas, algumas classificações podem ser utilizadas de modo a estabelecer um mapeamento. Segundo Silva Filho (2004), elas podem ser:

- Espaço Livre Impermeável;
- Espaço Livre Permeável;
- Espaço Livre Vegetado;
- Espaço Construído.

Outro índice bastante aplicado é o de floresta urbana (IFU), que, segundo Moreira, Silva Filho e Polizel (2007, p. 5407), trata-se de "um indicador para valorização de espaços arborizados relacionados com os outros constituintes do espaço intraurbano, tais como ruas, calçadas, quadras, casas e edifícios". Para a sua aplicação, deve ser calculada a somatória entre espaços arborizados e livres impermeáveis (PAI) com espaços arborizados e construídos (PAC). A seguir, apresentamos o índice de florestas urbanas adquirido por meio da equação 4.7:

$$IFU = PAI + PAC \quad (4.7)$$

Para a obtenção do PAI (proporção entre Espaço Arborizado e Espaço Livre Impermeável) e PAC (proporção entre Espaço Arborizado e Espaço Construído) devem ser aplicadas as equações 4.8 e 4.9, conforme Silva Filho (2004):

$$PAI = \frac{ELA}{ELA + ELI} \quad (4.8)$$

$$PAC = \frac{ELA}{ELA + EC} \quad (4.9)$$

Em que os espaços livres arborizados são definidos por ELA; os espaços livres impermeabilizados, por ELI; e os espaços construídos, por EC, de acordo com Moreira, Silva Filho e Polizel (2007).

O IFU valoriza a característica do local, pois possibilita a interpretação adequada da ocupação dos espaços, razão por que é possível obter um bom valor nesse índice, mesmo que o local apresente uma elevada taxa de ocupação de espaços com telhados, pois pode ser influenciado pela baixa presença de espaços impermeáveis e pela alta ocupação de árvores. Os resultados obtidos por esse método permitem, por exemplo, planejar a arborização de forma diferente, de acordo com a taxa de áreas construídas e impermeáveis presentes em cada local. Para analisar esse indicador, é possível usar imagens aéreas multiespectrais de alta resolução a um ângulo de 90°.

*Figura 4.10 – Imagem aérea de espaços impermeáveis e de espaços arborizados*

Aleksandr Markin/Shutterstock

Além dos indicadores PAI, PAC e IFU, há também o PAV, que é obtido pela equação 4.10 e significa a proporcionalidade entre espaços livres arborizados (ELA) e espaços livres herbáceos (ELH), constituídos por gramas e outras herbáceas. Quando o resultado é elevado, significa que boa parte dos espaços livres está sendo ocupada por arbustos ou árvores (Silva et al., 2006).

$$PAV = \frac{ELA}{ELA + ELH} \quad (4.10)$$

Como podemos perceber, há uma evidente dificuldade em comparar os indicadores de áreas verdes, devido a uma falta de padronização e clareza nas terminologias, como levantamentos feitos que desconsideram o acesso da população a áreas verdes ou computam áreas de unidade de conservação localizadas fora do espaço urbano. Outro erro comum está na periodicidade em que ocorrem as avaliações, pois esses valores deveriam ser recalculados periodicamente, pela razão de que os ambientes urbanos são muito dinâmicos e o tamanho populacional varia constantemente.

Segundo Jesus e Braga (2005, p. 211): "A comparação internacional desses valores é ainda mais inválida dada às circunstâncias em que essas análises são efetuadas, isto é, estão situados em contextos socioculturais e econômicos e em paisagens distintas, fatores que mudam espacial e temporalmente".

## 4.9 Método composto para avaliação de florestas urbanas

Existem muitos indicadores e parâmetros apresentados na literatura como ferramentas de avaliação das florestas urbanas. Contudo, alguns são mais utilizados, como o IAUrb e o indicador de diversidade de espécies. Porém, a escolha de qual utilizar se apoia, quase sempre, em critérios estabelecidos pelos pesquisadores para cada situação. Cabe ressaltar que as condições de sustentabilidade são complexas e respondidas pela leitura e compreensão de um grande número de variáveis.

Por essa razão, consideramos em nossos ensaios o propósito de criar um método que possa ter ampla aplicação e permita a comparação das áreas urbanas entre os municípios brasileiros e até entre cidades de outros países e, assim, servir como uma ferramenta para a gestão dos espaços urbanos. Como resultado, foi possível obter um método que se fundamenta na validação de indicadores e na interação entre eles.

Consiste em aplicar indicadores aceitos e recomendados pela comunidade científica, considerando o grau de representatividade de cada um, "permitindo uma maior clareza na leitura dos resultados por parte de gestores e pela própria sociedade. O método proposto mostrou-se capaz de interagir e ponderar tais indicadores" (Mazzarotto; Cubas; Maranho, 2011, p. 515), assim como a obtenção de um diagnóstico mais simples e objetivo.

No Quadro 4.1 estão apresentados os indicadores selecionados para compor o método, divididos em dois grupos, que correspondem aos eixos macro e microambientais (Mazzarotto; Cubas; Maranho, 2011).

Quadro 4.1 – Indicadores que compõem o modelo de avaliação

| Indicadores | Aspectos ambientais |
|---|---|
| IAUrb | Macro |
| Diversidade | |
| PAV | |
| DP | |
| IFU | |
| VC | Micro |
| Necessidade de podas | |
| Desenvolvimento | |
| Sanidade | |
| Condição da raiz | |

Fonte: Elaborado com base em Mazzarotto; Cubas; Maranho, 2011, p. 5.

Os indicadores que compõem o método estão apresentados na sequência segundo suas características qualiquantitativas e seus parâmetros avaliáveis:

+ **Indicador de Arborização Urbana (IAUrb):** Propõe uma relação direta da quantidade de áreas verdes urbanas com a densidade populacional. O resultado é expresso em m² por habitante, tendo como um valor mínimo desejável 15 m². hab$^{-1}$ (Daltoé; Karnaukhova; Loch, 2006).

+ **Diversidade (Di):** Esse índice apresenta o fator diversidade em uma determinada área, expressa a frequência das espécies e a relação entre elas. Valores maiores que 15% de uma única espécie são considerados o limite superior. Acima deste passa a apresentar um aumento nos problemas fitossanitários e comprometimento dos aspectos paisagísticos (Mazzarotto; Cubas; Maranho, 2011).

- **(PAV) Relação entre arborização e cobertura vegetal rasteira:** Baseia-se na proporção entre a vegetação arbórea e as rasteiras presentes. Convencionou-se como mínimo ideal um valor relação entre vegetação arbórea e vegetação rasteira igual a 1/3 (Harder; Ribeiro; Tavares, 2006).
- **Indicador de Florestas Urbanas (IFU):** O índice expressa a proporção entre espaço arborizado, com espaço livre impermeável e espaço construído. Esse indicador é estabelecido com base na interação entre os espaços cobertos por calçadas, passarelas, ruas e construções e áreas livres permeáveis. Convencionou-se como mínimo ideal de 25% de área permeável (Moreira; Silva Filho; Polizel, 2007).
- **Densidade Populacional (DP):** Este índice afeta profundamente as condições dos espaços urbanos. Para obtenção de um valor de referência é considerada a recomendação exposta na Carta de Densidade Demográfica, que sugere como valor desejável o inferior a 400 hab.ha-1 (Souza et al., 2008).
- **Valor de Contingência (VC):** Está relacionado com a capacidade de interação no lazer, na acessibilidade pela comunidade e no reconhecimento do valor dessas áreas pela comunidade. Contudo, para sua aplicação no método, o valor atribuído aponta simplesmente o interesse ou o desinteresse na disposição a pagar. Desse modo, a pontuação é estabelecida pelo intervalo entre o *sim*, o *talvez* e o *não*, pois os valores monetários são fortemente influenciados pelo poder aquisitivo do entrevistado, assim como pela condição de turista ou de morador, o que torna o resultado dessa análise complexo e pouco preciso (Hildebrand, 2001).
- **Necessidade de Poda (Np):** Este índice avalia a condição de estado obtido por um diagnóstico da arquitetura da planta em relação às condições fisiológicas e sua interação com a edificação urbana. Como referência, considera como condição desejável 75% ou superior de espécies sem necessidade de poda (Mazzarotto; Cubas; Maranho, 2011).

- **Desenvolvimento (De):** Este índice apresenta uma relação entre a maturidade dos indivíduos arbóreos. Atribui-se uma condição positiva quando mais de 45% dos indivíduos apresentam o índice (DAP) com valores de 15 cm de diâmetro ou superior. O DAP é o diâmetro medido à altura do peito (1,3 metro). Reconhece que, quanto maior o desenvolvimento dos indivíduos presentes nessas áreas, maior sua eficiência (Mazzarotto; Cubas; Maranho, 2011).
- **Sanidade (Sa):** Este índice considera a condição de saúde da vegetação das áreas. Uma boa referência é um estado de sanidade igual a 75% sem a presença de enfermidade (Mazzarotto; Cubas; Maranho, 2011).
- **Condição da Raiz (Cr):** Este índice estabelece como desejável 95% da população analisada com raízes sem injúrias ou afloramentos significativos (Mazzarotto; Cubas; Maranho, 2011).

## Estudo de caso

O método de avaliação de áreas verdes urbanas consiste na aplicação de duas equações compostas pelos indicadores apresentados e, para a leitura dos resultados, é utilizado barômetro de sustentabilidade, que pode ser visto na Figura 4.11.

*Tabela 4.1 – Barômetro de sustentabilidade*

| | | Macroambientais | | | |
|---|---|---|---|---|---|
| | | Muito baixo (0-25) | Baixo (26-50) | Bom (51-75) | Alto (76-100) |
| Microambientais | Alto (100-76) | | | | |
| | Bom (75-51) | | | | |
| | Baixo (50-26) | | | | |
| | Muito baixo (25-0) | | | | |

Fonte: Mazzarotto, 2008, p. 55.

Legenda
■ Sustentável  ■ Potencialmente sustentável  ■ Potencialmente insustentável

A primeira equação (4.11) foi composta por indicadores dos grupos temáticos Qualidade das Florestas Urbanas e Pressão Antrópica na Composição das Florestas Urbanas. Na segunda equação (4.12), os indicadores ficaram compreendidos nos grupos temáticos: Qualidade dos Indivíduos e Contribuição Econômica das Florestas Urbanas, segundo Mazzarotto, Cubas e Maranho (2011).

$$VMaA = 3IFU + 2IAUrb + 2Di + 2DP + PAV \quad (4.11)$$
$$VMiA = 3De + 3Sa + 2SP + Cr + VC \quad (4.12)$$

## Exemplo de aplicação do método

O Jardim Botânico de Curitiba funciona como um centro de pesquisas da flora do Paraná e seu objetivo é atuar na preservação e conservação da natureza e na educação ambiental. É composto de espaços representativos da flora do país e ainda possibilita atividades de lazer. Cerca de 40% de sua área total é de um remanescente florestal típico da vegetação regional (capões), com nascentes que formam os lagos encontrados nesse parque (Mazzarotto; Cubas; Maranho, 2011).

De acordo com Mazzarotto, Cubas e Maranho (2011), para o diagnóstico dessa área, com a aplicação do método proposto, foi necessário obter dados primários, conforme a Figura 4.12: ortofoto de espaço urbano na escala 1:10.000. Ao final desta obra, na seção "Anexos", você pode conferir essa mesma foto com tratamento realizado no programa ArcView, destacando as regiões impermeáveis e de vegetação (Figura A).

*Figura 4.11 – Ortofoto de espaço urbano*

## Síntese

Para a solução de muitos dos problemas ambientais nos centros urbanos, é necessário o manejo eficiente das áreas verdes urbanas, missão que se torna um grande desafio no planejamento das cidades. A precariedade de ações ecológicas planejadas e integradas ao ambiente urbano faz com que essas áreas se apresentem, em muitos casos, mal projetadas, desordenadas e diante de uma acelerada deterioração. Os pesquisadores Milano e Dalcin (2000) apontam que a falta de planejamento é, sem dúvida, um dos critérios mais limitantes para a manutenção e o desenvolvimento das áreas verdes urbanas.

É imprescindível, para a recuperação e a potencialização das características positivas e do verdadeiro potencial de contribuição das áreas verdes urbanas, que elas sejam planejadas considerando-se as influências entre as estruturas urbanas, a sociedade e a natureza e que se harmonizem o quanto for possível, uma vez que o isolamento dessas áreas dentro dos centros urbanos não tem se mostrado viável, pois reduz e até mesmo elimina vários dos seus potenciais contributivos, como os associados ao lazer.

Resumidamente, é necessário que o planejamento e a gestão de florestas urbanas considerem criticamente as interações entre os aspectos sociais e ambientais, assim como conceitos ligados à quantidade, à qualidade e à distribuição, que, quase sempre, são considerados isoladamente.

As cidades, cenários nos quais se insere a floresta urbana, estão em constante crescimento, interagindo com os elementos que as compõem, tangenciando e misturando-se, criando elementos mistos, adaptados e novos, o que justifica os esforços para manter e desenvolver esses elementos e suas contribuições.

No Brasil, evidencia-se que os principais problemas na arborização urbana derivam da falta de planejamento. Mesmo que no país haja muitas cidades arborizadas e bem supridas quanto aos componentes das florestas urbanas, boa parte delas não apresenta modelo de gestão eficaz e, consequentemente, sofrem sérios problemas no desenvolvimento e na manutenção dessas áreas.

Levando em conta que o planejamento é um processo em construção, todos os espaços arborizados, planejados ou não, precisam passar por avaliação constante, objetivando atualizar ou propor um novo Plano Diretor de Arborização.

Um dos aspectos cruciais nesse processo de gestão global da arborização urbana de uma cidade é percebê-la no contexto holístico. Nesse sentido, é necessário adotar estratégias ambientalmente viáveis, considerados o padrão e a forma urbana, contemplando as premissas de um desenvolvimento sustentável e, assim, favorecer a manutenção da qualidade de vida das pessoas que habitam os sistemas urbanos.

## Perguntas & respostas

1. Quanto à composição das camadas de uma cobertura de telhado verde, identifique as principais camadas que a compõem.

    **Resposta:** *As principais camadas que compõem uma cobertura de telhado verde são:*
    - *camada de impermeabilização;*
    - *barreira de proteção das raízes;*
    - *camada de drenagem;*
    - *camada de substrato e vegetação.*

## Questões para revisão

1. O resultado do manejo usualmente aplicado nas florestas urbanas revela a necessidade de uma reestruturação considerando novas abordagens nos processos de gestão. Por que a gestão sustentável dessas áreas deve impreterivelmente considerar o manejo integrado?
   a. Porque essas áreas são formadas por um conjunto de elementos integrados à cidade destinados ao uso da população, como espaços reservados a mobilidade, lazer, controle de enchente, manutenção da biodiversidade, entre outros.
   b. Porque essas áreas são de competência legal de várias secretarias do município, não apenas da Secretaria do Meio Ambiente.
   c. Porque essa gestão engloba áreas públicas, privadas e espaços intermunicipais.
   d. Porque essa gestão é de competência da União, uma vez que são consideradas áreas de proteção permanente.
   e. Porque envolve avaliação qualiquantitativa.

2. A definição Urban Forest (floresta urbana) foi aplicada pela primeira vez em 1970, no Canadá, segundo Grey e Deneke (1986), e "está ligada ao crescimento das cidades e à demanda crescente de métodos e técnicas que pudessem ser aplicados ao conjunto arbóreo destes espaços" (Magalhães, 2006, p. 23). Nesse sentido, a floresta urbana não pode mais ser definida apenas como um agrupamento de árvores que pode ser manejado. Quais elementos compreendem esses espaços?
   a. Ruas, calçadas, espaços impermeáveis e construções públicas.
   b. Terminais de transportes, elementos destinados à mobilidade, praças e áreas de preservação intermunicipais.

c. Ruas, praças, parques e espaços destinados ao lazer e à cultura.

d. Arborização de ruas, praças, parques, jardins, espaços públicos e privados com vegetação.

e. Áreas de interesse restrito da União.

3. As florestas urbanas contituem um potencial contributivo para a sociedade pelas variadas funções e serviços ambientais prestados no meio urbano, cabendo ressaltar a disponibilidade de espaços de lazer. Quais das ações a seguir não podem ser atribuídas como uma função dessas áreas:

    a. Manutenção da estrutura do solo, prevenindo a ocorrência de degradação, relacionada à ocupação inadequada, principalmente em locais com acentuada declividade, e preservando os corpos d'água.

    b. Manutenção do regime hídrico, reduzindo o potencial de enchentes e preservando os corpos d'água da poluição e do assoreamento, tendo aumento da permeabilidade do solo urbano, o que contribui para a recarga de aquíferos e o abastecimento público.

    c. As funções ecológicas servindo de refúgio para a fauna, assim como possibilitando a construção e a manutenção de trampolins e corredores ecológicos, bem como a redução da amplitude térmica e do efeito "ilha de calor" na manutenção da qualidade e da umidade do ar.

    d. O aumento das áreas de preservação permanente, uma vez que o Código Florestal (Lei n. 12.651/2012) considera todas as áreas públicas arborizadas como uma APP, tendo aumento da arrecadação dos municípios pela taxação de vários serviços prestados pelas áreas verdes.

    e. Melhoria da qualidade do ar e das características paisagísticas do local.

4. A qualidade ambiental das florestas urbanas normalmente é diagnosticada pela utilização de uma série de indicadores aplicados individualmente ou em grupos. Contudo, as comparações e a análise da qualidade de áreas distintas da mesma cidade são mais difíceis, ainda mais quando se busca analisar os municípios, principalmente quando estão em estado ou país diferente. Por que os diagnósticos não possibilitam uma fácil comparação?

5. Quanto ao tipo de cobertura das áreas urbanas, quais classificações podem ser utilizadas de modo a estabelecer um mapeamento?

## Questão para reflexão

1. Disserte sobre argumentos que favorecem a ampliação das florestas urbanas de modo a priorizá-las em relação a estruturas frias (concreto).

*capítulo cinco*

# Gestão da fauna urbana

## Conteúdos do capítulo:

- Conceitos de fauna urbana.
- As áreas verdes urbanas e sua importância.
- Espécies exóticas e invasoras.
- A fauna urbana brasileira.

## Após o estudo deste capítulo, você será capaz de:

1. compreender o conceito de fauna urbana e seus múltiplos impactos ambientais;
2. indicar as diferentes espécies que compõem a fauna urbana e suas características;
3. analisar diferentes estratégias de manejo de algumas espécies da fauna urbana.

Este capítulo trata da gestão da fauna urbana. Infelizmente, embora este seja um assunto que envolve a saúde pública e ambiental, não é debatido tão amplamente como deveria. Aqui, discutiremos os principais atores relacionados à fauna das cidades, especificamente aqueles que habitam o ambiente urbano, abordando os principais impactos causados por esses animais.

## 5.1 A fauna urbana

O Brasil é considerado um país megabiodiverso, o que inclui variedades de clima, relevo, fauna e flora. De acordo com Motta (2015), estima-se que entre 10% a 20% de toda biodiversidade (algo próximo a 2 milhões de espécies) do planeta esteja aqui. Entretanto, a fauna urbana também é destaque nesse cenário devido a sua grande diversidade biológica.

A fauna urbana é um tema que muitas vezes passa despercebido aos nossos olhos, pelo simples fato de convivermos diariamente com ela. São centenas de espécies – aves, répteis a mamíferos –, que podem habitar os mais diferentes locais, como residências, jardins, rios, lagos e lagoas. Apesar disso, vale destacar que esses (muitas vezes) não são os "reais" hábitats desses animais e que, portanto, eles se adaptaram para viver sob essas novas condições, constituindo um novo ecossistema: o urbano (Piedade, 2013).

Apesar da importância, por exemplo, no controle de vetores, na polinização de espécies vegetais e na beleza cênica de parques, as espécies da fauna urbana muitas vezes apresentam grande potencial em causar danos à saúde humana e ambiental. Nesse contexto, a convivência entre os seres humanos urbanos e esses animais deve seguir critérios de equilíbrio, pois, quando isso não acontece, é necessária uma gestão eficiente de manejo e controle desses organismos, visando à retomada dessa condição (Piedade, 2013).

Outro aspecto importante nesse tema é o abandono de animais nas grandes cidades, o que se mostra um gravíssimo problema de saúde pública e ambiental, pois pode causar um desequilíbrio ecológico e trazer inúmeros danos ao animal abandonado.

Portanto, políticas públicas que visem à gestão eficiente da fauna urbana são necessárias e devem ser constantes, em busca da convivência harmônica e sustentável das espécies. Nesse contexto, este capítulo traz uma leitura introdutória sobre alguns conceitos importantes para o enfretamento da problemática do crescimento urbano desenfreado.

## 5.2 Conceitos introdutórios

De acordo com Nunes (2011), os ecossistemas urbanos possuem uma biodiversidade e complexidade de interação entre os seres que nele vivem tão complexas quanto são os ecossistemas naturais.

O uso e a ocupação do solo urbano de maneira desigual e desenfreada proporcionaram ao homem uma diferente interação com seus pares e com as outras espécies que passaram a conviver nesses locais.

No Brasil, desde o final do século XVIII até início do século XX, ocorreram intensas migrações do meio rural para o meio urbano: êxodo rural – muito em função da maior oferta de empregos devido ao processo de industrialização (Brito, 2006). Veja o Gráfico 5.1 para entender melhor esse cenário.

*Gráfico 5.1 – População brasileira residente no meio rural e no meio urbano em 2010*

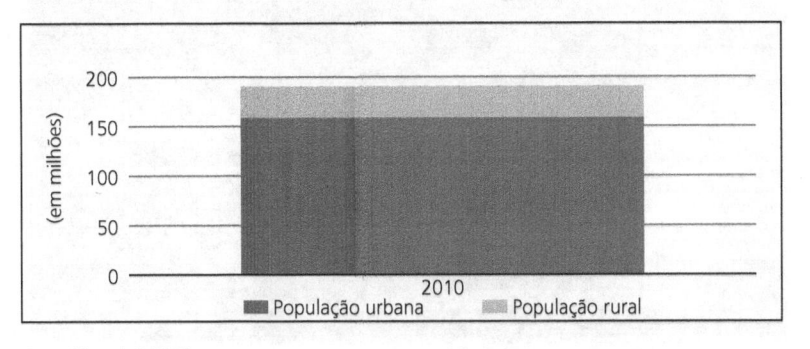

[Gráfico de barras mostrando População urbana e População rural em 2010, eixo y em milhões de 0 a 200]

Fonte: Adaptado de IBGE, 2017.

É importante destacar que esse crescimento desordenado das grandes cidades se deu por meio da sua expansão para as áreas periurbanas (adjacentes), provocando a destruição de inúmeros hábitats naturais e promovendo, assim, a migração – forçada – dos animais que viviam nessas áreas para esses novos hábitats nas áreas urbanas, os quais são considerados verdadeiros redutos ecológicos para essas espécies (Nunes, 2011).

A seguir estão os principais fatores que contribuem para a proliferação das espécies da fauna urbana (Piedade, 2013):

- abundância de alimentos;
- ocupação desordenada do solo;
- ausência de predadores naturais;
- abundância de hábitats e nichos;
- maior tolerância dos seres humanos.

A Figura 5.1 mostra um desses fatores em ação. Nesse caso, é a abundância de alimentos que atrai determinada espécie para esses locais.

*Figura 5.1 – Presença de sagui em área urbana*

A proliferação das espécies animais, tanto nas áreas urbanas quanto nas periurbanas, levou, também, ao aumento de doenças relacionadas a esses organismos, sobretudo em função do desequilíbrio ambiental nesses locais. Doenças como leptospirose, raiva, leishmaniose, dengue, zika e febre chikungunya estão associadas a esse cenário. Além disso, podemos citar o aumento do número de acidentes com espécies peçonhentas (aranhas, escorpiões e lacraias), que chegam a aproximadamente 100 mil casos por ano, de acordo com o Ministério da Saúde (Brasil, 2009b).

A fauna urbana pode ser classificada, de acordo com Piedade (2013), em:

- animais domésticos;
- pragas urbanas;
- fauna silvestre.

Assim, podemos inferir que inúmeras são as espécies que podem viver no ambiente urbano – inclusive espécie de peixes (ictiofauna) –, bastando ocupar um lugar para ser considerado pertencente à fauna urbana.

Entre as espécies pertencentes a essa fauna, daremos especial atenção às espécies sinantrópicas que, de acordo com o Centro de Controle de Zoonoses da Prefeitura de São Paulo, esses indivíduos

> se adaptaram a viver junto ao homem, a despeito da vontade deste. Diferem dos animais domésticos, os quais o homem cria e cuida com as finalidades de companhia (cães, gatos, pássaros, entre outros), produção de alimentos ou transporte (galinha, boi, cavalo, porcos, entre outros). (São Paulo, 2009)

As espécies sinantrópicas merecem especial atenção, pois muitas podem ser vetores e reservatórios de inúmeras doenças, causando danos à saúde da população e ao meio ambiente (por meio do desequilíbrio ecológico). Portanto, as estratégias de manejo e controle populacionais dessas espécies devem ser muito bem planejadas.

Veja exemplos de espécies sinantrópicas (São Paulo, 2009) na Figura 5.2.

Figura 5.2 – *Principais pragas urbanas (espécies sinantrópicas)*

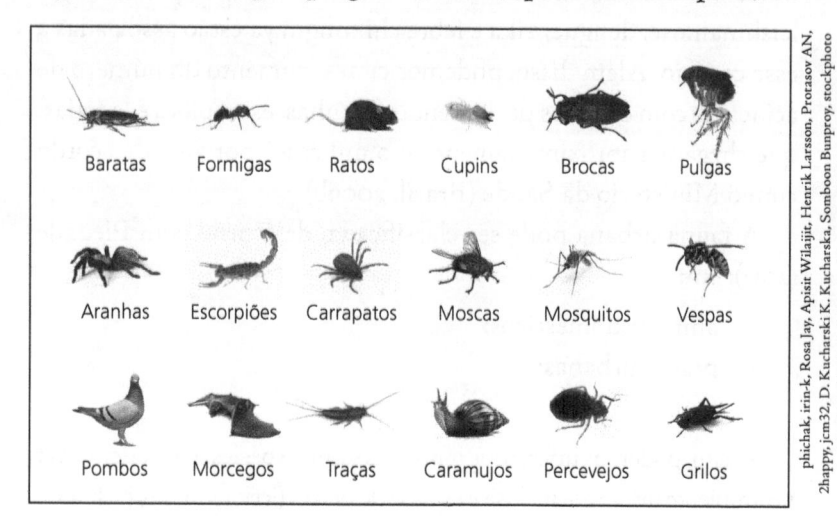

| Baratas | Formigas | Ratos | Cupins | Brocas | Pulgas |
| Aranhas | Escorpiões | Carrapatos | Moscas | Mosquitos | Vespas |
| Pombos | Morcegos | Traças | Caramujos | Percevejos | Grilos |

phichak, irin-k, Rosa Jay, Apisit Wilajiit, Henrik Larsson, Protasov AN, 2happy, jcm32, D. Kucharski K. Kucharska, Somboon Bunproy, stockphotomania, Viralii Hulai, Melinda Fawver, Kamomeen, Khlung center e Prachak Sawang/Shutterstock

Já vimos que muitas espécies, inclusive aquelas da fauna sinantrópica, migraram para o ambiente urbano devido à perda dos seus hábitats naturais. Entretanto, uma opção bastante interessante que já é adotada em muitas cidades são os fragmentos de florestas no ambiente urbano, já que constituem alternativa bastante utilizada para minimizar o isolamento dos animais dentro desses fragmentos florestais.

## 5.3 A importância das florestas urbanas

Conceitualmente, um fragmento florestal pode ser definido como pequenas áreas de vegetação natural que são interrompidas por algum tipo de barreira causada pelo ser humano (barreiras antrópicas) ou mesmo naturais (por exemplo, cidades, estradas, plantações, lagos, montanhas, represas, entre outros). Essas barreiras podem diminuir expressivamente o fluxo de sementes e animais (Viana, 1990). Veja a Figura 5.3, que ilustra bem essa questão.

*Figura 5.3 – Fragmentos florestais urbanos (Rio de Janeiro – RJ)*

Assim, embora sejam áreas consideradas positivas como locais de vivência de alguns animais, os fragmentos são áreas isoladas e, por esse fato, geram um sério problema ecológico de isolamento geográfico. Os animais, principalmente os terrestres, ao tentarem migrar para outros fragmentos próximos – seja para reprodução, seja em busca de abrigo e alimento –, sofrem inúmeros acidentes em função das barreiras antrópicas encontradas ao longo do caminho.

Para termos uma ideia do tamanho desse impacto na fauna, de acordo com o Centro Brasileiro de Estudos em Ecologia de Estradas (CBEE, 2017), 475 milhões de animais são atropelados por ano em nossas estradas.

A alternativa mais viável para minimizar esses impactos é a criação dos chamados *corredores ecológicos* ou *corredores verdes*, que consistem em

> extensões lineares, que podem ser de terra ou de água, que possibilitam usos e funções múltiplas, como: manejo das águas das chuvas, conservação de fragmentos de

> ecossistemas naturais ou recuperados, uso como vias de transporte alternativo e áreas de lazer, melhora da qualidade de vida dos habitantes, proteção e ligação de importantes áreas culturais que sejam acessíveis a todas as camadas sociais da população pela sua proximidade das áreas habitadas. (Leite, 2012, citado por Piedade, 2013, p. 18)

Ainda, podemos definir esses corredores de acordo com o art. 2º da Lei n. 9.985, de 18 de julho de 2000:

> XIX – corredores ecológicos: porções de ecossistemas naturais ou seminaturais, ligando unidades de conservação, que possibilitam entre elas o fluxo de genes e o movimento da biota, facilitando a dispersão de espécies e a recolonização de áreas degradadas, bem como a manutenção de populações que demandam para sua sobrevivência áreas com extensão maior do que aquela das unidades individuais. (Brasil, 2000)

Esses corredores, como observamos na Figura 5.4, podem favorecer significativamente a sobrevida desses animais sem comprometer a saúde humana e ambiental.

*Figura 5.4 – Corredores ecológicos na Serra da Mantiqueira (Extrema – MG)*

Edson Grandisoli/Pulsar Imagens

No entanto, o que observamos é um decréscimo acentuado desses espaços devido a fatores como depredação, incêndios, extração de madeira, caça, depósito de lixo e especulação imobiliária (São Paulo, 2017).

> ## *Estudo de caso*
>
> Um fator adicional e pouco debatido acerca da fauna urbana refere-se ao tráfico de animais silvestres. De acordo com Destro et al. (2012), aproximadamente 38 milhões de animais silvestres são retirados de seus hábitats para comercialização ilegal, movimentando cifras da ordem de US$ 2,5 bilhões/ano. O problema se torna maior quando se tem o conhecimento de que muitos dos receptores estão nos grandes centros urbanos, que, por sua vez, promovem uma mobilidade artificial para esses locais. Muitas vezes, a fuga para o ambiente externo tem duas consequências distintas: a morte do animal ou sua adaptação ao novo meio, reproduzindo-se e causando um grande desequilíbrio ecológico em função da competição com as espécies nativas.

É importante destacar que, de acordo com o art. 29 da Lei de Crimes Ambientais, Lei n. 9.605, de 12 de fevereiro de 1998,

> Art. 29 – Matar, perseguir, caçar, apanhar, utilizar espécimes da fauna silvestre, nativos ou em rota migratória, sem a devida permissão, licença ou autorização da autoridade competente, ou em desacordo com a obtida:
>
> Pena – detenção de seis meses a um ano, e multa.
>
> § 1º Incorre nas mesmas penas:
>
> I – quem impede a procriação da fauna, sem licença, autorização ou em desacordo com a obtida;
>
> II – quem modifica, danifica ou destrói ninho, abrigo ou criadouro natural;
>
> III – quem vende, expõe à venda, exporta ou adquire, guarda, tem em cativeiro ou depósito, utiliza ou

transporta ovos, larvas ou espécimes da fauna silvestre, nativa ou em rota migratória, bem como produtos e objetos dela oriundos, provenientes de criadouros não autorizados ou sem a devida permissão, licença ou autorização da autoridade competente.

§ 2º No caso de guarda doméstica de espécie silvestre não considerada ameaçada de extinção, pode o juiz, considerando as circunstâncias, deixar de aplicar a pena.

§ 3º São espécimes da fauna silvestre todos aqueles pertencentes às espécies nativas, migratórias e quaisquer outras, aquáticas ou terrestres, que tenham todo ou parte de seu ciclo de vida ocorrendo dentro dos limites do território brasileiro, ou águas jurisdicionais brasileiras. (Brasil, 1998a)

Ainda, na mesma legislação, menciona-se que quem soltar ou abandonar qualquer animal em via pública está sujeito à multa e detenção, incorrendo o crime de maus-tratos. Por isso, há em veiculação muitas campanhas que alertam sobre o tráfico de animais silvestres. Veja a Figura 5.5.

Figura 5.5 – *Campanha contra o tráfico de animais silvestres*

As campanhas têm um forte apelo no combate ao tráfico de animais, atuando no fim da cadeia do comércio ilegal, conscientizando e informando os compradores quanto à responsabilidade legal de adquirir animais por meios ilícitos, fazendo-os optar por animais comercializados por criadores e lojas credenciados.

## *Para refletir*

### A problemática das espécies exóticas e/ou "invasoras"

Para iniciarmos a conversa sobre esse tema, é necessário que nos familiarizemos com alguns conceitos. De acordo com o *website* do Instituto Ambiental do Paraná (IAP), as espécies são divididas da seguinte forma (Paraná, 2017b):

- **Espécie nativa**: planta ou animal que é natural, próprio da região em que vive, ou seja, que cresce nos limites naturais incluindo a sua área potencial de dispersão (reprodução).
- **Espécie exótica**: encontra-se fora da sua área natural de ocorrência, ou seja, não é originária daquele local.
- **Espécie invasora**: é uma espécie exótica que se prolifera de maneira rápida e descontrolada, podendo afetar as populações locais (nativas) e ameaçar hábitats naturais ou seminaturais, produzindo impactos ambientais e/ou econômicos e/ou sociais e/ou culturais.
- **Espécie estabelecida**: aquela espécie exótica que consegue se reproduzir e instalar populações autossustentáveis.
- **Fauna silvestre nativa**: espécies nativas e restritas a determinada área geográfica.
- **Fauna autóctone**: formada *in situ*; originária do próprio local onde ocorre atualmente.
- **Fauna alóctone**: não é originária da região, ou seja, veio de fora.
- **Fauna silvestre exótica**: não ocorre naturalmente no território brasileiro, e apresenta ou não populações livres na natureza, geralmente introduzida pelo homem.

> - **Fauna doméstica**: espécie que, por meio de processos tradicionais de manejo, tornou-se doméstica e apresenta características biológicas e comportamentais em estreita dependência do homem.
> - **Introdução**: soltura de indivíduos de uma espécie em uma área em que a espécie não ocorre naturalmente. Pode ser relativa a espécies nativas (brasileiras e alóctones) ou exóticas (de outro país). Pode ocorrer de maneira natural ou de modo antrópico.
> - **Invasão biológica**: introdução e adaptação de espécies de outros ecossistemas e aumento não controlado do número de seus indivíduos, atingindo densidades muito elevadas, causando danos às espécies locais e afetando negativamente o ecossistema nativo.

A competição das espécies invasoras com as nativas, principalmente por novos hábitats e alimentos, é um sério problema ambiental nos centros urbanos. Além disso, as espécies invasoras podem carregar consigo inúmeras doenças que já apresentam defesa imunológica, mas que, no entanto, ainda não estão presentes nas espécies nativas (Alexandrino et al., 2012). Independente do aspecto abordado, as espécies invasoras podem comprometer consideravelmente a biodiversidade local.

A seguir, consta uma lista de algumas das espécies exóticas invasoras na fauna urbana do Paraná e do Rio Grande do Sul, de acordo com o IAP (PR) e a Secretaria do Meio Ambiente do Estado (RS), respectivamente (Quadro 5.1).

*Quadro 5.1 – Fauna urbana e periurbana do Estado do Paraná e do Estado do Rio Grande do Sul*

| Família | Nome científico | Nome comum | Ambiente |
|---|---|---|---|
| Bradybaenidae | *Bradybaena similaris* Ferussac | Caracol asiático | Periurbano |
| Gekkonidae | *Hemidactylus maboula* Moreau de Jonnès | Lagartixa-de-parede | Urbano, periurbano |

(continua)

(Quadro 5.1 – continuação)

| Família | Nome científico | Nome comum | Ambiente |
|---|---|---|---|
| Columbidae | Columba livia J. F. Gmelin | Pombo-comum | Ambiente urbano e periurbano |
| Estrildidae | Estrilda astrild L. | Bico-de-lacre | Ambiente urbano e periurbano |
| Passeridae | Passer domesticus L. | Pardal | Ambiente urbano e periurbano |
| Psittacidae | Brotogeris tirica Gmelin | Periquito-rico | Ambiente urbano e periurbano |
| Muridae | Mus musculus | Camundongo | Ambiente urbano e periurbano |
| Muridae | Rattus norvegicus | Ratazana | Ambiente urbano e periurbano |
| Felidae | Felis silvestris catus L. | Gato | Todos os ambientes terrestres |
| Canidae | Canis lúpus familiaris L. | Cachorro, cão | Floresta ombrófila densa de terras baixas; floresta estacional Semidecidual; floresta ombrófila densa montana; formações pioneiras de influência fluvial (comunidades aluviais); formações pioneiras de influência marinha |
| Muridae | Rattus rattus | Rato-preto | Ambiente urbano e periurbano |
| Ranidae | Lithobates catesbeianus | Rã-touro | Floresta ombrófila densa |
| Psittacidae | Amazona aestiva | Papagaio-verdadeiro | Ambiente urbano e periurbano |
| Psittacidae | Amazona amazonica | Papagaio | Ambiente urbano e periurbano |
| Psittacidae | Brotogeris chiriri | Periquito-de-encontro-amarelo | Ambiente urbano e periurbano |
| Estrildidae | Estrilda astrild | Bico-de-lacre | Ambiente urbano e periurbano |
| Cervidae | Axis axis | Cervo axis | Savana estépica parque |
| Callithricidae | Callithrix spp. | Sagui | Ambiente urbano e periurbano |
| Leporidae | Lepus europaeus | Lebre-europeia | Estepe, savana |
| Suidae | Sus scrofa scrofa | Javali | Estepe, savana, floresta estacional, floresta ombrófila |
| Gekkonidae | Hemidactylus mabouia | Lagartixa-africana | Ambiente urbano e periurbano |
| Colubridae | Pantherophis gutattus | Corn snake | Ambiente urbano, periurbano, áreas agrícolas |
| Passeridae | Passer domesticus | Pardal | Ambiente urbano e periurbano |
| Boidae | Python spp. | Cobra píton | Ambiente urbano e periurbano |
| Emydidae | Trachemys scripta elegans | Tigre d'água | Ambientes de água doce |

*(Quadro 5.1 – conclusão)*

| Família | Nome científico | Nome comum | Ambiente |
|---|---|---|---|
| Columbidae | *Columba livia* | Pombo-doméstico | Ambiente urbano e periurbano |
| Bovidae | *Bubalus bubalis* | Búfalo | Floresta ombrófila densa – Floresta ombrófila mista |
| Bovidae | *Capra hircus* | Cabra | Estepe |
| Muridae | *Mus musculus* | Camundongo | Ambiente urbano e periurbano |
| Suidae | *Sus scrofa* | Porco-doméstico | Ambiente urbano e periurbano |

Fonte: Elaborado com base em Paraná, 2017c; Rio Grande do Sul, 2016.

Em levantamento realizado pelo Ministério do Meio Ambiente (MMA), havia um total de 176 espécies exóticas invasoras no Brasil, das quais 68 eram da fauna. Ainda, no mesmo relatório, em um estudo em parceria com a Fundação Oswaldo Cruz (Fiocruz), foi verificado que 97 das espécies exóticas invasoras apresentam algum tipo de risco para a saúde humana, principalmente pelo contato com vírus (14), bactérias (11), protozoários (7), fungos (8), helmintos (12), moluscos (7), artrópodes (18) e plantas (20) (Brasil, 2006). Confira esses dados na Tabela 5.1.

*Tabela 5.1 – Sumarização dos dados apontados no projeto de levantamento de espécies exóticas invasoras no Brasil*

| Organismos | Número de espécies |
|---|---|
| Organismos que afetam negativamente o ambiente terrestre (fauna, flora, microrganismos) | 176 |
| Organismos que afetam negativamente o ambiente marinho (fauna, flora, microrganismos) | 66 |
| Organismos que afetam negativamente as águas continentais (fauna, flora, microrganismos) | 49 |
| Organismos que afetam negativamente os sistemas de produção (agricultura, pecuária e silvicultura) | 155 |
| Organismos que afetam negativamente a saúde humana | 97 |
| Total | 543 |

Fonte: Adaptado de Brasil, 2006.

Deve-se tomar bastante cautela e criar meios rigorosos de monitoramento para reduzir o quanto possível a entrada de espécies exóticas, pois, quando se adaptam e apresentam características evolutivas favoráveis ao novo meio, podem aumentar rapidamente a sua população, imprimindo estresse nas espécies nativas e ocasionando severo desequilíbrio, como é o caso da Píton da Birmânia e do Nutria na Flórida, nos Estados Unidos.

## 5.5 Espécies mais comuns da fauna urbana brasileira

A **antrozoologia** é o ramo da ciência que estuda a relação entre o ser humano e os animais. Descritos arqueológicos mencionam que a domesticação de animais silvestres ocorre desde 12.000 a.C. e que, por isso, teria surgido a possibilidade de ocupar locais antes inabitados devido à proteção que ofereciam ao ser humano (Congresso..., 2008).

Como já discutido anteriormente, um dos principais fatores para a migração de animais de seu hábitat natural para o ambiente não natural (no caso, o ambiente urbano) é a maior oferta de abrigo e alimentos, configurando condições favoráveis à sobrevivência dessas espécies.

Nesse caso, citaremos dois exemplos de migração de animais da vida silvestre para o ambiente urbano: as populações de capivaras (*Hydrochoerus hydrochaeris*) e de saguis-de-tufo-branco (*Callithrix jacchus*).

As capivaras se estabeleceram em praticamente todos os centros urbanos brasileiros, principalmente em locais remanescentes de florestas associados a corpos d'água (rios, lagoas etc.). Essas áreas são, em geral, utilizadas para recreação e lazer da população (parques), promovendo a interação (mesmo que forçada) entre os seres humanos, os animais domésticos e os animais selvagens (Piedade, 2013).

Além de atacarem os seres humanos, já que os incomodamos, a questão, nesse caso, é que as capivaras são hospedeiras de outras espécies danosas aos seres humanos, como o carrapato (*Amblyomma cajennense*), que pode ser transmissor de doenças como a febre maculosa se estiver infectado pela bactéria *Rickettsia rickettsii*. Assim, o carrapato pode se tornar o vetor da bactéria caso pique um ser humano, contaminando-o (São Paulo, 2004).

Nesse cenário, outro aspecto importante relaciona-se ao cão doméstico, que pode servir como vetor da doença se for infectado pelo carrapato. Ao frequentar os mesmos ambientes que os animais silvestres – como podemos observar na Figura 5.6 –, por exemplo, a capivara, o cão pode se contaminar e transmitir a doença para pessoas de sua convivência.

*Figura 5.6 – Locais de interação com capivaras e vetores*

Legenda: Presença de capivaras em ambiente urbano e periurbano (A). Carrapato da espécie *Amblyomma cajennense* (B). Animal infestado de carrapatos com potencial de transmissão de doenças (C).

O caso dos saguis é um pouco diferente. Inicialmente, esses animais ocupavam as matas do Nordeste brasileiro; no entanto, mais tarde, foram introduzidos em várias matas do país devido à sua rápida adaptação e como animal "doméstico". Hoje, ocupa uma vasta área de hábitat e pode competir com outras espécies por alimento e abrigo, causando sério desequilíbrio ecológico (Favoretto et al., 2001).

Apesar da aparência dócil, esse animal pode atacar caso se sinta ameaçado, tornando-se um grave problema, pois também pode transmitir o vírus da raiva (Figura 5.7). Em estudo publicado por Favoretto et al. (2001), foi observada a morte de oito pessoas em função da contaminação pelo vírus da raiva por meio desses animais no Estado do Ceará. Além dessa doença, relata-se a transmissão de outras, tais como:

- leptospirose;
- toxoplasmose;
- parasitoses intestinais;
- viroses (herpes, raiva);
- infecções bacterianas;
- hemoparasitoses (*Trypanosoma cruzi*, filárias);
- micoses.

*Figura 5.7 – Presença de saguis em ambientes urbanos*

Legenda: Alimentação dos animais pelo homem é uma situação cotidiana (A). Os animais podem causar diversos tipos de danos, inclusive à rede elétrica (B).

A seguir, listamos e discorremos um pouco sobre alguns outros animais da fauna urbana e suas características. É importante frisar que destacaremos nesta parte do livro apenas algumas espécies, ou seja, somente aquelas que configuram sério problema de saúde pública e ambiental.

## Mamíferos

De acordo com Sigrist (2012, citado por Piedade, 2013), o Brasil é o país com o maior número de espécies de mamíferos (652 espécies), fato atribuído principalmente à sua biodiversidade.

É importante mencionar que, independentemente do tamanho ou da sua beleza, os mamíferos (assim como qualquer outro animal) têm um importante papel na cadeia trófica, ou seja, um morcego, uma capivara, um gambá ou uma onça, por exemplo, têm papéis iguais na cadeia trófica (Piedade, 2013). Ademais, a presença de mamíferos na fauna urbana depende de fatores como disponibilidade de hábitat e alimentos, os quais podem variar de um local para o outro (Nunes, 2011).

### Morcegos

Os morcegos são os únicos mamíferos que podem voar, têm hábitos noturnos (devido a sua fotofobia – aversão à luz) e apresentam importante papel na polinização (disseminação de sementes) de espécies vegetais, bem como no controle populacional de vários insetos. Estudos mostram que onde há diminuição da população de morcegos também se observa uma demora na recuperação da cobertura vegetal (Piedade, 2013).

Esses animais podem ser encontrados em todo o território brasileiro e, das quase 170 espécies no país encontradas, 37 estão em ambiente urbano (Piedade, 2013). Eles são excelentes bioindicadores de qualidade ambiental, ou seja, sua presença pode auxiliar no monitoramento do ambiente. Ainda, os principais fatores que podem levar ao aumento da população de morcegos em ambiente urbano são: destruição do hábitat natural (destruição de florestas e cavernas) e aumento da oferta de alimentos (aumento de árvores frutíferas e do número de insetos) (Jardim, 2017).

No entanto, a grande preocupação nesse caso é que três espécies de morcegos, que se alimentam de sangue (hematófagos), podem transmitir o vírus da raiva caso mordam uma pessoa ou um animal. Como a população desconhece essa informação, isso levou ao decréscimo do número de animais, já que sempre houve a crença de que todas as espécies de morcegos poderiam atacar seres humanos. Cães, gatos, bois, vacas e bezerros são as principais fontes de alimentos para os morcegos hematófagos. Vale destacar que a maioria desses animais possui hábitos frugívoros (alimentam-se de frutos), insetívoros (alimentam-se de insetos) e nectarívoros (alimentam-se de néctar) (Piedade, 2013).

A raiva é uma doença viral que pode ser transmitida ao ser humano por mordida, lambida ou arranhão de um animal infectado. A taxa de letalidade entre humanos, segundo a Secretaria da Saúde, é de, aproximadamente, 100%. Em média, ocorrem 30 mil ataques desses animais a pessoas a cada ano; 2,5 mil por mês e 94 por dia. De 2005 a 2012, foram confirmados cinco casos de raiva humana. Em apenas um caso a transmissão foi através de cão, no município de Chaval, em 2010. Os outros quatro casos foram transmitidos por macacos soins: em São Luís do Curu, no ano de 2005; em Camocim, no ano de 2008; em Ipu, em 2010; e em Jati, no ano de 2012.

É importante citar que, ao se encontrar um morcego, ele não deve ser tocado e sua remoção do local deve ser extremamente cuidadosa, conforme podemos observar na Figura 5.8. Além disso, em caso de acidente, deve-se procurar um médico ou o centro de zoonoses da cidade (Piedade, 2013).

## Figura 5.8 – Remoção correta de morcego

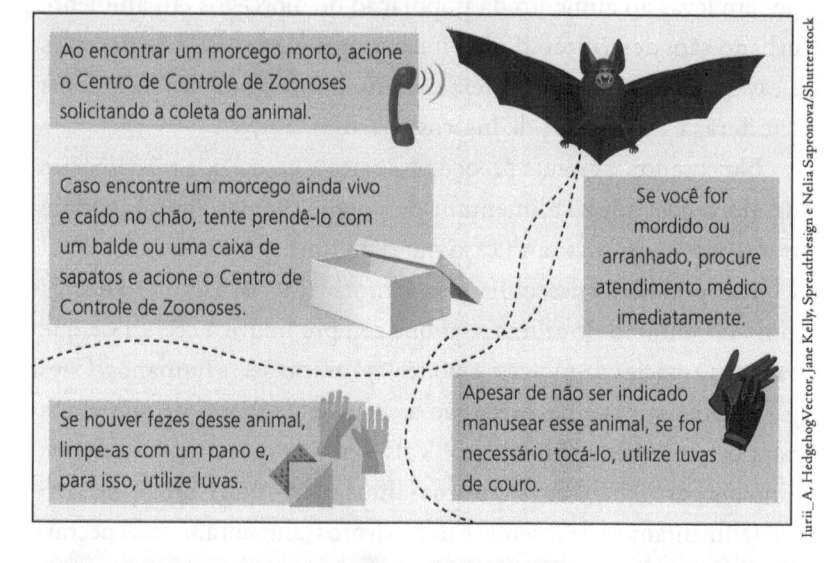

Ao encontrar um morcego morto, acione o Centro de Controle de Zoonoses solicitando a coleta do animal.

Caso encontre um morcego ainda vivo e caído no chão, tente prendê-lo com um balde ou uma caixa de sapatos e acione o Centro de Controle de Zoonoses.

Se você for mordido ou arranhado, procure atendimento médico imediatamente.

Se houver fezes desse animal, limpe-as com um pano e, para isso, utilize luvas.

Apesar de não ser indicado manusear esse animal, se for necessário tocá-lo, utilize luvas de couro.

Fonte: Adaptado de Piedade, 2013, p. 51.

## Estudo de caso

### Após mais de quatro anos, Ceará registra caso de raiva em humano

Paciente foi agredido por um morcego hematófago e não procurou ajuda. Apenas um mês depois do ataque ele buscou assistência médica.

Um agricultor de 37 anos, morador da zona rural da Cidade de Iracema, no interior do Ceará, encontra-se internado no Hospital São José de Doenças Infecciosas, em Fortaleza, após ter sido diagnosticado com raiva humana.

> O paciente [...] foi agredido por um quiróptero (morcego hematófago) no pé esquerdo, enquanto dormia. O homem matou o animal e descartou a carcaça. Não procurou qualquer tipo de assistência médica após o ocorrido. [...]

Fonte: Após..., G1, 2016.

## Roedores

De acordo com Sigrist (citado em Piedade, 2012), o Brasil apresenta o maior número de espécies de **roedores** da fauna silvestre. Outro dado importante é que apenas 125 espécies podem causar problemas em um universo de mais de 2 mil espécies.

Um dos representantes dessa classe é o porco-espinho ou ouriço-cacheiro (*Sphiggurus villosus*), que se encontra principalmente na mata atlântica. Eles se alimentam basicamente de insetos. O perigo desses animais está nos espinhos, que podem machucar severamente quem o ataca (cães, gatos e seres humanos).

*Figura 5.9 – Acidentes com ouriços são comuns em ambientes urbanos*

Outro representante importante são os ratos – animais sinantrópicos comuns nas áreas urbanas. Como podemos ver na figura a seguir, existem três principais espécies: *Rattus rattus* (rato de telhado), *Mus musculus* (camundongo) e *Rattus norvegicus* (ratazana).

*Figura 5.10 – Diferenças visuais entre as três espécies de ratos mais encontradas em ambiente urbano*

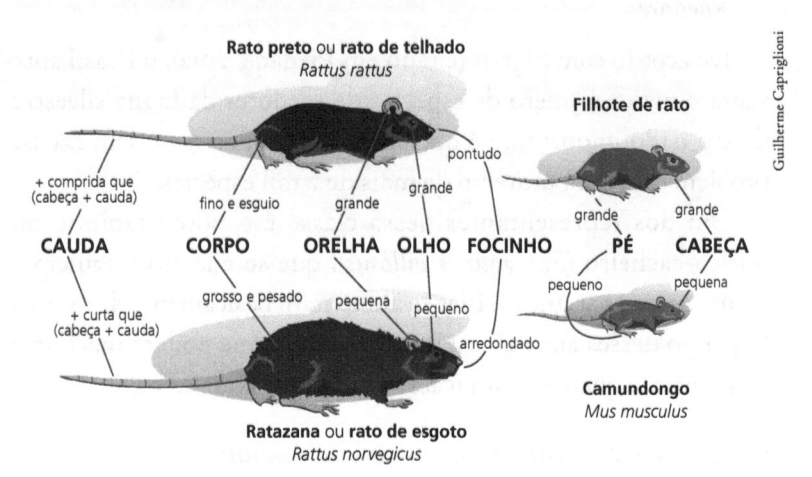

Os ratos são animais que competem diretamente com os seres humanos por alimento, já que atacam cultivos e alimentos armazenados. De acordo Almeida-Silva (2012), estima-se uma perda de cerca de 8% da produção mundial de alimentos (cereais e raízes) por conta da ação desses roedores. Além disso, são responsáveis pela transmissão de diferentes doenças, como tifo, febre hemorrágica, leptospirose, peste bubônica, sarnas, salmonelose e micoses (Piedade, 2013).

Além disso, os ratos se reproduzem muito rapidamente, aumentando a colônia de modo a chegar a centenas de indivíduos em alguns meses (ver Tabela 5.2).

*Tabela 5.2 – Algumas características dos roedores em relação à sua reprodução*

| Características | Rattus norvergicus | Rattus rattus | Mus musculus |
|---|---|---|---|
| Gestação | 19 a 24 dias | 19 a 24 dias | 19 a 24 dias |
| Ninhada por ano | 8 a 12 | 4 a 8 | 5 a 6 |
| Filhotes por ninhada | 7 a 12 | 7 a 12 | 3 a 8 |
| Desmame | 28º dia | 28º dia | 25º dia |
| Maturidade | 60 a 90 dias | 60 a 75 dias | 42 a 45 dias |
| Tempo médio de vida | 24 meses | 18 meses | 12 meses |

Fonte: Adaptado de Piedade, 2013, p. 85.

As principais fontes de alimentos desses animais estão no lixo acumulado e nos lixões, nos quais encontram facilidade para obter alimentos. Assim, o controle desses roedores torna-se tarefa bastante difícil, sendo necessário utilizar medidas de controle químico, medidas físicas, corretivas e preventivas, e de monitoramento (Piedade, 2013).

> *Para saber mais*
>
> A Empresa Brasileira de Pesquisa Agropecuária (Embrapa) confeccionou uma cartilha para auxiliar no processo de manejo e eliminação desses animais.
>
> GRINGS, V. H. **Controle integrado de ratos**. Concórdia: Embrapa Suínos e Aves, 2006. Disponível em: <http://www.cnpsa.embrapa.br/sgc/sgc_publicacoes/publicacao_c6g65n3m.pdf>. Acesso em: 15 dez. 2017.

A principal doença transmitida pelos ratos é a leptospirose, que é causada por uma bactéria (*Leptospira*) presente na urina desses animais. Assim, se o indivíduo entrar em contato com essa urina, como água ou alimentos contaminados, ele pode se contaminar. A leptospirose é uma doença que pode levar a óbito.

O surto da doença ocorre principalmente em épocas chuvosas, quando a população tem maior contato com a urina desse roedor, o que acontece muitas vezes devido às más condições higiênico-sanitárias.

Os principais sintomas da doença são: febre, cansaço, indisposição, calafrios, cefaleia, mialgias (dor na panturrilha), conjuntivas congestas, náusea, vômito com sangue (hemoptise), erupções cutâneas, icterícia, alterações cardiovasculares, dificuldade respiratória, distúrbios neurológicos e disfunção renal (Fiocruz, 2014).

*Cães e gatos*

Por diferentes motivos, os **cães e os gatos** têm assumido papel de companheiros para muitos indivíduos, sobretudo aqueles que vivem nas grandes metrópoles. No Brasil, o número de pessoas que criam algum tipo de animal chega a quase 60% da população nacional, e 60% desse montante tem como animal de estimação um cão ou um gato (Piedade, 2013).

No entanto, muitos desses animais são soltos/abandonados pelos donos em áreas urbanas e periurbanas, reproduzindo-se sem controle e sendo expostos a inúmeros maus-tratos e doenças (zoonoses), como bicho-geográfico (*Larva migrans*), que ocorre em locais arenosos poluídos com fezes de cães e gatos, raiva, giardíase, sarnas, micoses, leishmaniose, entre outras, tornando-se seus transmissores (CRMV, 2010).

Além disso, esses animais também sofrem com infestação de pulgas. Esse ectoparasita (localiza-se externamente aos animais) também pode ser transmissor de doenças, como a peste bubônica ou peste negra, que é transmitida por uma bactéria (*Yersinia pestis*) (CRMV, 2010). Em outros casos, os cães e os gatos eliminam as bactérias que causam a doença por meio das fezes, as quais, se em contato, contaminam outros animais e seres humanos, gerando um ciclo quase infinito de propagação da doença (CRMV, 2010).

Os gatos podem ser hospedeiros do agente causador da toxoplasmose, o protozoário *Toxoplasma gondii*. Entretanto, estima-se que apenas 1% desses animais esteja contaminado com o protozoário. Além disso, vale destacar que o contato com as fezes e os pelos dos gatos não transmite a doença, pois os ovos do protozoário (chamados de *oocistos*) são capazes de contaminação apenas na fase de ovos esporulados, o que só acontece após dois dias de exposição a temperaturas acima de 36 graus. Depois disso, conforme podemos observar na Figura 5.11, os oocistos precisam ser ingeridos para causar a doença (Schnell, 2011) Apesar disso, grande parte da população, que conhece a doença como *doença do gato*, ainda acredita no mito da transmissão da toxoplasmose pelos felinos, o que fatalmente leva ao abandono e maus-tratos desses animais.

*Figura 5.11 – Ciclo (resumido) de transmissão da toxoplasmose*

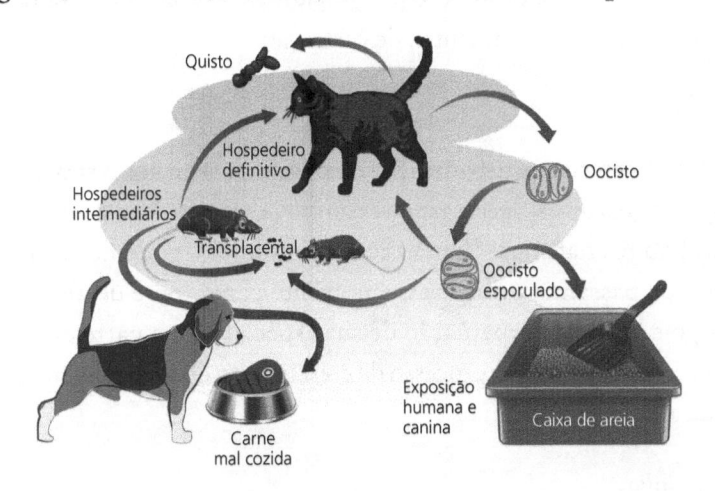

A forma mais comum de transmissão dessa doença é pelo consumo de carnes ou verduras contaminadas com o protozoário. Por isso, o consumo de carnes cruas ou malpassadas e verduras e/ou legumes mal lavados apresenta um alto risco para os consumidores (Santos, 2008).

O processo de controle das doenças e da proliferação desses animais passa por diferentes estratégias. Campanhas educativas que visem à conscientização e à sensibilização da população sobre a responsabilidade de se adquirir um animal de estimação deve ser uma prática constante por parte dos órgãos responsáveis. O compromisso moral e ético assumido por quem compra ou adota um animal deve ser reforçado cotidianamente. Ainda, condições desfavoráveis, como falta de tempo para conviver com o animal, falta de condições higiênico-sanitárias e médicas no local onde o animal é mantido, pouco espaço físico, condições financeiras do dono, entre outras, são situações que deveriam ser observadas antes de comprar ou adotar um animal.

Outra estratégia bastante importante é o acompanhamento médico veterinário desses animais, tanto para eliminação de zoonoses quanto para promoção de campanhas de vacinação, controle de parasitas e procedimentos de castração.

### Aves

Com a crescente urbanização e, consequentemente, a supressão das áreas naturais, várias espécies animais são afetadas quanto aos seus hábitos naturais. Como excelente exemplo, podemos citar as aves que passam a utilizar esse ambiente como fonte de alimento, abrigo e local de perpetuação de sua espécie. Nesta parte do livro, vamos analisar como o processo de crescimento do ambiente urbano pode afetar esses animais.

### Pombos

Os pombos urbanos (*Columba livia*) são aves de ocorrência global (exceto nos polos) que vivem em média quatro anos em ambientes urbanos, nos mais diversos locais, desde que estejam abrigados. Nas cidades, alimentam-se de restos de comida, migalhas de pão e sementes oferecidas pela população, mas também podem comer frutos, plantas e insetos (Parodi, 2017).

*Figura 5.12 – Pombos em ambiente urbano*

No ambiente urbano, os pombos perdem a capacidade de polinização, já que a base de sua alimentação não são os frutos. Como encontram grande oferta de alimentos nesses locais, sua reprodução aumenta, trazendo transtornos ao meio ambiente e à saúde pública, uma vez que são vetores de várias doenças (Parodi, 2017). No Quadro 5.2, a seguir, podemos observar características de algumas doenças transmitidas por pombos.

*Quadro 5.2 – Doenças causadas por pombos*

| Doença | Agente | Sintomas | Transmissão |
|---|---|---|---|
| Criptococose | Fungo | Apresenta-se como uma meningite subaguda ou crônica | Aspiração da poeira gerada pelas fezes secas. |
| Histoplasmose | Fungo | Pode apresentar doença pulmonar ou não apresentar sintomas. | Aspiração de esporos do fungo presente nas fezes secas. |

*(continua)*

*(Quadro 5.2 – conclusão)*

| Doença | Agente | Sintomas | Transmissão |
|---|---|---|---|
| Ornitose | *Chlamydia psittaci* | Pode apresentar doença pulmonar, vômito e diarreia ou não apresentar sintomas. | Aspiração da poeira gerada pelas fezes secas ou secreções de aves doentes. |
| Dermatites | Ácaros | Erupções e coceiras na pele. | Parasitose acidental – piolho de pombo. |
| Alergias | Ambiente contaminado pelo acúmulo de fezes | Doenças respiratórias em pessoas sensíveis. | Aspiração da poeira gerada pelas fezes secas. |

Fonte: Adaptado de Parodi, 2017, p. 5.

Para o manejo de populações de pombos, deve-se reduzir a oferta de abrigo (colocação de telas e objetos pontiagudos que evitem o pouso) e de alimento por meio de planejamento da atividade, como evitar a exposição do lixo e conscientizar a população para não alimentar esses animais, entre outras providências. É válido destacar que é proibido usar qualquer tipo de isca envenenada que cause a morte ou o sofrimento do animal. Esse ato é crime e está previsto na já citada Lei n. 9.605/1998.

### Urubus

No Brasil, a espécie de urubu mais comum é o urubu-de-cabeça-preta (*Coragyps atratus*), que se alimenta principalmente de matéria orgânica em decomposição, por isso sua excelente adaptação em lixões e áreas semelhantes, invadindo, assim, o ambiente urbano (Carrete et al., 2009). Além disso, esses animais causam danos às torres de comunicação (Avery et al., 2002) e podem colidir com aeronaves (Avery et al., 2011).

Na aviação norte-americana, por exemplo, as colisões com urubus resultaram em danos da ordem de 25 milhões de dólares (Air Force Safety Center, 2009). A Lei n. 12.725, de 16 de outubro de 2012, "estabelece regras que visam à diminuição do risco de acidentes e incidentes aeronáuticos decorrentes da colisão de aeronaves com espécimes da fauna nas imediações de aeródromos" (Brasil, 2012d). Em seu art. 3º, a lei rege:

> Art. 3º – Para o gerenciamento e a redução do risco de acidentes e incidentes aeronáuticos decorrentes da colisão de aeronaves com espécimes da fauna nos aeródromos, é estabelecida a Área de Segurança Aeroportuária – ASA, onde o aproveitamento e o uso do solo são restritos e condicionados ao cumprimento de exigências normativas específicas de segurança operacional da aviação e ambientais.
>
> § 1º O perímetro da Área de Segurança Aeroportuária – ASA do aeródromo será definido a partir do centro geométrico da maior pista do aeródromo ou do aeródromo militar e compreenderá um raio de 20 km (vinte quilômetros).
>
> § 2º O Programa Nacional de Gerenciamento do Risco da Fauna – PNGRF, desenvolvido e supervisionado pelas autoridades de aviação civil, aeronáutica militar e ambiental, abrangerá objetivos e metas comuns aos aeródromos e suas respectivas ASAs. (Brasil, 2012d)

Assim, Novaes (2013) sugere que, para o manejo e a diminuição da população desses animais, é preciso:

- remover as estruturas que oferecem grande oferta de alimento (por exemplo, áreas de concentração de resíduos);
- bloquear o acesso a poleiros;
- remover os ninhos;
- tomar medidas de inquietação (uso de fogos de artifício para espantar os animais).

Em alguns casos, são necessários a captura, a caça controlada, o uso de predadores naturais e técnicas de afugentamento. Como as áreas urbanas apresentam fortes características antrópicas, as relações entre as populações, nativas e exóticas, não seguem uma dinâmica natural sustentável e a correção dos desvios necessariamente precisa da intervenção humana.

## Invertebrados

Embora possam funcionar como ótimos espaços de abrigo e alimentação para algumas espécies animais, os ambiente urbanos podem abrigar organismos que são vetores de inúmeras doenças – é o caso dos insetos. Nesta sessão, trataremos um pouco sobre alguns fatores que favorecem o aumento da população desses animais, bem como as consequências desse processo.

### Mosquitos

Os mosquitos, também conhecidos por *muriçocas*, *pernilongos* ou *carapanãs*, são insetos que, na fase adulta, são alados (possuem asas), têm longas pernas e antenas. Em geral, são hematófagos (alimentam-se de sangue). As quatro fases do seu ciclo de vida são: ovo, larva, pupa e adulto (ver Figura 5.13).

*Figura 5.13 – Os quatro estágios larvais do mosquito Aedes aegypti*

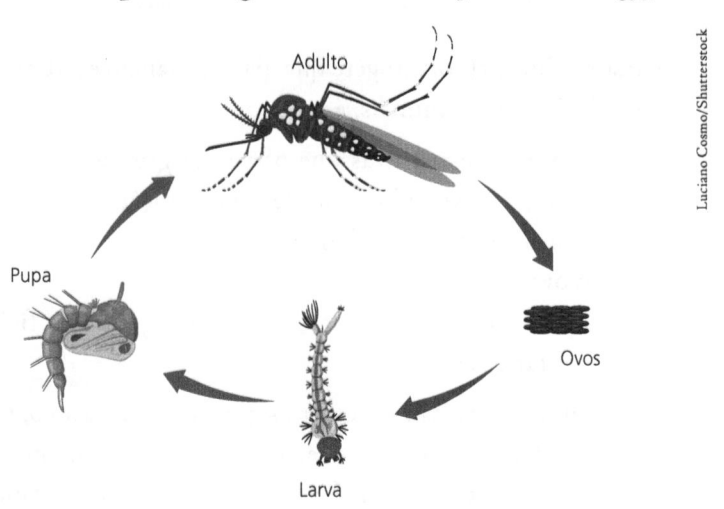

Foi somente no final do século XIX que se descobriu que algumas doenças podem ser transmitidas por esses animais. Inicialmente, o controle biológico desses insetos era feito por meio de predadores naturais (anfíbios, répteis, aves e mamíferos). Entretanto, no final da década de 1930, foram descobertas propriedades inseticidas de um composto químico, o diclorodifeniltricloroetano (DDT), que rendeu ao entomologista suíço Paul Müller o prêmio Nobel de Medicina pelo seu uso no combate ao mosquito transmissor da malária (D'Amato; Torres; Malm, 2002).

Apesar da importante função ecológica (como polinizadores e como alimentos para outras espécies), a capacidade de transmitir doenças os torna um grave problema de saúde pública (ver Quadro 5.3). A reprodução das larvas, na sua grande maioria, ocorre em meio aquático, permitindo que se reproduzam em praticamente todos os lugares (Fang, 2010).

*Quadro 5.3 – Principais mosquitos transmissores de doenças nas áreas urbanas do Brasil*

| Espécie | Nome popular | Problema de saúde pública |
|---|---|---|
| *Sumulium sp.* | Borrachudos | Transmissor da Síndrome Hemorrágica de Altamira e das filárias *Onchocerca volvulus* e de espécies do gênero *Mansonella*, agentes da oncocercíase e da mansonelíase. |
| *Lutzomyia sp.* | Mosquito palha, tatuquira, birigui, entre outros | Transmissor da leishmaniose tegumentar americana e da leishmaniose visceral. |
| *Anopheles* | Pernilongo | Transmissor da malária e da filaríase linfática. |
| *Culex sp.* | Muriçocas | Transmissor da elefantíase e do agente causador da febre do Nilo Ocidental e vetor secundário do vírus Oropouche. |
| *Aedes sp.* | Mosquito da dengue | Transmissor dos vírus zika e da dengue e das febres amarela e chikungunya. |
| *Triatoma infestans* | Barbeiro | Transmissor da doença de Chagas. |

Fonte: Elaborado com base em Piedade, 2013.

Como já foi dito, o controle dos insetos pode ocorrer por meio de predadores naturais, no entanto, com a diminuição destes no ambiente urbano, há um grande desequilíbrio ecológico que favorece a proliferação desses animais, aumentando drasticamente sua população.

Em geral, o controle de insetos deve se basear em quatro situações: controle ambiental – reduzindo os focos de proliferação (saneamento básico e programas de educação socioambientais); controle químico (por meio de inseticidas e repelentes); controle físico (por meio de telas e mosquiteiros) e controle biológico (uso de vacinas, aumento de predadores naturais e uso de mosquitos transgênicos) (Brasil, 2009b).

É importante ressaltar que o controle químico deve ser muito bem planejado antes de ser utilizado, visto que pode selecionar mosquitos resistentes e interferir no ciclo biológico de outras espécies importantes no ecossistema.

Como ferramenta para controle biológico, recentemente foi divulgado na imprensa o uso de mosquitos transgênicos. Esta é uma técnica proposta no início dos anos 2000 (Grossman et al., 2001) para combater a transmissão da dengue e da malária e consiste em manipular geneticamente os mosquitos para que não sejam mais capazes de se infectar e transmitir a doença (ver Figura 5.14). Apesar de ser uma técnica moderna e bastante promissora, estudos não demonstram sua eficácia comprovada (Capurro et al., 2012).

*Figura 5.14 – Técnica da supressão de população – uma das técnicas para geração de mosquitos transgênicos*

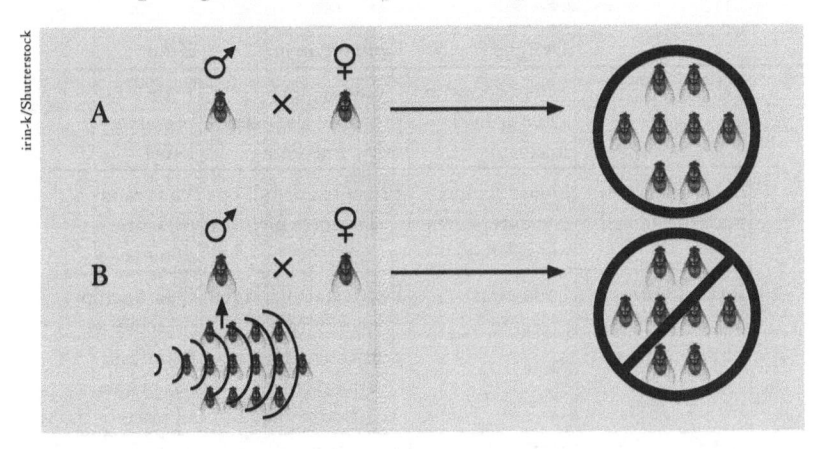

Legenda: (A) Cruzamento de macho selvagem com fêmea selvagem, gerando descendentes; (B) Machos estéreis pela irradiação por raios X liberados em campo para competirem com machos selvagens, sendo que fêmeas copuladas por machos irradiados não produzem descendentes.

Fonte: Adaptado de Capurro et al., 2012, p. 103.

Durante 2015 e 2016, a população brasileira vivenciou o aparecimento de duas novas doenças transmitidas pelo mosquito *Aedes aegypti*: a zika e a febre chikungunya. O maior problema está na associação feita entre o zika vírus e o aparecimento de microcefalia em bebês cujas mães foram diagnosticadas com o vírus (Brasil, 2016c).

Em janeiro de 2016, o Ministério da Saúde divulgou um boletim que informava sobre mais de 4 mil casos suspeitos de microcefalia no Brasil, dos quais pouco mais de 6% foram confirmados; os outros casos ainda estariam sobre investigação (Brasil, 2016c).

Veja o Quadro 5.4, que mostra as diferenças entre os sintomas das três doenças: zika, chikungunya e dengue.

## Quadro 5.4 – Diferenças básicas entre os sintomas da zika, chikungunya e dengue

|  |  | Dengue | Chikungunya | Zika |
|---|---|---|---|---|
| **Principais sintomas** | *Febre* | Sempre presente: alta e de início imediato | Quase sempre presente: alta e de início imediato | Pode estar presente: baixa |
|  | *Artralgia* (dores nas articulações) | Quase sempre presente: dores moderadas | Presente em 90% dos casos: dores intensas | Pode estar presente: dores leves |
|  | *Rash cutâneo* (manchas vermelhas na pele) | Pode estar presente | Pode estar presente: se manifesta nas primeiras 48 horas (normalmente a partir do 2º dia) | Quase sempre presente: se manifesta nas primeiras 24 horas |
|  | *Prurido* (coceira) | Pode estar presente: leve | Presente em 50 a 80% dos casos: leve | Pode estar presente: de leve a intensa |
|  | *Vermelhidão nos olhos* | Não está presente | Pode estar presente | Pode estar presente |

Fonte: Adaptado de Lang, 2015.

### Para saber mais

A Associação Brasileira de Saúde Coletiva (Abrasco) recentemente publicou uma nota técnica sobre microcefalia e doenças vetoriais relacionadas ao *Aedes aegypti*. O documento está disponível no *website* da instituição. Vale a pena a leitura!

REIS, V. **Nota técnica sobre microcefalia e doenças vetoriais relacionadas ao Aedes aegypti**: os perigos das abordagens com larvicidas e nebulizações químicas – fumacê. ABRASCO – Associação Brasileira de Saúde Coletiva, 2 fev. 2016. Disponível em: <https://www.abrasco.org.br/site/2016/02/nota-tecnica-sobre-microcefalia-e-doencas-vetoriais-relacionadas-ao-aedes-aegypti-os-perigos-das-abordagens-com-larvicidas-e-nebulizacoes-quimicas-fumace/>. Acesso em: 22 nov. 2017.

Nos Mapas A (na seção "Anexos", ao final desta obra), 5.1 e 5.2, podemos observar que a dengue e a chikungunya são doenças que ocorrem em praticamente todos os continentes, já o vírus zika parece ser endêmico das Américas, embora haja casos em Cabo Verde, na África.

Mapa 5.1 – *Todos os países com presença do zika vírus, de acordo com o Centro Internacional de controle e prevenção de doenças (HealthMap, 2017)*

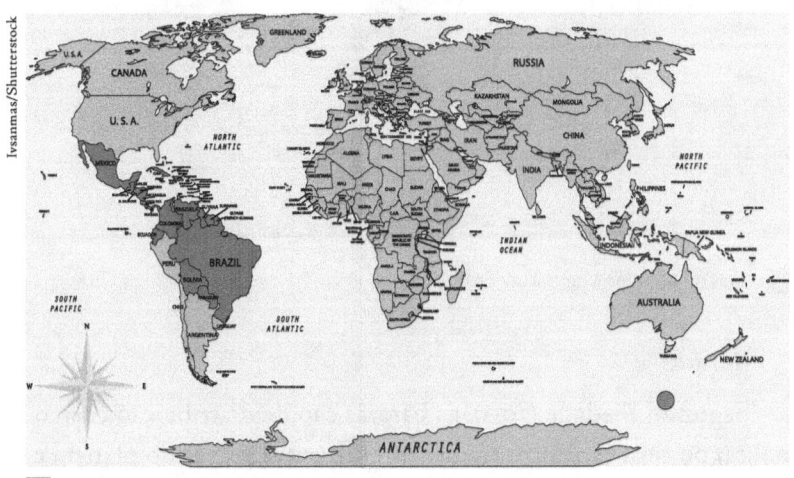

■ Transmissão ativa verificada

*Mapa 5.2 – Países e territórios onde os casos de chikungunya foram relatados, de acordo com o Centro Internacional de Controle e Prevenção de Doenças (HealthMap, 2017)*

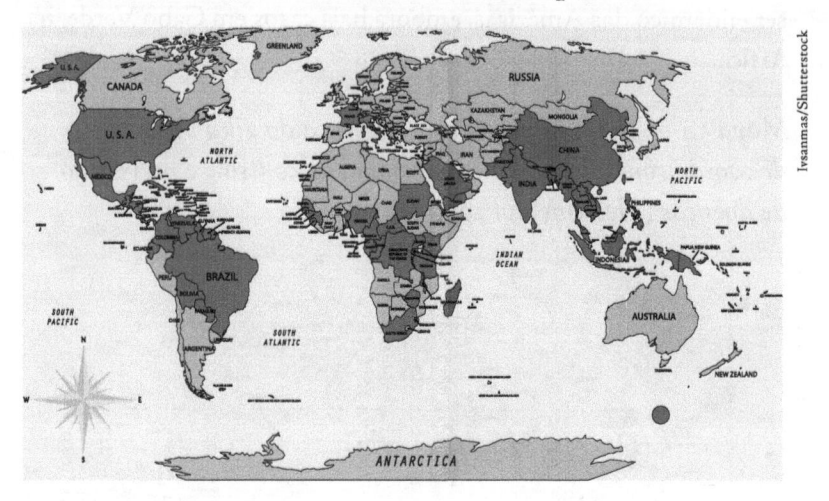

■ Locais de ocorrência de chikungunya

### Baratas

Segundo Piedade (2013), as baratas são de distribuição cosmopolita, ou seja, são encontradas em diferentes partes do planeta e consideradas um dos animais mais resistentes da fauna. As duas principais espécies de ocorrência urbana no Brasil são a chamada *barata de esgoto* (*Periplaneta americana*) e a conhecida como *barata francesinha* ou *alemãzinha* (*Blatella germanica*), as quais podemos visualizar na Figura 5.15.

*Figura 5.15 – Exemplares de* Blatella germanica *(A) e* Periplaneta americana *(B)*

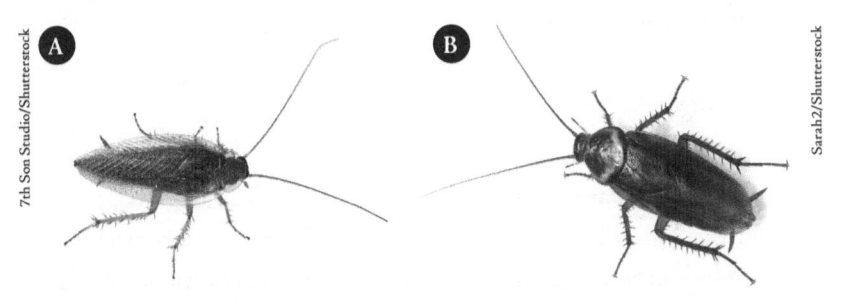

Além de causarem extremo incômodo, esses animais podem transmitir doenças, já que ocupam locais como esgotos, lixos, entre outros, e, assim, estão associados a inúmeros patógenos, como bactérias, fungos e vírus. Uma barata de esgoto pode viver até quatro anos, enquanto a francesinha pode viver até 9 meses. Ainda, o número de descendentes anual de uma barata pode ultrapassar 100 mil indivíduos (Piedade, 2013). A Tabela 5.3 mostra algumas características desses animais.

*Tabela 5.3 – Características das duas espécies de baratas mais encontradas na fauna urbana brasileira*

| Dados biológicos | Periplaneta americana | Blatella germanica |
|---|---|---|
| Tamanho | 30-45 mm | 15-20 mm |
| Coloração | Castanho escuro | Caramelo |
| Pré-postura | 20 dias | 8 dias |
| Ootecas/fêmea | 10 a 15 | 4 a 8 |
| Tempo vida da fêmea | 2 a 3 anos | 153 dias |
| Tempo vida do macho | 2 a 3 anos | 128 dias |

Fonte: Adaptado de Piedade, 2013, p. 85.

As medidas de controle desses animais se baseiam no controle ambiental no sentido de interromper o fornecimento de alimento, abrigo e água (limpeza de caixas de gordura e de esgoto periodicamente), acondicionamento adequado e remoção diária do lixo, aplicação de inseticidas por profissionais habilitados, entre outras (Piedade, 2013).

### Formigas

As formigas apresentam uma organização social extremamente complexa, com base na coletividade (assim como as abelhas), e têm papel ecológico fundamental para o equilíbrio do ecossistema. Segundo Zorzenon (2011, citado por Piedade, 2013), apenas 1% das espécies de formigas pode ser considerada praga.

Os hábitos das formigas dos ambientes urbanos são muito diferentes dos hábitos daquelas que estão em seu hábitat natural. Por exemplo, as formigas de ambiente urbano mudam o seu ninho constantemente de lugar de acordo com a disponibilidade de alimentos (Zorzenon, 2011, citado por Piedade, 2013).

São potencialmente transmissoras de doenças, já que, assim como as baratas, se locomovem por locais que favoreçam esse cenário. No Brasil, as formigas mais comuns no ambiente urbano são:

- formiga-fantasma (*Tapinoma melanocephalum*);
- formiga-louca (*Paratrechina longicornis* ou *Paratrechina fulva*);
- formiga argentina (*Linepithema humile*);
- formiga-faraó (*Monomorium pharaonis* ou *Monomorium floricola*);
- formiga-do-fogo ou pixixica (*Wasmannia auropunctata*).

O controle populacional desses animais é bastante semelhante ao utilizado para as baratas, muito embora a questão principal nesse caso seja a eliminação da formiga-rainha, pois é ela quem bota os ovos e aumenta a colônia, no entanto, fica muito bem protegida e escondida (Zorzenon et al., 2011).

### Cupins

Os cupins estão presentes nos centros urbanos devido à eliminação do seu hábitat natural – as florestas – e, assim como as formigas, desempenham papel fundamental no equilíbrio ecológico (consumidores primários e decompositores). Na fauna urbana, a principal espécie é a *Coptotermes gestroi* (Potenza, citado por Piedade, 2013).

O maior dano que esses animais causam é ao patrimônio das cidades. Além disso, podem infestar árvores a ponto de tombá-las.

## Moscas

As moscas também têm papel ecológico importante como polinizadoras e decompositoras da matéria orgânica. No Brasil, os muscoides são de maior interesse para os órgãos de Saúde Pública, pois são vetores de vários patógenos. Sua proliferação está associada aos mesmos fatores que os descritos para as baratas e formigas e, assim como aquelas, também podem transportar bactérias, fungos e vírus. Nesse sentido, são potenciais contaminadoras de alimentos.

Algumas espécies são hematófagas (*Dermatobia hominis*) e podem causar doenças (bicheiras) em seres humanos e animais (IB, 2013, citado por Piedade, 2013).

*Figura 5.16 – Principais espécies de moscas sinantrópicas*

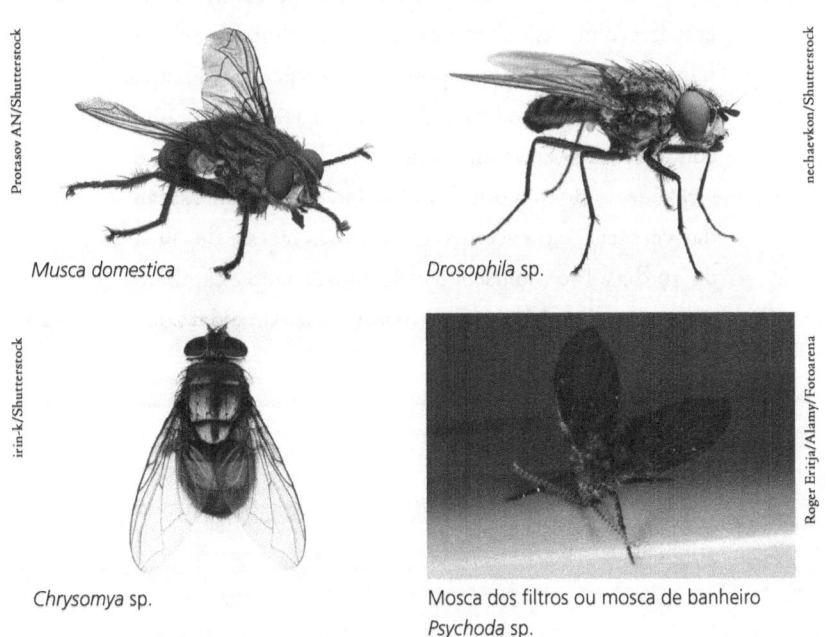

Musca domestica

Drosophila sp.

Chrysomya sp.

Mosca dos filtros ou mosca de banheiro
*Psychoda* sp.

O principal motivo da proliferação desses insetos é a precariedade do saneamento básico (esgotamento sanitário e remoção de resíduos). No Brasil, as duas principais espécies da fauna urbana são: *Musca domestica* e a varejeira exótica (*Chrysomya megacephala*). Assim, como os outros insetos, a eliminação dos focos de criação (lixo, esgoto, sujeira, matéria orgânica em decomposição, entre outros) é a principal forma de controle da sua população (Piedade, 2013).

### Caramujos

Os caramujos são capazes de transmitir doenças por meio de duas espécies: *Biomphalaria sp.* e o caramujo africano (*Achatina fulica*).

Caramujos do gênero *Biomphalaria* podem ser transmissores do verme *Schistosoma mansoni*, que é o causador da esquistossomose (conhecida como *barriga d'água*) em seres humanos (ver Figura 5.17). O ciclo de desenvolvimento e a fase de parasitação que provoca a doença nos seres humanos acontecem da seguinte maneira:

> Há, ainda, duas passagens de larvas de vida livre no meio aquático, que se alternam com as fases parasitárias. As etapas evolutivas consistem no verme adulto (macho e fêmea), ovo, miracídio, esporocisto, cercária e esquistossômulo. O ciclo evolutivo do parasito se completa, em condições favoráveis, em torno de 80 dias. No homem, o ciclo é sexuado e o período decorrido entre a penetração das cercárias e o encontro de ovos nas fezes é de cerca de 40 dias. No molusco, o ciclo é assexuado e também dura, aproximadamente, 40 dias. (Katz; Almeida, 2003, p. 38-39)

*Figura 5.17* – *Caramujo Biomphalaria sp. (A) e indivíduo com esquistossomose (B)*

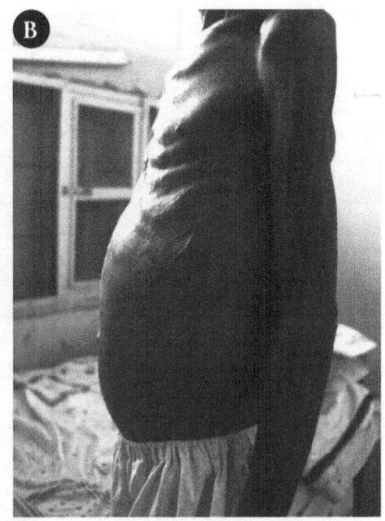

De acordo com dados do Ministério da Saúde, 7 milhões de brasileiros têm a doença, que é mais prevalente nas regiões Nordeste e Sudeste (Mapa 5.3) e está diretamente associada à pobreza e à falta de saneamento básico. Entretanto, a esquitossomose é facilmente tratada com vermífugo obtido gratuitamente nas redes de assistência médica do Sistema Único de Saúde (SUS).

*Mapa 5.3 – Prevalência de esquistossomose no Brasil de acordo com pesquisa desenvolvida por Scholte et al. (2014)**

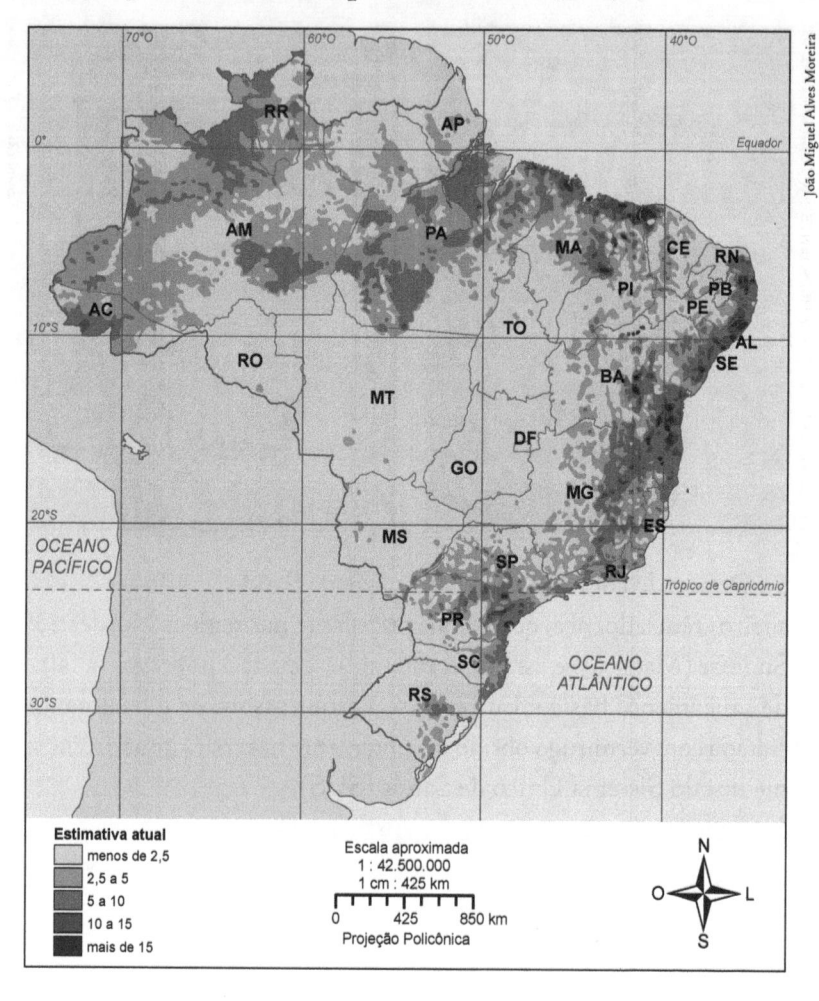

* Quanto maior o número da legenda, maior é a prevalência da doença

O caramujo africano (*Achatina fulica*) está presente em praticamente todo o território nacional (Agudo-Padrón, 2009). A teoria mais aceita para que esse animal tenha invadido as terras nacionais é que tenha sido trazido ao Brasil devido ao seu potencial (acreditado na época – final da década de 1980) de ser comercializado em substituição ao *escargot*. No entanto, foi solto no ambiente, visto que não teve aceitação (Fischer; Costa, 2010).

*Figura 5.18 – Caramujo africano – Achatina fulica*

Vale mencionar que esse animal é um hospedeiro intermediário do *Angiostrongylus cantonensis*, um nematódeo causador da meningite eosinofílica (Thiengo et al., 2007), com casos registrados no estados do Espírito Santo (Caldeira et al., 2007) e de Pernambuco (Lima et al., 2009).

As principais medidas de contenção da proliferação desses animais é a catação (com luvas) dos indivíduos. Apesar disso, o seu controle é muito difícil devido à sua rápida adaptação ao nosso ambiente, o que permite uma rápida proliferação.

### Aranhas

Embora existam mais de 30 mil espécies de aranhas, apenas 0,1% é peçonhenta (tóxica ao ser humano). No Brasil, as espécies de maior importância médica são, segundo Piedade (2013):

+ *Loxosceles* sp. (aranha marrom);
+ *Phoneutria* sp. (armadeira);
+ *Latrodectus* sp. (viúva-negra).

A figura 5.19, a seguir, apresenta as principais espécies de aranhas de maior importância toxicológica em nosso país.

*Figura 5.19 – As três espécies de aranhas de maior importância médica no Brasil*

Legenda: (A) *Loxosceles* sp. (aranha marrom); (B) *Phoneutria* sp. (armadeira); (C) *Latrodectus* sp. (viúva-negra).

No Brasil, a maioria dos acidentes com aranha marrom (chamado de *loxoscelismo*) ocorre no Estado do Paraná (Ribeiro et al., 1993). Seu local favorito para ninho são os forros de casas, caixas de papelão, sapatos, cascas de árvores, entulhos de material de construção, entre outros. A maioria dos acidentes ocorre ao vestir uma roupa ou sapato no qual esteja a aranha. A picada do animal, na verdade, é um ato de defesa devido ao seu esmagamento (Piedade, 2013).

A *aranha-armadeira* – nome devido à forma como ela se "arma" quando se sente ameaçada – é muito encontrada em jardins e também pode causar sérios acidentes. Entretanto, diferente da aranha-marrom, sua picada é dolorosa, mas sem evolução para lesão grave (Piedade, 2013).

As viúvas-negras são muito comuns nas cidades e, muito embora sejam pequenas, seu veneno é extremamente potente, apesar de não serem agressivas. Os acidentes com esses animais são cientificamente conhecidos como *latrodectismo*, causam dor, tremores, hipertensão arterial e sudorese (Piedade, 2013).

Em qualquer um dos casos, o paciente deve procurar um posto de saúde imediatamente para tomar as providências.

> *Para saber mais*
>
> Para saber mais sobre o quadro clínico dos acidentes com aranhas, sugerimos consultar o *site* da Secretaria de Saúde do Estado do Paraná:
>
> PARANÁ. Secretaria da Saúde. **Vigilância ambiental**: zoonoses e intoxicações – araneísmo – acidentes. Disponível em: <http://www.saude.pr.gov.br/modules/conteudo/conteudo.php?conteudo=1450>. Acesso em: 21 nov. 2017.

## Síntese

Edifícios altos, fontes de alimento abundante e falta de predadores tornam as cidades modernas um excelente hábitat natural para muitas espécies de animais. A essa nova fauna denominamos *fauna urbana*.

Muitas espécies de animais selvagens, que agora são urbanos, recebem pouca atenção por parte das autoridades. Eles estão presentes em tão grande número que já fazem parte da nossa vida cotidiana. Manter contato íntimo com a vida selvagem ajuda os seres humanos a conservar um senso de sua interligação com o meio ambiente natural.

Em alguns casos, no entanto, a interação com esses animais não é intencional e, muitas vezes, indesejada. Ratos em latas de lixo ou morcegos nos forros das casas são visitantes não tão bem-vindos em nosso ambiente doméstico.

Para controlar as populações de animais urbanos, devemos manipular um dos quatro fatores que favorecem a estadia desses animais: alimento, água, abrigo e espaço. Animais selvagens não podem sobreviver se um desses requisitos não estiver presente e, assim, a vida selvagem terá de migrar para outra área capaz de prover suas necessidades.

Para a gestão da fauna urbana em longo prazo, a manipulação do habitat é muito mais eficaz do que a redução da população diretamente. Em última análise, em áreas que atendam às necessidades dessas espécies, as taxas de natalidade e de sobrevivência de uma população animal aumentam para que haja reposição das perdas causadas pela redução da população.

Os tipos, as quantidades e as formas de habitats do que é exigido por cada espécie individualmente são diferentes. Para gerir eficazmente uma espécie, é preciso considerar as necessidades de habitat específicas dela. Entender a biologia e a ecologia desse animal vai aumentar as chances de conseguir extingui-la. Portanto, uma equipe multidisciplinar de biólogos, médicos veterinários, ecólogos, gestores ambientais, entre outros, é fundamental.

## *Perguntas & respostas*

1. O pombo doméstico (*Columba livia domestica*) é considerado uma ave exótica. Ele foi trazido da Europa durante o processo de colonização do Brasil e adaptou-se facilmente ao clima e ao ambiente urbano. Atualmente, é considerado uma praga urbana e seu processo de controle é bastante trabalhoso. Diante desse contexto, cite algumas medidas de controle para diminuir o número de pombos em ambientes urbanos.

**Resposta:**
* Atribuição de características arquitetônicas que sejam desfavoráveis ao pouso e a nidificação;
* remoção dos ninhos já feitos;
* limpeza constante dos dejetos deixados por esses animais;
* eliminação das fontes de alimento.

## Questões para revisão

1. A respeito da fauna brasileira e sua biodiversidade, podemos afirmar:
   a. O tráfico de animais não prejudica a biodiversidade do país, pois a reprodução dessas espécies ocorre com rapidez suficiente para repor a perda.
   b. O desenvolvimento urbano não acarretou perda para a biodiversidade brasileira, exceto para a região amazônica.
   c. A retirada de determinada espécie de seu hábitat natural não altera a cadeia alimentar, pois outros animais podem ocupar a sua função.
   d. Embora com grande biodiversidade, a fauna brasileira sofre com a inclusão de espécies ameaçadas de extinção devido a inúmeros fatores antrópicos.
   e. As espécies exóticas em raríssimas exceções causam algum desequilíbrio, pois são rapidamente controladas por espécies nativas, já que estas últimas são bem adaptadas à região.

2. Analise as assertivas sobre as espécies sinantrópicas e suas características.
   I. Elas se adaptaram a viver junto ao homem, a despeito da vontade dele.

II. Diferem dos animais domésticos, os quais o homem cria e cuida com a finalidade de companhia.

III. A maioria adquire essa condição quando o ambiente natural em que vivem é destruído

Agora, assinale a alternativa correta:

a. Somente é verdadeiro o item I.

b. São verdadeiros os itens I e II.

c. São verdadeiros os itens I, II e III.

d. São verdadeiros os itens I e III.

e. Somente o item III é verdadeiro.

3. São considerados animais da fauna sinantrópica:

a. Cachorros, gatos e ratos.

b. Pombos, cachorros e baratas.

c. Pombos, ratos e morcegos.

d. Escorpiões, baratas e gatos.

e. Cachorros, escorpiões e gatos

4. A Instrução Normativa do Ibama n. 141/2006 regulamenta o controle e o manejo ambiental da fauna sinantrópica nociva. De que forma pode ser feito o controle dessa fauna?

5. Existem três etapas para o manejo de espécies da fauna invasora: a prevenção, a detecção precoce e o controle rápido dos espécimes. Entre todas elas, qual é a mais adequada em termos de custos?

## Questão para reflexão

1. Identifique espécies invasoras na sua região e levante uma série de práticas de controle para essa população.

## *Para saber mais*

Para saber mais sobre os sintomas e efeitos da toxoplasmose, sugerimos consultar o *site* da Universidade Regional de Blumenau (Furb):

FURB – Universidade Regional de Blumenau. **Toxoplasmose**. Disponível em: <http://www.inf.furb.br/sias/parasita/Textos/toxoplasmose.htm>. Acesso em: 22 nov. 2017.

Também sugerimos a leitura dos artigos a seguir:

GOMES, P. M. da. S.; SANTOS, A. M. M. dos. Moscas sinantrópicas nocivas, um desafio atual: *Musca domestica* L. (Muscidae) e *Chrysomya megacephala* (Fabricius) (Calliphoridae). **Revista Sustinere**, Rio de Janeiro, v. 3, n. 2, p. 89-106, jul./dez. 2015. Disponível em: <http://www.e-publicacoes.uerj.br/ojs/index.php/sustinere/article/view/20002/14490>. Acesso em: 22 nov. 2017.

MARTINS, M. A. et al. Zoonoses versus animais de companhia: o conhecimento como ferramenta de prevenção. In: SEMINÁRIO DE EXTENSÃO UNIVERSITÁRIA DA REGIÃO SUL, 31., 2013, Florianópolis. **Anais...** Florianópolis: RI/UFSC, 2013. Disponível em: <https://repositorio.ufsc.br/handle/123456789/117227>. Acesso em: 22 nov. 2017.

✦ ✦ ✦

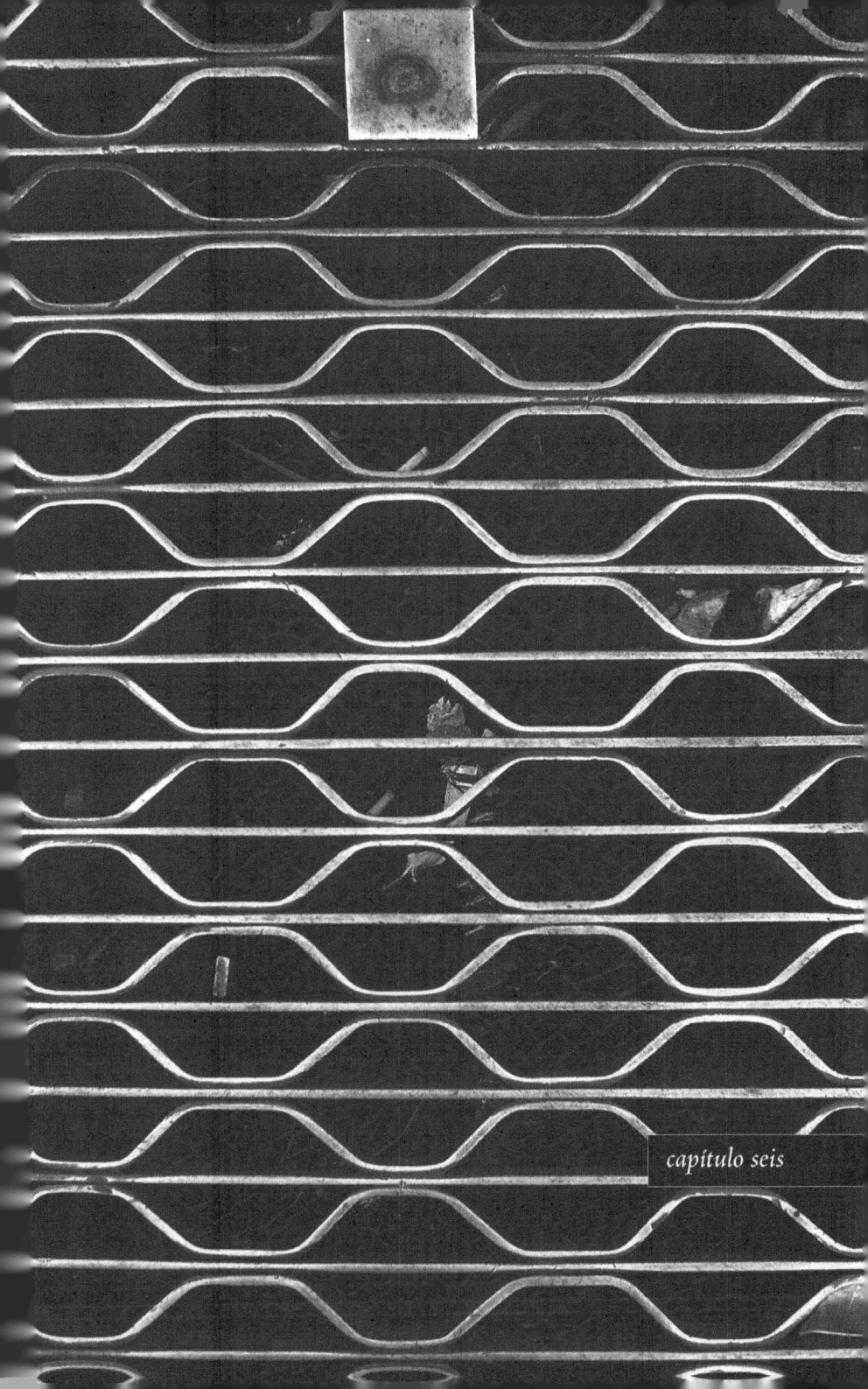

*capítulo seis*

# Gestão dos recursos hídricos e saneamento em áreas urbanas no Brasil

## Conteúdos do capítulo:

+ Saneamento básico: o cenário nas cidades brasileiras.
+ Métodos aplicados na avaliação de perdas reais.
+ Evolução global do setor.
+ Controle de inundação.
+ A experiência recente no Brasil na regulação pública dos recursos hídricos e saneamento.

## Após o estudo deste capítulo, você será capaz de:

1. relacionar os diferentes conceitos e práticas aplicadas na gestão dos recursos hídricos e do saneamento de áreas urbanas;
2. indicar métodos de avaliação e diagnósticos aplicados ao saneamento básico;
3. identificar elementos que evidenciem a evolução do setor;
4. determinar os principais elementos que agravam as enchentes em áreas urbanas e os problemas associados;
5. apontar leis e suas contribuições para a regulação pública dos recursos hídricos e saneamento.

Neste capítulo, vamos abordar temas como a gestão dos recursos hídricos e do saneamento em áreas urbanas, além de tratar de indicadores como consumo médio *per capita*, perda de água na distribuição, métodos de avaliação e diagnóstico aplicado no saneamento, evolução do setor, controle de inundação e boas práticas.

## 6.1 Saneamento básico: o cenário nas cidades brasileiras

Para a discussão deste cenário é de suma importância que consideremos as informações disponibilizadas pelo Sistema Nacional de Informações sobre Saneamento (SNIS). Este é o mais relevante sistema de informações do setor de saneamento no país, pois conta com uma base de dados sobre serviços de água, esgotos e manejo de resíduos sólidos urbanos em quase todo o território nacional.

Todos os dados coletados são disponibilizados uma vez por ano pelos prestadores de serviços. A estrutura desse sistema é composta por dois componentes: Água e Esgotos (SNIS-AE) e Resíduos Sólidos (SNIS-RS), e todos os seus indicadores têm propósito operacional, gerencial, financeiro e de qualidade (Brasil, 2017a).

Esse sistema foi criado em 1996 pelo governo federal, com o propósito inicial de coletar informações sobre serviços de água e/ou esgotos, entretanto, apenas em 2002, os dados sobre resíduos sólidos passaram a ser considerados. O SNIS, atrelado à Secretaria Nacional de Saneamento Ambiental (SNSA) e ao Ministério das Cidades, tem como objetivos principais (Brasil, 2017a):

- gestão e aplicação de políticas públicas de saneamento;
- auxílio na aplicação de recursos;
- diagnóstico do setor de saneamento;
- avaliação de desempenho dos serviços prestados;

- melhorias na gestão;
- auxílio de atividades regulatórias e de fiscalização; e
- implementação do controle social.

O SNIS disponibiliza seus relatórios anualmente ao público em geral e de forma gratuita. Os diagnósticos sobre os serviços de saneamento básico são divididos em dois relatórios: *Diagnóstico dos Serviços de Água e Esgotos* e *Diagnóstico do Manejo de Resíduos Sólidos Urbanos* (UNB, 2017)

> Nos anos de 2001 a 2004, o SNIS também publicou a série Visão Geral da Prestação dos Serviços de Água e Esgotos, constituída de um extrato dos textos dos Diagnósticos. Para auxiliar a compreensão dos termos, definições e equações adotadas pelo SNIS, são disponibilizados também os Glossários de Informações e de Indicadores. Finalmente, para facilitar a consulta aos dados do SNIS, existe o aplicativo SNIS – Série Histórica, com o qual podem-se visualizar de forma rápida e fácil os dados do SNIS a partir de consultas personalizadas a critério do usuário. (UNB, 2017)

Esses dois documentos se configuram em uma importante ferramenta de gestão para a Administração Pública, uma vez que essas temáticas têm forte impacto para a sustentabilidade urbana.

Cabe ressaltar que o SNIS é o maior e mais significativo sistema de informações na área de saneamento no país, compondo um importantíssimo banco de dados sobre o setor. Entre os seus vários objetivos estão o suporte para planejamento e execução de políticas públicas; e a disponibilização de indicadores para avaliação e comparação de desempenho na prestação de serviços (UNB, 2017).

## Estudo de caso

De acordo com o *Diagnóstico dos Serviços de Água e Esgotos* – 2014:

> Em 2014, o SNIS apurou informações sobre abastecimento de água em 5.114 municípios com população urbana de 168,0 milhões de habitantes, assegurando uma representatividade de 91,8% em relação ao total de municípios e de 98,0% em relação à população urbana do Brasil. Para esgotamento sanitário, a quantidade de municípios que conta com esse serviço é de 4.030 e a população urbana de 158,5 milhões de habitantes, uma representatividade de 72,4% em relação ao total de municípios e de 92,5% em relação à população urbana do Brasil. (Brasil, 2016a)

A Tabela 6.1 apresenta uma análise evolutiva para alguns indicadores entre os anos 2013 e 2014.

Tabela 6.1 – Comparação entre os anos 2013 e 2014 para ligação de ramais prediais

| Ano | Extensão de rede (km) | Ramais prediais (Milhões) | Tipo | Aumento Ramais |
|---|---|---|---|---|
| 2013 |  | 49,6 | Água |  |
| 2014 | 586,2 | 51,6 | Água | 4% |
| Ano | Extensão de rede (km) | Ramais prediais (Milhões) | Tipo | Aumento Ramais |
| 2013 |  | 26,4 | Esgoto |  |
| 2014 | 270,7 | 27,6 | Esgoto | 4,7% |

Fonte: Elaborado com base em Brasil, 2016a; Brasil, 2014.

O relatório apresentou que a população urbana alcançada por redes de água foi de 156,4 milhões, o que demonstra um aumento de 2,4 milhões de pessoas atendidas, ou seja, 1,5% maior em comparação com 2013, uma vez que a média do atendimento do país é 93,2%, com 97,3% para a região Sul, seguida do Sudeste, com 96,8%, e do Centro-Oeste, com 96,7% (Brasil, 2016a). Considerando o alcance das redes de esgotos, a população urbana atendida foi 96,8 milhões, um aumento de 3,5 milhões pessoas em relação a 2013, com uma taxa de crescimento de 3,7%. A média de atendimento nas áreas urbanas no país é de 57,6%, com destaque para a região Sudeste, com 83,3% (Brasil, 2016a).

Tabela 6.2 – Caracterização global dos sistemas de água e esgotos do SNIS em 2014

| Informação | Unidade | Valor |
|---|---|---|
| População total atendida com abastecimento de água (AG001) | Hab. | 163.236.203 |
| Quantidade de ligações de água (AG021) | Unid. | 51.604.335 |
| Quantidade de economias residenciais ativas (AG013) | Unid. | 53.784.040 |
| Extensão da rede de água (AG005) | km | 586.170 |
| Volume de água produzido (AG006) | Mil m³ | 15.991.238 |
| Volume de água consumido (AG010) | Mil m³ | 10.132.306 |
| População total atendida com esgotamento sanitário (ES001) | Hab. | 98.006.500 |
| Quantidade de ligações de esgotos (ES009) | Unid. | 27.628.416 |
| Quantidade de economias residenciais ativas (ES008) | Unid. | 31.419.324 |
| Extensão da rede de esgotos (ES004) | km | 270.661 |
| Volume de esgoto coletado (ES005) | Mil m³ | 5.357.051 |
| Volume de esgoto tratado (ES006) | Mil m³ | 3.763.851 |

Fonte: Adaptado de Brasil, 2016a, p. 14.

Porém, quando analisado o tratamento dos esgotos, percebemos uma redução ainda maior, com um índice médio de 40,8% para o total produzido e de 70,9% para os esgotos coletados. Para as duas situações, a região Centro-Oeste, apresenta o melhor cenário, com 46,4% e 91,1%, respectivamente. Cabe evidenciar que o volume de tratamento pulou de 3,624 bilhões de m³ em 2013 para 3,764 bilhões de m³ no ano seguinte, apresentando uma taxa de crescimento de 3,9% (Brasil, 2016a).

Tabela 6.3 – Nível de atendimento de água e esgoto, segundo regiões

| Região | Índice de atendimento com rede | | | | Índice de tratamento de esgotos (%) | |
|---|---|---|---|---|---|---|
| | Água | | Coleta de esgotos | | Esgotos gerados | Esgotos coletados |
| | Total | Urbano | Total | Urbano | Total | Total |
| | ($IN_{055}$) | ($IN_{023}$) | ($IN_{056}$) | ($IN_{024}$) | ($IN_{046}$) | ($IN_{016}$) |
| Norte | 54,5 | 67,8 | 7,9 | 9,9 | 14,4 | 78,2 |
| Nordeste | 72,9 | 89,5 | 23,8 | 31,1 | 31,4 | 78,5 |
| Sudeste | 91,7 | 96,8 | 78,3 | 83,3 | 45,7 | 65,4 |
| Sul | 88,2 | 97,3 | 38,1 | 44,4 | 36,9 | 84,1 |
| Centro-Oeste | 88,9 | 96,7 | 46,9 | 51,7 | 46,4 | 91,1 |
| Brasil | 83,0 | 93,2 | 49,8 | 57,6 | 40,8 | 70,9 |

Fonte: Adaptado de Brasil, 2016a, p. 24.

Quanto ao consumo de água, houve uma pequena redução de 2,6% em comparação com o ano de 2013. O consumo médio apresentado era de 162 litros por pessoa ao dia, porém com fortes variações regionais – de 118,9 L/hab.dia no Nordeste a 187,9 L/hab.dia no Sudeste. Cabe lembrar que o sistema de distribuição de esgoto no Brasil tem muitas deficiências, o que promove perdas que chegam a 36,7% na média nacional. A melhora nesse índice foi de apenas 0,3% menor comparado a 2013 (Brasil, 2016a).

A dimensão desses serviços diante da economia chegou a R$ 99,7 bilhões em 2014, com investimentos que não ultrapassaram R$ 12,2 bilhões e despesas operacionais de R$ 42,4 bilhões. No montante investido, a maior parte vai para o esgotamento sanitário, com 46% do total. Esse setor gerou, em 2014, 864,7 mil empregos (Brasil, 2016a).

Quanto ao sistema de saneamento no país, é importante compreender os aspectos regionais, assim como as diferenças na prestação desses serviços. Em relação à coleta de esgoto, os índices de atendimento em áreas urbanas apresentam uma variação de menos de 10% a 79% da população com alcance desse serviço. Os piores índices são para os estados do Amazonas, Pará, Rondônia e Amapá. Os dados levantados demonstram que o atendimento urbano por rede coletora de esgotos em 1.414 municípios teve um indicador acima de 70% em 2014, com 117 cidades a mais que no ano anterior; 350 cidades entre 40% a 70%; 242 cidades entre 20% a 40%; 145 cidades entre 10% a 20%; e 180 cidades abaixo de 10% quando comparadas ao ano de 2013. Em um total de 2.331 cidades, no ano de 2013 houve um aumento de 118 municípios quanto à oferta de rede coletora de esgoto (Brasil, 2016a).

Outro aspecto importante no planejamento urbano é a disponibilização e uso da água em áreas urbanas. O consumo médio por pessoa desse recurso é definido, no SNIS, como a quantidade de água consumida exceto o volume exportado, dividido pela população que usufrui desse serviço, ou seja, refere-se ao consumo médio diário, mesmo que a utilização da água seja para atender demandas domésticas, comerciais, pública e industrial. É um dado extremamente importante, pois toma como base as projeções de demanda, assim como o dimensionamento de sistemas de água e de esgotos, além de outros mecanismos de controle operacional (Brasil, 2016a).

Essa informação possibilita estabelecer parâmetros de referência, uma vez que o SNIS utilizou uma amostra bastante representativa. Contudo, é necessário ter cuidado com o uso desses parâmetros, pois as diferenças regionais podem exigir adequações nos valores médios para evitar erros de interpretação (Brasil, 2016a).

Citamos como exemplo o que acontece historicamente no Estado do Rio de Janeiro. Os dados observados pelo SNIS, quanto ao consumo médio de água por pessoa, apresenta um alto consumo quando comparado com os demais estados brasileiros. Em 2014, o consumo foi de 250,8 L/hab.dia, com uma média 33,5% superior à média da Região Sudeste e 54,9% superior à média do Brasil. Uma explicação para esse cenário é que, nessa região, são realizados baixos índices de medição, o que representa que a maior parte do consumo foi mensurada por estimativa, gerando imprecisão nos dados. Conforme o levantamento realizado pelo SNIS em 2014, o índice de medição do volume nesse estado está em torno de 38,5%, enquanto no país é de 52,8%. Corroborando esse quadro, o índice de hidrometração das ligações de água está em torno de 66,6% e para o Brasil a média é 91,4% (Brasil, 2016a).

Tabela 6.4 – Consumo per capita de água por região

| Estado/região | $IN_{022}$ (l/hab.dia) média últimos 3 anos | $IN_{022}$ (l/hab.dia) Ano 2014 | Variação Média/2014 |
|---|---|---|---|
| Acre | 164,0 | 184,5 | 12,5% |
| Amazonas | 161,7 | 168,4 | 4,2% |
| Amapá | 176,4 | 135,9 | −22,9% |
| Pará | 149,1 | 142,3 | −4,6% |
| Rondônia | 184,9 | 187,7 | 1,5% |
| Roraima | 149,0 | 152,7 | 2,5% |
| Tocantins | 136,9 | 134,3 | −1,9% |
| Norte | 155,3 | 154,2 | −0,7% |
| Alagoas | 115,9 | 100,8 | −13,0% |
| Bahia | 114,1 | 113,5 | −0,5% |
| Ceará | 128,0 | 129,8 | 1,4% |
| Maranhão | 197,1 | 140,8 | −28,6% |
| Paraíba | 136,7 | 125,2 | −8,4% |
| Pernambuco | 107,0 | 106,1 | −0,9% |
| Piauí | 136,7 | 143,7 | 5,1% |
| Rio Grande do Norte | 11,6 | 113,8 | −2,4% |
| Sergipe | 122,7 | 120,7 | −1,6% |
| Nordeste | 125,3 | 118,9 | −5,1% |

(continua)

*(Tabela 6.4 – conclusão)*

| Estado/região | $IN_{022}$ (l/hab.dia) média últimos 3 anos | $IN_{022}$ (l/hab.dia) Ano 2014 | Variação Média/2014 |
|---|---|---|---|
| Espírito Santo | 193,1 | 198,0 | 2,5% |
| Minas Gerais | 157,5 | 154,1 | −2,1% |
| Rio de Janeiro | 249,3 | 250,8 | 0,6% |
| São Paulo | 186,7 | 179,4 | −3,9% |
| **Sudeste** | **192,2** | **187,9** | **−2,2%** |
| Paraná | 145,1 | 144,9 | −0,2% |
| Rio Grande do Sul | 154,9 | 162,9 | 5,2% |
| Santa Catarina | 154,5 | 153,5 | −0,6% |
| **Sul** | **150,9** | **153,6** | **1,8%** |
| Distrito Federal | 186,4 | 180,5 | −3,2% |
| Goiás | 146,5 | 148,2 | 1,2% |
| Mato Grosso do Sul | 155,5 | 154,8 | −0,4% |
| Mato Grosso | 157,6 | 161,9 | 2,7% |
| **Centro-Oeste** | **158,7** | **158,8** | **0,1%** |
| **Brasil** | **165,3** | **162,0** | **−2,0%** |

Fonte: Adaptado de Brasil, 2016a, p. 32.

## 6.2 As principais causas do desperdício de água

O desperdício de água é um dos principais parâmetros na gestão desse recurso, seja promovido por mau consumo, seja pela perda na distribuição. Esse é um dos mais graves problemas dos sistemas de abastecimento no país – principalmente agora, com o aumento dos períodos de escassez hídrica e dos elevados custos de energia elétrica, sem considerar o impacto financeiro nas empresas prestadoras desses serviços (Brasil, 2016a).

Comparando com a realidade de países com gestão melhor do que a nossa, percebemos que a perda também acontece, porém em dimensões menores. O desperdício desse recurso natural impacta em questões operacionais e de receita do prestador de serviços. Não é incomum que esse custo seja repassado para o consumidor final, e qualquer política que busque uma redução dos custos para a população deve estabelecer mecanismos para minimizar o desperdício (Brasil, 2016a). Um diagnóstico que quantifique e regionalize essas perdas, sem dúvidas, permitirá que os órgãos responsáveis proponham medidas corretivas para melhorar a realidade.

Acreditamos que esse quadro, com índices de desperdício em patamares muito superiores do que em países mais desenvolvidos, tenha sido fomentado pelo equívoco de uma oferta de água permanente, o que determinou que o montante principal de recursos arrecadados fosse para obras de ampliação da infraestrutura de abastecimento de água em vez de ser destinado a melhorias do sistema.

Mesmo que tais prioridades tenham superado desafios imediatos, a médio e longo prazos essa estratégia mostrou-se insustentável, uma vez que o desperdício encarece consideravelmente o sistema. Aliado a isso, o cenário aponta cada vez mais para uma condição de escassez em períodos mais frequentes.

Basicamente, as perdas acontecem de duas maneiras: podem ser **perdas aparentes** ou **perdas reais**. As primeiras, também conhecidas como *perdas não físicas* ou *comerciais*, referem-se ao volume que foi de fato utilizado pelo consumidor, mas que, por uma razão qualquer, não foi medido, gerando perdas econômicas. As causas mais comuns são problemas ocasionados por falha na medição, como (Brasil, 2016a):

- hidrômetros não operantes ou que apresentam submedição;
- erros de leitura;
- fraudes;
- problema de calibração dos hidrômetros;
- ligações clandestinas;
- falhas no cadastro comercial.

Nessas situações, a água é de fato utilizada, porém não é computada no faturamento. Por outro lado, as **perdas reais**, ou *perdas físicas*, estão associadas ao montante de água alocado para distribuição que não chega aos consumidores. Os principais motivos para isso são vazamentos em adutoras, nas redes, nos ramais, nas conexões ou nos reservatórios, que normalmente são ocasionados pelo excesso de pressão, principalmente em locais com bastante variação topográfica, além da água utilizada para lavagem dos filtros das estações de tratamento. Aumentam muito o risco de que essas perdas ocorram: a qualidade dos materiais utilizados, o envelhecimento das tubulações, as falhas na mão de obra e a ineficácia no monitoramento (Brasil, 2016a). Ainda segundo o SNIS,

> Ainda que haja iniciativas para uniformizar as terminologias relacionadas às perdas de água – como aquelas desenvolvidas pela *International Water Association* (IWA) –, é possível perceber que ainda não se logrou uma linguagem técnica absolutamente comum, seja entre os diversos países, seja entre os diversos prestadores de um mesmo país. Essas iniciativas abrem espaço para ações de *benchmarking*, ou seja, a comparação entre diversos prestadores que atuam em realidades diferentes.
>
> Por isso, considerando a limitação terminológica apontada no parágrafo anterior, alguns países do mundo, como, por exemplo, a Alemanha e o Japão, conseguiram reduzir suas perdas para aproximadamente 10%, enquanto que países como a Austrália e Nova Zelândia conseguiram romper o patamar inferior a 10%. A média do Brasil tem diminuído ao longo dos anos e situa-se, atualmente, no patamar dos 37%. (Brasil, 2016a, p. 34-35)

O maior volume de perda de água disponibilizada no abastecimento público ocorre na distribuição, mais especificamente em decorrência de problemas nos ramais. Uma maneira de fazer esse levantamento e obter a dimensão aproximada da perda é pela relação entre o volume da água distribuída, medido na saída da concessionária, e o volume de água consumida ou faturada, conforme leitura dos hidrômetros, de acordo com os seguintes índices (Brasil, 2016a):

- **índice de perdas de faturamento:** volume faturado/volume de água distribuído.
- **índice de perdas na distribuição:** volume consumido/volume de água distribuído.

Para essas duas situações, o cenário ideal acontece quando o resultado aproxima-se de 1. Para as perdas na distribuição, os valores podem ser trabalhados em três situações diferentes (Brasil, 2016a):

1. em percentual – índice de perdas na distribuição;
2. em litros por ligação/dia – índice de perdas por ligação;
3. em metros cúbicos/quilômetro de rede ao dia – índice bruto de perdas lineares.

O que percebemos com os dados obtidos é que a gestão atual para recursos hídricos e saneamento ainda apresenta deficiências muito elevadas, o que torna mais urgente que os prestadores de serviços aperfeiçoem sua gestão. É necessário atuar com sustentabilidade na prestação desse serviço, modernizar o sistema e qualificar os trabalhadores, entre outras melhorias. Um dos primeiros e mais importantes passos é o gerenciamento das perdas, que pode ser feito adotando os passos a apresentados a seguir. A proposta de ações contínuas de redução e controle de perdas possibilita ganhos a curto, médio e longo prazos (Brasil, 2016a).

Os passos para calcular a perda de água no sistema de abastecimento, segundo o *Diagnóstico dos Serviços de Água e Esgotos* (Brasil, 2016a), são os seguintes:

- **Etapa 1** – Calcular o volume de água que entra no sistema. Para isso, é necessário obter o levantamento de todas as fontes e quantidades de água.
- **Etapa 2** – Calcular todos os volumes relacionados ao consumo autorizado faturado e não faturado, obtendo o consumo autorizado.

- **Etapa 3** – Calcular perdas pela diferença entre a água que entra no sistema pelo consumo autorizado.
- **Etapa 4** – Estabelecer estimativas para o nível de submedição e valores consumidos por ligações clandestinas.
- **Etapa 5** – Obter as perdas reais subtraindo-as das perdas aparentes.
- **Etapa 6** – Avaliar as perdas reais aplicando métodos disponíveis.

Essas ações são de grande importância para o desenvolvimento econômico e social brasileiro, uma vez que, a cada ano, a obtenção e a disponibilização desse recurso encarecem e, com a crescente demanda, a otimização do processo passa a ser uma estratégia crucial.

## 6.3 Métodos aplicados na avaliação de perdas reais

A obtenção desses dados é muito importante, pois permite a realização de diagnósticos sobre a quantidade de água consumida em relação à tratada. Dados de perda no sistema são utilizados para a tomada de decisão, no que se refere à necessidade de manutenção e ao custo do serviço prestado, por exemplo.

### Método da vazão mínima noturna

Esse método consiste em apurar a variação dos consumos de água no sistema ao longo do dia. É comum que o maior consumo ocorra entre 11h e 14h, e o menor, entre 3h e 4h. A vazão desse consumo mínimo é chamada *vazão mínima noturna* e pode ser obtida com equipamentos de medição de vazão e pressão, após o fechamento dos registros do perímetro do subsetor de análise. Esse procedimento determina as vazões do sistema no período em que a população utiliza menos água, uma vez que torneiras, chuveiros, entre outros mecanismos, estão fechados, o que faz que os vazamentos aumentem pelo aumento da pressão na tubulação (Tardelli Filho, 2004).

Para identificar possíveis falhas operacionais no abastecimento por meio desse método, foi estabelecido o fator de pesquisa (FP), que é obtido pela Equação 6.1:

$$\text{Fator de pesquisa} = \frac{\text{vazão mínima noturna}}{\text{vazão média diária}} \times 100 \quad (6.1)$$

Quanto mais o FP se aproxima de 1, maior a possibilidade da presença de vazamentos. Convencionou-se que, para FP superior a 0,3, o sistema apresenta vazamentos economicamente detectáveis. Cabe ressaltar que não é possível aplicar esse método em sistemas que apresentem intermitência no abastecimento.

## Indicador percentual

Esse indicador é obtido pela relação do volume total perdido, somando perdas reais e aparentes, com o volume total disponível para a distribuição por ano (Tardelli Filho, 2004):

$$\text{Indicador de percentual} = \frac{\text{volume perdido total}}{\text{volume fornecido}} \times 100\% \quad (6.2)$$

O problema de sua aplicação está na incapacidade de distinguir perdas reais das aparentes. Além disso, esse indicador sofre interferência da taxa de consumo, principalmente em abastecimentos intermitentes. Não é eficiente na comparação de desempenho entre diferentes sistemas, uma vez que volumes perdidos idênticos podem gerar outros percentuais.

## Índice de perdas por ramal

É obtido pela divisão entre o volume perdido total anual e o número médio de ramais presentes no sistema de distribuição. Para regiões com baixa ocupação, esse índice pode apresentar valores muito elevados. Por essa razão, recomendamos sua aplicação em áreas que apresentem mais de 20 ramais/km, taxa de boa parte das áreas urbanas. Segue Equação 6.3 para calcular esse índice:

$$\text{índice de perdas por ramal} \Rightarrow \frac{\text{volume perdido anual}}{\text{n. de ramais} \times 365} \, (m^3/\text{ramal} \times \text{dia}) \quad (6.3)$$

Esse índice pode ser aplicado para as perdas reais e aparentes separadamente (Tardelli Filho, 2004).

## Índice de perdas por extensão de redes

Com esse índice, obtemos o volume perdido anual pelo comprimento total da rede de distribuição presente no sistema. Veja a Equação 6.4:

$$\text{índice de perdas por extensão de rede} \Rightarrow \frac{\text{volume perdido anual}}{\text{extensão de rede} \times 365} \, (m^3/\text{km} \times \text{dia}) \quad (6.4)$$

É recomendado para taxas inferiores a 20 ramais/km (Brasil, 2016a).

## Índice infraestrutural de perdas

Esse índice é o mais atual para mensurar desempenho de perdas reais. Além disso, é adimensional, o que favorece comparações entre países que aplicam unidades de medição diferentes. Em inglês é definido como *Infrastructure Leakage Index* (ILI) e seu valor é obtido pela diferença entre perdas reais anuais e perdas inevitáveis anuais, conforme Equação 6.5 (Tardelli Filho, 2004):

$$\text{índice infraestrutural de perdas} = \frac{\text{perdas reais anuais}}{\text{perdas inevitáveis anuais}} \quad (6.5)$$

As perdas reais inevitáveis são obtidas pela aplicação da Equação 6.6 (Tardelli Filho, 2004):

$$\text{perdas reais inevitáveis} = (18 \times Lm + 0{,}8 \times Nc + 25 \times Lp) \times P (L/dia) \quad (6.6)$$

Em que:
Lm = comprimento da rede (km);
Nc = número de ramais;
Lp = extensão entre a testada do imóvel e o hidrômetro (km);
P = pressão média de operação (mca).

A aplicação do índice ILI permite verificarmos a qualidade da infraestrutura de rede da companhia de saneamento. Segue como ilustração uma matriz-alvo reproduzida para redução de perdas em países desenvolvidos e em desenvolvimento. Nela constam o nível do ILI esperado e perdas reais em (litros/ramais × dia), estabelecidos para cinco níveis de pressão de rede (Tardelli Filho, 2004).

*Tabela 6.5 – Perdas reais em sistemas pressurizados*

| Categoria de performance | | ILI | Perdas reais (litros/ramais × dia) em sistemas pressurizados com uma média de pressão | | | | |
|---|---|---|---|---|---|---|---|
| | | | 10 m | 20 m | 30 m | 40 m | 50 m |
| Países desenvolvidos | A | 1-2 | | <50 | <75 | <100 | <125 |
| | B | 2-4 | | 50-100 | 75-150 | 100-200 | 125-250 |
| | C | 4-8 | | 100-200 | 150-300 | 200-400 | 250-500 |
| | D | >8 | | >200 | >300 | >400 | >500 |
| Países em desenvolvimento | A | 1-4 | <50 | <100 | <150 | <200 | <250 |
| | B | 4-8 | 50-100 | 100-200 | 150-300 | 200-400 | 250-500 |
| | C | 8-16 | 100-200 | 200-400 | 300-600 | 400-800 | 500-1000 |
| | D | >16 | >200 | >400 | >600 | >800 | >1000 |

Fonte: Brasil, 2016a.

No Brasil, até 2014, o valor médio de perda de água estava em torno de 36,7%, o que é 0,3% menor que o ano de 2013 (Brasil, 2016a). Muitos dos estados, como Rio de Janeiro, por exemplo, não vêm conseguindo obter resultados na redução desse índice nos anos de 2015, 2016 e 2017, principalmente porque não investem adequadamente em infraestrutura e em manutenção (Brasil, 2016a).

## 6.4 Evolução global do setor

São vários os indicadores que devem ser considerados para verificar a condição atual e perspectiva de evolução para o saneamento. Para essa tarefa, são empregados modelos simplificados e outros mais complexos. Para o SNIS (Brasil, 2016a), alguns dados pertinentes são obtidos pelo levantamento de informações como: investimentos totais realizados, extensão da rede de água e esgoto e economias residenciais ativas de água e esgoto. Dentro dos diagnósticos realizados segue os índices aplicados com mais frequência (Brasil, 2016a):

- índice de suficiência de caixa;
- índice de produtividade de pessoal total;
- índice de hidrometração;
- índice de macromedição;
- índice de perdas na distribuição;
- índice de atendimento da população total com água;
- índice de atendimento da população total com coleta de esgotos;
- índice de tratamento dos esgotos gerados;
- consumo médio *per capita* de água;
- despesa total com os serviços por m³ faturado; e
- tarifa média praticada.

### Para refletir

Os indicadores apresentados possibilitam uma avaliação global de desempenho da prestação dos serviços de água e esgotos. Nos diagnósticos realizados no período entre dezembro de 2004 e dezembro de 2014, observou-se que a maioria dos indicadores mostrou desempenho positivo, com evolução em percentual entre 3% a 293%. Contudo, o índice de macromedição decresceu em 3,7%.

As soluções para os problemas de saneamento podem ser obtidas tanto por projetos individuais como coletivos, privados ou públicos.

Normalmente, as soluções coletivas são implantadas nas áreas urbanas e rurais que apresentam densidade populacional elevada. Em situações como essa, os custos de implantação e operação são rateados entre a população que utiliza esses serviços. As soluções individuais costumam ser aplicadas em regiões com população dispersa e têm como foco especificamente cada residência, e os custos são individualizados. Quanto ao abastecimento de água, as soluções individuais paliativas são: carro-pipa; chafariz, bica ou mina; cisterna; açude; poço raso; poço profundo; entre outros. Em situações como essas, cabe ressaltar que o Plano Nacional de Saneamento Básico (PNRH) considera como serviço adequado para abastecimento de água, para soluções individuais, o poço com água potável, nascente ou cisterna, desde que apresente canalização interna, sem interrupções (Brasil, 2016a).

## 6.5 Controle de inundação

As inundações e enchentes em áreas urbanas tornam-se frequentes em razão do crescimento urbano não criterioso, com aumento de áreas impermeabilizadas e ocupadas com redes pluviais, aterros, pontes, construção de vias e imóveis e o consequente aumento do volume de resíduos, que dificultam ou impedem a drenagem e o escoamento natural. Os impactos da ação humana não planejada sobre a estrutura urbana aumentam os impactos dos fatores naturais nessas áreas.

*Figura 6.1 – Desenho esquemático dos conceitos de inundação e enchente*

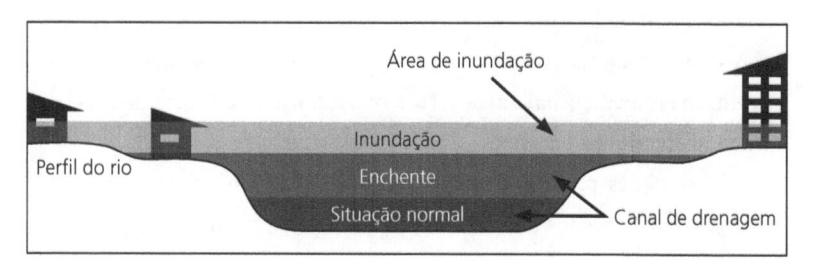

Fonte: Adaptado de Blainski, 2009.

Observe esses dois conceitos no quadro a seguir.

> ♦ **Inundação:** Pode ser provocada por uma precipitação que não foi suficientemente drenada pelo solo, assim como por outras formas de escoamento, como abertura ou rompimento de barragens, provocando transbordamentos.
>
> ♦ **Enchente ou cheia:** Normalmente, ocorre em razão de uma condição natural de transbordamento de água do seu leito natural, de rios, córregos, arroios, lagos, ribeirões, associada a chuvas intensas e contínuas. (Rios et al., 2002)

No Brasil, as inundações ocorrem com frequência anual, atingindo, com mais intensidade, as cidades das regiões Sul e Sudeste, principalmente em decorrência das condições climáticas e de relevo, porém os riscos são agravados em áreas com ocupação irregular, urbanização em regiões não adequadas e ausência ou péssima infraestrutura de drenagem.

O que sabemos é que a política de controle das inundações enfrenta diversas barreiras institucionais, como a realocação de comunidades inteiras, retirando-as de regiões de riscos, e a própria dinâmica de crescimento das cidades, em que critérios econômicos suplantam os técnicos e ambientais. O planejamento das cidades para os riscos de inundação é ineficiente, o que impede a gestão integrada das águas e enfraquece o sistema de alerta brasileiro. Nessa condição, cada tragédia que ocorre por conta das chuvas é tratada como se fosse uma primeira ocorrência, pois pouco aprendemos com as experiências anteriores, a exemplo dos acontecimentos em algumas cidades dos estados de Santa Catarina e do Rio de Janeiro, em que as situações se repetem anualmente e as medidas tomadas estão sempre aquém do que deveriam.

A análise dos impactos e consequências da inundação em áreas urbanas inclui aspectos sociais, ambientais e econômicos determinantes, como a insuficiente educação ambiental da sociedade, favorecendo a produção e o manejo inadequados dos resíduos domésticos e industriais; a impermeabilização do solo, devido à construção não criteriosa de calçadas, vias, imóveis e áreas públicas; a arborização insuficiente nas áreas urbanas; o crescimento desordenado das cidades, em detrimento do Plano Diretor, e agravado pela insuficiente fiscalização; falha na estrutura e nos serviços de saneamento; problemas significativos na gestão das águas e do clima; soluções paliativas de problemas de moradia e mobilidade urbana.

O Brasil tem sofrido com tragédias provocadas pelas fortes chuvas e registra os seguintes dados: Santa Catarina, em 2009, com 130 mortes e 78 mil pessoas desabrigadas; Morro do Bumba, Niterói, em 2010, com 168 mortes e cerca de 7 mil famílias desabrigadas; Baixada Fluminense e região de Angra dos Reis (RJ), em 2010, com 53 mortes e mais de 70 famílias desabrigadas; e região serrana do Rio de Janeiro, em 2011, com mais de 900 mortes e 345 desaparecidos (Carneiro, 2013).

*Figura 6.2 – Inundação e enchente*

de regulação e fiscalização do uso e da ocupação do solo para acesso e moradia; a sistemas antigos ou ineficientes de drenagem; à insuficiência ou inexistência de controles de inundações; à falta de integração entre União, estados e municípios para a gestão dos recursos hídricos, do solo e do clima.

O Observatório das Metrópoles – do Instituto Nacional de Ciência e Tecnologia (INCT) – analisa as inundações e enchentes nas regiões metropolitanas brasileiras e propõe a mobilização nacional para o aprimoramento dos sistemas de alerta, a ampliação da capacidade de escoamento das bacias pluviais e a aplicação de critérios de ocupação e uso adequados do solo, entre outros aspectos implicados nesses eventos. Para tanto, torna-se indispensável aplicar o conhecimento científico das áreas ambiental, social e econômica, de forma integrada (Observatório das Metrópoles, 2017).

Tavares (2009) mostra que o saber científico contribui para o aprimoramento de sistemas de alertas, apontando padrões de recorrência das chuvas e situando os eventos no tempo e no espaço. Segundo ele,

> A precipitação pluviométrica, ou chuva, tem sido o elemento do clima que provoca as transformações mais rápidas na paisagem no meio tropical e subtropical, sobretudo durante o verão, em episódios de chuvas concentradas (**chuvas intensas ou aguaceiros**), que ocorrem anualmente. Não raras vezes resultam em tragédias, principalmente nas grandes cidades e zona costeira. (Tavares, 2009, p. 120, grifo do original)

Adotar o conhecimento científico de forma integrada significa tratar um maior número possível de variáveis que compõem o fenômeno em análise e promover ações interdisciplinares. Vale reafirmar que as ações para prevenção e solução de problemas decorrentes das inundações e enchentes serão eficazes se integrarem municípios, estados e União na gestão das cidades.

*Figura 6.3 – Lago do Parque Barigui (Curitiba – PR)*

*Priscila Forone/Gazeta do Povo/Futura Press*

As tragédias relacionadas à inundação e à enchente estão associadas, muitas vezes, à ocupação indevida do solo – de encostas, por exemplo, cuja geomorfologia não é adequada para a construção de moradias. No Morro do Bumba, no Estado do Rio de Janeiro, a tragédia afetou moradias e moradores numa área antes usada para deposição do lixo, onde o solo não era compactado. Esse motivo, aliado à grande concentração do gás metano, gerado pela decomposição dos resíduos, tornou a área imprópria para a construção de moradias. Esse evento, como outros similares, envolve o Poder Público como corresponsável, uma vez que dá aval para a ocupação (Carneiro, 2013).

Na história do Rio de Janeiro e de Santa Catarina, assim como em outros estados, há inúmeros casos de deslizamentos de encostas em virtude de chuvas e, apesar disso, o Poder Público ainda trata os impactos e as consequências da chuva forte e persistente de forma improvisada, portanto ineficiente. A falta de visão sistêmica dos gestores públicos é evidente quando observamos as medidas de controle de inundações e de cheias, as quais não se restringem ao escoamento das águas, mas envolvem todo o conjunto de fatores que compõe os fenômenos da inundação e da enchente ligados aos processos de urbanização (Carneiro, 2013).

Soluções adotadas em determinado período perdem seu efeito devido ao crescimento das cidades, à migração, à mudanças na vocação produtiva local e às mudanças climáticas que ocorrem devido a alterações no cenário da cidade ou região. Por essa razão, o planejamento e a ação de manejo desses fenômenos devem ser revistos e aperfeiçoados periodicamente, por meio de análise da própria experiência, do conhecimento científico e da adoção de métodos validados em cenários idênticos (Carneiro, 2013).

O pesquisador Paulo Roberto Ferreira Carneiro (2013) exemplifica essa afirmação com o caso da Baixada Fluminense, local onde foram construídos diques para aumentar a capacidade de contenção de água da chuva para que não fosse extravasada para as áreas marginais. Tal solução, utilizada entre as décadas de 1930 e 1960, perdeu sua eficácia na década de 1970, com a intensificação da migração para o Rio de Janeiro e a perda da vocação agrícola para a urbanização, com o aumento de área impermeabilizada e o consequente aumento dos efeitos das chuvas recorrentes. O Poder Público trata o uso do solo, dos recursos hídricos e do controle de cheias separadamente, como fenômenos isolados, o que torna ineficiente a base de dados de monitoramento das chuvas e dos eventos extremos.

Com base no conhecimento e na experiência em medições hidrológicas, é possível elaborar projeções estatísticas para identificar eventos pluviométricos, ou seja, prever a recorrência das chuvas. Com isso, é possível melhorar o planejamento urbano, considerando possíveis eventos futuros e impactos. Entretanto, cabe ressaltar que, nesse prognóstico, deve ser considerado um maior número possível de variáveis que interferem ou determinam a magnitude dos impactos da recorrência, como a dinâmica humana na cidade e fatores que compõem o cenário urbano, como estado do solo, produção e manejo de resíduos, plano viário e imobiliário, estado das redes de escoamento, entre outros.

A insuficiência de políticas públicas para os setores de saneamento, habitação, de ocupação do solo e gestão de risco agrava significativamente o controle de inundações. A produção crescente de resíduos urbanos, a ocupação de áreas de risco, a preservação por moradias irregulares, a análise precária, o manejo incorreto do solo e a inexistência de um sistema de prevenção, previsão e alerta tornam o fenômeno de inundação um forte gerador de perdas humanas, econômicas, financeiras e ambientais.

É sabido que, em muitos países em que ocorrem eventos naturais de grandes magnitudes, são adotados e aperfeiçoados sistemas que informam a previsibilidade de inundação, com diversos procedimentos de análise: para salvar vidas e retirar pessoas de áreas de risco, para proteção da fauna e flora nativas, para aumentar o nível de segurança da população, diminuindo assim os impactos da inundação (Observatório das Metrópoles, 2017).

Conforme o pesquisador Paulo Roberto Ferreira Carneiro, a "Defesa Civil no Brasil entra no final do processo para retirar as pessoas de enchentes e de situações extremas, não atua em fases anteriores por não dispor dos instrumentos necessários" e por que não possui um sistema que abranja as fases de previsão, prevenção e manejo de desastres ambientais, integrando outros órgãos da gestão pública municipal, estadual e federal à Defesa Civil para viabilizar ações preventivas e corretivas, a fim de que parte da tragédia possa ser evitada (Carneiro, 2013).

Um plano de controle de inundações deve considerar a bacia hidrográfica e seu entorno, envolvendo todo cenário regional no planejamento e com ações integradas, pois a natureza age sistemicamente e, por isso, um fenômeno em determinada cidade afeta, de algum modo, as demais cidades da região. Além disso, chuvas constantes ou intensas numa área alteram o estado do solo, gerando, pelo efeito multiplicador, alterações no solo de áreas vizinhas. Por essa razão, todo plano de controle de inundação deve sempre ser regional (Carneiro, 2013).

*Figura 6.4 – Inundação em trecho da BR 476, no Bairro Parolin (Curitiba – PR)*

O gerenciamento urbano dos recursos hídricos deve estar integrado com os demais fatores que compõem o Plano Diretor da cidade. Tucci (2004) propõe uma gestão integrada que envolva a proteção de mananciais, a coleta e o tratamento dos esgotos sanitários, a coleta e a disposição dos resíduos sólidos, a drenagem urbana, as inundações ribeirinhas e o uso do solo, considerando-se esses fatores o núcleo central do Plano de Desenvolvimento Urbano, como apresentado na Figura 6.5.

*Figura 6.5 – Visão integrada do planejamento da água no ambiente urbano*

Fonte: Adaptado de Tucci, 2004, p. 66.

Um conceito que vem ganhado força na gestão das cidades é o de **desenvolvimento urbano de baixo impacto**, com o intuito de propor medidas e contribuir com inovações para preservar o ciclo hidrológico natural. Ações nessa esfera estão cada vez mais comuns, como a engenharia de pavimentação, que aplica concretos e capeamentos em ruas permeáveis para reduzir o escoamento superficial. Outras medidas que estão ganhado espaço é o armazenamento de água nas residências particulares por meio de cisternas, telhados verdes e reservatórios subterrâneos, aplicando práticas de reuso da água em edificações urbanas.

O conceito de desenvolvimento urbano de baixo impacto inspira a criação de projetos inovadores de drenagem urbana, a renaturalização de nascentes, rios e córregos e a construção de parques fluviais orientados para a desocupação das áreas de preservação permanente (APP), protegendo suas características naturais.

Como exemplo temos o trabalho de recuperação de minas de água e nascentes de rios realizado no Estado de Paraná:

> A iniciativa teve início em 2004, no Oeste paranaense, e já beneficiou mais de 70 municípios em 11 Estados. Somente no ano passado, foram recuperadas mais de 1 mil nascentes em quatro Estados: Paraná, Goiás, Santa Catarina e Alagoas. O grande diferencial do Água Viva é seu efeito multiplicador, pois o trabalho de recuperação das minas d'água envolve toda a comunidade do seu entorno. [...] A Coopavel, por meio da Universidade Coopavel (Unicoop), disponibiliza profissionais para o desenvolvimento do projeto nas propriedades rurais, o que garante água de qualidade para os produtores e animais. Nestes dez anos, com a recuperação de 8 mil nascentes, 12 mil famílias foram diretamente beneficiadas, em 150 cidades do Brasil e Paraguai, o que gerou 160 milhões de litros de água com qualidade. (SNA, 2014)

> *Para saber mais*
> Sobre o assunto, recomendamos a leitura do livro:
> CARNEIRO, P. R. F.; MIGUEZ, M. G. **Controle de inundações em bacias hidrográficas metropolitanas**. São Paulo: Annablume, 2011.

O controle de inundações, mais do que possibilitar a sustentabilidade urbana, viabiliza a ocupação de determinadas áreas, pois, com o aumento da impermeabilização, há a redução da percolação e dos canais de drenagem, reduzindo a capacidade de recarga do solo, aumentando o volume de água na superfície. Com a urbanização desordenada, espera-se a intensificação dos problemas dessa natureza, assim como aumento de sua frequência nos grandes centros urbanos.

## 6.6 *A experiência recente no Brasil na regulação pública dos recursos hídricos e saneamento*

No Brasil, leis regulam o manejo dos recursos hídricos, de controle da inundação e do saneamento básico. A Lei n. 11.445, aprovada em 5 de janeiro de 2007 (Brasil, 2007a), regulamentou o setor de saneamento básico; a Lei n. 9.433, de 8 de janeiro de 1997 (Brasil, 1997), criou o Sistema Nacional de Gerenciamento de Recursos Hídricos; e a Lei n. 3.239, de 2 de agosto de 1999 (Brasil, 1999a), criou a Política Estadual de Recursos Hídricos.

A Lei das Águas (de Regulação dos Recursos Hídricos no Controle de Inundações) – Lei n. 9.433/1997 – está fundamentada em seis princípios, que constituem a Política de Gerenciamento dos Recursos Hídricos no Brasil.

O primeiro princípio reconhece a água como um bem comum, de domínio público, cuja gestão está subordinada à União e aos estados, conforme estabelecido na Constituição Federal de 1988. O direito de uso da água pelos cidadãos é garantido por meio de outorga pública, uma atribuição exclusiva da União e dos estados. A água, concebida como bem público, não pode se constituir em propriedade privada. Os estados e a União outorgam o seu uso à razão da disponibilidade desse bem e de acordo com normas que definem padrões aceitáveis de uso, proibindo sua comercialização, por exemplo.

O segundo princípio da Lei n. 9.433/1997 reconhece que a água é um recurso natural limitado, dotado de valor econômico e de natureza pública. O seu uso deve estar conforme as bases de sustentabilidade e as normas reguladoras que asseguram sua disponibilidade e o bem-estar da sociedade.

O terceiro princípio faz prevalecer o interesse público em épocas de escassez, devendo-se priorizar o abastecimento para consumo por pessoas e animais.

O quarto princípio determina que a gestão dos recursos hídricos deve respeitar o princípio do Direito, em que todos são iguais perante a lei e, portanto, a todos deve ser dada a possibilidade de acesso ao bem e a todos os cidadãos deve ser assegurada equanimemente a condição de uso da água.

Conforme o quinto princípio, *bacia hidrográfica* é unidade territorial, sujeita à Política Nacional de Recursos Hídricos (PNRH) e ao Sistema Nacional de Gerenciamento de Recursos Hídricos.

O sexto princípio descentraliza a gestão dos recursos hídricos, distribuindo competências e responsabilidade entre a União, os estados e os municípios, envolvendo a comunidade de usuários da água em responsabilidades especificadas nas normas reguladoras.

Nas diretrizes gerais da PNRH, a Lei n. 9.433/1997 orienta a gestão nacional de recursos hídricos quanto:

- à qualidade e quantidade das águas;
- à adequação da gestão aos diversos cenários, em suas características físicas, bióticas, socioculturais, demográficas e econômicas;
- à aplicação entre os fundamentos e práticas da gestão ambiental e do princípio da sustentabilidade;

- à integração entre os setores usuários e os planos regionais, estaduais e nacionais;
- ao uso adequado do solo e à integração de todos esses fatores aos aspectos que compõem a gestão de bacias hidrográficas e ecossistemas costeiros.

Quanto ao controle de inundações urbanas, cabe ao Sistema Nacional de Gerenciamento de Recursos Hídricos integrar as políticas setoriais relacionadas aos recursos hídricos, como a do saneamento básico, de uso, ocupação e conservação do solo e do meio ambiente. Esse processo inclui a Defesa Civil, conforme o que explicita a Política Nacional de Proteção e Defesa Civil – Lei n. 12.608, de 10 de abril de 2012 (Brasil, 2012b).

A Lei n. 12.608/2012 autoriza a criação de sistema de informações e monitoramento de desastres e dá outras providências. A seguir, podemos observar algumas de suas determinações:

> Art. 8º [...]
>
> [...]
>
> IX – manter a população informada sobre áreas de risco e ocorrência de eventos extremos, bem como sobre protocolos de prevenção e alerta e sobre as ações emergenciais em circunstâncias de desastres;
>
> X – mobilizar e capacitar os radioamadores para atuação na ocorrência de desastre;
>
> XI – realizar regularmente exercícios simulados, conforme Plano de Contingência de Proteção e Defesa Civil;
>
> XII – promover a coleta, a distribuição e o controle de suprimentos em situações de desastre;
>
> XIII – proceder à avaliação de danos e prejuízos das áreas atingidas por desastres;

> XIV – manter a União e o Estado informados sobre a ocorrência de desastres e as atividades de proteção civil no Município; [...]. (Brasil, 2012b)

O Sistema Estadual de Gerenciamento de Recursos Hídricos tem em seus objetivos a prevenção e a defesa contra eventos hidrológicos intensos, naturais ou produzidos pela ação humana. Suas diretrizes abrangem avaliação e controle das cheias; prevenção das inundações; estruturas e funcionamento de drenagens; utilização das áreas de várzea; zoneamento das áreas inundáveis e de risco; uso de terras marginais de rios, lagoas, lagunas, de áreas marinhas e de proteção ambiental; e demarcação de áreas federais.

A Lei Federal n. 11.445/2007 regula a drenagem urbana e o saneamento básico. De suas diretrizes, destacamos o conceito de *drenagem urbana* e alguns dos princípios do saneamento básico que compõem a lei.

Essa lei, no art. 3º, alínea "d", rege:

> Art. 3º [...]
>
> [...]
>
> d) drenagem e manejo das águas pluviais, limpeza e fiscalização preventiva das respectivas redes urbanas: conjunto de atividades, infraestruturas e instalações operacionais de drenagem urbana de águas pluviais, de transporte, detenção ou retenção para o amortecimento de vazões de cheias, tratamento e disposição final das águas pluviais drenadas nas áreas urbanas; [...]. (Brasil, 2007)

Dos princípios fundamentais que regulam a prestação de serviços de saneamento básico, destacamos o art. 1º:

Art. 1º [...]

[...]

III – abastecimento de água, esgotamento sanitário, limpeza urbana e manejo dos resíduos sólidos realizados de formas adequadas à saúde pública e à proteção do meio ambiente;

IV – disponibilidade, em todas as áreas urbanas, de serviços de drenagem e de manejo das águas pluviais adequados à saúde pública e à segurança da vida e do patrimônio público e privado;

V – adoção de métodos, técnicas e processos que considerem as peculiaridades locais e regionais;

VI – articulação com as políticas de desenvolvimento urbano e regional, de habitação, de combate à pobreza e de sua erradicação, de proteção ambiental, de promoção da saúde e outras de relevante interesse social, voltadas para a melhoria da qualidade de vida, para as quais o saneamento básico seja fator determinante. (Brasil, 2007a)

Ainda, a Lei n. 11.445/2007, art. 3º, inciso I, considera *saneamento básico* os serviços de

a) abastecimento de água potável: constituído pelas atividades, infraestruturas e instalações necessárias ao abastecimento público de água potável, desde a captação até as ligações prediais e respectivos instrumentos de medição;

b) esgotamento sanitário: constituído pelas atividades, infraestruturas e instalações operacionais de coleta, transporte, tratamento e disposição final adequados dos esgotos sanitários, desde as ligações prediais até o seu lançamento final no meio ambiente;

c) limpeza urbana e manejo de resíduos sólidos: conjunto de atividades, infraestruturas e instalações operacionais de coleta, transporte, transbordo, tratamento e destino final do lixo doméstico e do lixo originário da varrição e limpeza de logradouros e vias públicas;

d) drenagem e manejo das águas pluviais urbanas: conjunto de atividades, infraestruturas e instalações operacionais de drenagem urbana de águas pluviais, de transporte, detenção ou retenção para o amortecimento de vazões de cheias, tratamento e disposição final das águas pluviais drenadas nas áreas urbanas; [...]. (Brasil, 2007a)

*Para saber mais*

BRASIL. Lei n. 11.445, de 5 de janeiro de 2007. **Diário Oficial da União**, Poder Legislativo, Brasília, DF, 8 jan. 2007. Disponível em: <http://www.planalto.gov.br/ccivil_03/_ato2007-2010/2007/lei/l11445.htm>. Acesso em: 22 nov. 2017.

Os princípios da Lei n. 11.445/2007 abrangem e integram o abastecimento de água potável, o esgotamento sanitário, a limpeza urbana e o manejo de resíduos sólidos, a drenagem e o manejo das águas pluviais urbanas, a gestão associada e a ampliação progressiva do acesso de todos os domicílios ocupados ao saneamento básico. Trata-se de um avanço significativo na distribuição de competências e responsabilidade no âmbito da gestão do saneamento básico no Brasil.

A Lei n. 11.445/2007 permite a delegação da organização, da fiscalização e da prestação de serviços de saneamento, segundo o art. 241 da Constituição Federal e da Lei do Consórcio Público – Lei n. 11.107, de 6 de abril de 2005 (Brasil, 2005b). Possibilita a inclusão progressiva e gradual de metas nos serviços, de qualidade, de eficiência e de uso racional da água, da energia e de outros recursos naturais, em conformidade com os serviços contratados.

Essa lei também permite a instituição de fundos em consórcios públicos, com a finalidade de custear, conforme os planos de saneamento, a universalização dos serviços ou a ampliação progressiva do acesso ao saneamento básico por todos os domicílios ocupados (Brasil, 2007a).

No âmbito do consórcio público, para a prestação regionalizada de serviços públicos de saneamento básico, a lei determina que a prestação de serviços cumpra os objetivos e as metas de curto, médio e longo prazos, visando à universalização e à integração com os demais princípios do saneamento básico, e disponha de planos de ação e instrumentos para emergências e contingências e de avaliação sistemática de resultados.

A Lei n. 11.445/2007 contribui para o aprimoramento social, técnico e econômico da prestação de serviços de saneamento, estabelecendo como obrigatórios os padrões e os indicadores de qualidade da prestação dos serviços; os requisitos operacionais e de manutenção dos sistemas; a progressão e a expansão de metas visando à universalização; o monitoramento dos custos; a medição, o faturamento e a cobrança de serviços vinculados ao regime, com níveis tarifários, procedimentos e prazos de fixação, reajuste e revisão; a avaliação da eficiência e eficácia dos serviços; plano de contas e mecanismos de informação, auditoria e certificação; e medidas de contingências e de emergências.

No âmbito do abastecimento de água e da gestão dos recursos hídricos, devem ser consideradas, também, a Resolução Conama n. 430, de 13 de maio de 2011 (Brasil, 2011a), que altera a Resolução n. 357, de 17 de março de 2005 (Brasil, 2005d). Essas resoluções classificam os corpos de água, estabelecendo padrões de lançamento de efluentes.

Na Resolução Conama n. 357/2005, as classes para enquadramento das águas são: doces, com salinidade igual ou inferior a 0,5%; salobras, com salinidade superior a 0,5% e inferior a 30%; e salinas, com salinidade igual ou superior a 30%.

Segundo o art. 9º da Lei n. 9.433/1997, o enquadramento busca "I – assegurar às águas qualidade compatível com os usos mais exigentes a que forem destinadas" e "II – diminuir os custos de combate à poluição das águas, mediante ações preventivas permanentes" (Brasil, 1997).

O enquadramento e os planos de bacias hidrográficas fundamentam a gestão de recursos hídricos e a gestão ambiental interligando o Sistema Nacional de Gerenciamento de Recursos Hídricos ao Sistema Nacional de Meio Ambiente.

Segundo a Resolução do Conselho Nacional de Recursos Hídricos (CNRH) n. 91, de 5 de novembro de 2008 (Brasil, 2009c), o enquadramento inicia com um diagnóstico da bacia e passa ao prognóstico, à elaboração da proposta de enquadramento e à submissão à análise e deliberação do Comitê da Bacia e do Conselho de Recursos Hídricos, seguindo etapas posteriores de possíveis ajustes e propostas de alternativas até a deliberação pelo CNRH.

Segundo a Agência Nacional de Águas (ANA), órgãos gestores de recursos hídricos e de meio ambiente podem elaborar e encaminhar as propostas de alternativas de enquadramento ao CNRH, para análise e deliberação de acordo com a Resolução n. 91/2008.

## Síntese

A Política Nacional de Recursos Hídricos (PNRH), proposto pela Lei n. 9.433/1997, é uma orientação para a gestão das águas no país. A série de diretrizes, metas e programas que compõem a Política foi elaborada em um profundo processo de mobilização e participação da sociedade. O documento concluído foi aprovado pelo Conselho em 2006.

A Política tem como meta consolidar um pacto nacional para a orientação de diretrizes e políticas públicas, com o propósito de favorecer a oferta de água – em volume e qualidade –, administrando as demandas e reconhecendo que a água é um fator estruturante para a adoção das políticas setoriais, sob o foco do desenvolvimento sustentável e da inclusão social. Entre os principais objetivos dessa Política estão:

- melhorar a relação entre a oferta e demanda, considerando um planejamento futuro para a disponibilidade hídrica e de um padrão mínimo de qualidade, tanto para recursos hídricos superficiais quanto subterrâneos;
- reduzir conflitos reais e potenciais nesse cenário;
- promover um reconhecimento nacional da necessidade da conservação da água como um aspecto socioambiental importante.

Devido a sua amplitude nacional, a Política é revisada periodicamente considerando as características hidrográficas regionais, novas demandas que aperfeiçoam o instrumento após análises técnicas e consultas públicas. Desse modo, sua constante construção estabelece um processo de estudo, diálogo e acordos contínuos, construindo cenários da condição dos recursos hídricos nos vários momentos históricos.

Cabe lembrar que a Secretaria Nacional de Saneamento Ambiental do Ministério das Cidades publica a cada ano o *Diagnóstico dos Serviços de Água e Esgotos*, levando em conta os dados do SNIS. É com base no último documento, sua vigésima edição, que se contextualizou este capítulo.

Os dados levantados para compor esse documento são fornecidos ao SNIS por empresas estaduais, privadas, autarquias municipais e prefeituras, todas classificadas pelo sistema como "prestadores de serviços". As informações e os indicadores possibilitam levantar, com objetividade, características da gestão dos serviços nas cidades brasileiras.

## Perguntas & respostas

1. O Sistema Nacional de Informação sobre Saneamento (SNIS) foi criado em 1996 pelo governo federal, com o propósito inicial de coletar informações sobre serviços de água e/ou de esgotos. Entretanto, apenas em 2002 os dados sobre resíduos sólidos passaram a ser considerados. Quais os objetivos principais do SNIS, atrelado à Secretaria Nacional de Saneamento Ambiental (SNSA) e ao Ministério das Cidades?

   **Resposta:**
   * *gestão e aplicação de políticas públicas de saneamento;*
   * *auxílio na aplicação de recursos;*
   * *diagnóstico do setor de saneamento;*
   * *avaliação de desempenho dos serviços prestados;*
   * *melhorias na gestão;*
   * *auxílio de atividades regulatórias e de fiscalização;*
   * *implementação do controle social.*

## Questões para revisão

1. Um aspecto importante no planejamento urbano é a disponibilização e o uso da água em áreas urbanas. O consumo médio por pessoa desse recurso é definido, no SNIS, como:
   a. a quantidade de água consumida, exceto o volume exportado, dividido pela população que usufrui do serviço.
   b. o consumo médio diário para atender demandas domésticas dividido pela população que usufrui do serviço.
   c. a quantidade de água consumida, mais o volume exportado, dividido pela população que usufrui do serviço.

d. a quantidade de água consumida, exceto o volume exportado, dividido por toda a população do país.
e. a quantidade de água consumida dividida pela população brasileira.

2. O desperdício de água é um dos principais parâmetros na gestão do recurso hídrico (fornecimento de água tratada), seja ela promovida por mau consumo, seja por perda na distribuição. Quanto aos conceitos adotados pelo SNIS, marque verdadeiro ou falso:
   ( ) Basicamente, as perdas acontecem de duas maneiras: perdas aparentes e perdas reais.
   ( ) As perdas aparentes, também conhecidas como *perdas não físicas* ou *comerciais*, referem-se ao volume de água que foi de fato utilizado pelo consumidor, mas por uma razão qualquer não foi medido, gerando perdas econômicas.
   ( ) As causas mais comuns das perdas aparentes são problemas ocasionados por falha na medição, assim como hidrômetros inoperantes ou que apresentem submedição, erros de leitura, fraudes, problema de calibração dos hidrômetros, ligações clandestinas e falhas no cadastro comercial.
   ( ) As perdas reais, ou, como são chamadas, *perdas físicas*, estão associadas ao montante de água alocada para distribuição que não chega aos consumidores.
   ( ) Os principais motivos das perdas reais são vazamentos em adutoras, nas redes, nos ramais, nas conexões ou nos reservatórios, que normalmente são ocasionados pelo excesso de pressão, principalmente em locais com bastante variação topográfica. A qualidade dos materiais utilizados, o envelhecimento das tubulações, as falhas na mão de obra e a ineficácia no monitoramento aumentam muito o risco para essas perdas.

a. V, V, V, V, V.
b. V, V, F, V, F.
c. V, F, V, V, F.
d. V, F, V, V, V.
e. F, F, F, F, V.

3. Dentre os métodos utilizados para avaliar perdas reais de águas, está o método da vazão mínima noturna, que é definido pela:

    a. relação do volume total perdido, somando perdas reais e aparentes com o volume total disponível para a distribuição por ano.

    b. variação dos consumos de água no sistema ao longo do dia, sendo obtido pela divisão do volume menor, que ocorre entre 3h e 4h, e o maior consumo, que ocorre entre 11h e 14h.

    c. divisão entre o volume perdido total anual pelo número médio de ramais presentes no sistema de distribuição.

    d. somatória do volume perdido anual pelo comprimento total da rede de distribuição presente no sistema.

    e. somatória do volume perdido por período pelo comprimento da rede utilizável.

4. Em uma avaliação global de desempenho da prestação dos serviços de água e esgotos, nos diagnósticos realizados no período de dezembro de 2004 a dezembro de 2014, observou-se que a maioria dos indicadores apresentou desempenho positivo, com evolução em percentual entre 3,0% a 293,0%. Levando em conta que os problemas de saneamento podem originar tanto projetos individuais como coletivos, privados ou públicos, cite exemplos de soluções a esses problemas.

5. No Brasil, as inundações ocorrem com frequência anual, atingindo principalmente as cidades das regiões Sul e Sudeste, devido a um conjunto de causas ambientais, sociais e econômicos que potencializam os impactos dos fatores naturais sobre essas regiões. Quais são as principais causas que se destacam?

## Questão para reflexão

1. Identifique na sua região áreas de risco para inundações, faça o levantamento das condições que levam a esse diagnóstico e apresente possíveis soluções.

*Para saber mais*

Para conhecer mais sobre o enquadramento em bacias hidrográficas, acesse o *site* a seguir:

BRASIL. ANA – Agência Nacional das Águas. **Implementação do enquadramento em bacias hidrográficas no Brasil**. Sistema Nacional de Informações sobre Recursos Hídricos – SNIRH no Brasil: arquitetura computacional e sistêmica. Brasília: ANA, 2009. Disponível em: <http://portalpnqa.ana.gov.br/Publicacao/IMPLEMENTACAO_DO_ENQUADRAMENTO.pdf>. Acesso em: 22 nov. 2017.

Você pode acessar a Resolução, acessando o endereço eletrônico a seguir.

BRASIL. Ministério do Meio Ambiente. Conselho Nacional do Meio Ambiente. Resolução n. 357, de 17 de março de 2005. **Diário Oficial da União**, Brasília, DF, 18 mar. 2005. Disponível em: <http://www.mma.gov.br/port/conama/res/res05/res35705.pdf>. Acesso em: 22 nov. 2017.

A gestão dos recursos hídricos e do saneamento em áreas urbanas é um elemento crucial para a sustentabilidade das cidades. Para conhecer mais sobre o assunto, acesse o *link* a seguir.

BRASIL. Ministério das Cidades. **SNIS – Sistema Nacional de Informações sobre Saneamento.** Série histórica. Disponível em: <http://www.snis.gov.br/>. Acesso em: 22 nov. 2017.

*capítulo sete*

# Gerenciamento de resíduos e poluição nas áreas urbanas

## Conteúdos do capítulo:

+ Conceitos e classificação dos resíduos sólidos.
+ Classificação de resíduos de acordo com a NBR 10004:2004.
+ Panorama recente dos resíduos no Brasil.
+ Política Nacional dos Resíduos Sólidos.
+ Gestão e gerenciamento de resíduos.
+ Educação ambiental e a questão do lixo.

## Após o estudo deste capítulo, você será capaz de:

1. conceituar e classificar os resíduos sólidos de acordo com a NBR 10004:2004;
2. compreender e analisar o panorama dos resíduos sólidos no Brasil no ano de 2015;
3. explicar a Política Nacional dos Resíduos Sólidos – PNRS (Lei n. 12.305/2010) e suas múltiplas atribuições;
4. compreender as diferenças entre gestão e gerenciamento de resíduos;
5. descrever as etapas de um Plano de Gerenciamento de Resíduos Sólidos (PGRS);
6. identificar as ferramentas de educação ambiental na redução da geração de resíduos – a Política dos 5 R's.

O uso do solo pela raça humana não é algo recente. Na maior parte da história da humanidade – especificamente desde 7 mil a.C. (no período Paleolítico) –, o ser humano exercia o papel de um caçador-coletor, ou seja, quando terminava a oferta de alimento no local onde vivia, migrava para outro lugar (migração ou nomadismo). No entanto, desde que passou a domesticar plantas e animais (estilo gregário), o solo se tornou parte da sua vida.

A vida em um local fixo trouxe inúmeros benefícios, mas também alguns problemas, como o armazenamento dos resíduos. Atualmente, o espaço físico, o aumento da produção desses resíduos (devido ao inchaço urbano e ao crescimento populacional) e questões de saúde humana e ambiental envolvidas nesse processo são problemáticas relacionadas ao tema.

Neste capítulo, estudaremos os resíduos sólidos e suas demais características. Essas informações serão valiosas para que você possa ter um arcabouço teórico no momento da tomada de decisões, como para a escolha de um local para construção de aterro, para a elaboração de um plano de gerenciamento ou para outros problemas relacionados aos resíduos sólidos.

## 7.1 Conceitos iniciais

A produção de resíduos sólidos pela população é uma preocupação ambiental de nível mundial, especialmente aqueles produzidos em centros urbanos. Quando estes são coletados e tratados de forma incorreta, podem causar danos diretos ou indiretos à saúde da população e ao meio ambiente.

Mas o que são resíduos sólidos? Segundo a Política Nacional de Resíduos Sólidos (PNRS), instituída pela Lei n. 12.305, de 2 de agosto de 2010, são considerados resíduos sólidos:

> material, substância, objeto ou bem descartado resultante de atividades humanas em sociedade, a cuja destinação final se procede, se propõe proceder ou se está obrigado a proceder, nos estado sólido ou semissólido, bem como gases contidos em recipientes e líquidos cujas particularidades tornem inviável o seu lançamento na rede pública de esgotos ou em corpos d'água, ou exijam para isso soluções técnica ou economicamente inviáveis em face da melhor tecnologia disponível; [...]. (Brasil, 2010)

Entre os resíduos sólidos domésticos, "os principais componentes são restos alimentares, papel, vidro, pano, madeira, metal, osso e material ocioso (terra, por exemplo), gerados pelas atividades cotidianas dos lares" (Ferreira, 2006).

De acordo com o relatório elaborado pela Associação Brasileira de Empresas de Limpeza Pública e Resíduos Especiais (Abrelpe), de 2014, no ano de 2013 foram geradas mais de 76 milhões de toneladas de resíduos sólidos urbanos nos 400 municípios pesquisados, número que representa 45% da população do país. Desse montante, o fator mais crítico refere-se ao processo de destinação final dos resíduos: apenas 58,3% dos municípios avaliados davam destinação final adequada aos seus resíduos (Abrelpe, 2014).

## 7.2 Classificação dos resíduos sólidos

Os seres humanos fazem o uso do solo para diversos fins, inclusive para agropecuária e moradia, importantes atividades para a sobrevivência da espécie. Todavia, nós também utilizamos o solo como zona de armazenamento para os resíduos sólidos, e esse tem se tornado um grave problema em praticamente todo o planeta:

O que fazer com os resíduos sólidos produzidos? Será que a melhor maneira é armazená-los dessa forma?

Antes de entrarmos nessa seara, é importante conhecer nosso objeto de estudo: o lixo. Primeiramente, precisamos diferenciar *resíduos* (lixo) de *rejeitos*. A PNRS (Lei n. 12.305/2010) – legislação que abordaremos de maneira mais aprofundada posteriormente –, estabelece as seguintes definições em seu art. 3º:

> Art. 3º [...]
>
> [...]
>
> XV – **Rejeitos**: resíduos sólidos que, depois de esgotadas todas as possibilidades de tratamento e recuperação por processos tecnológicos disponíveis e economicamente viáveis, não apresentem outra possibilidade que não a disposição final ambientalmente adequada;
>
> XVI – **Resíduos sólidos**: material, substância, objeto ou bem descartado resultante de atividades humana sem sociedade, a cuja destinação final se procede, se propõe proceder ou se está obrigado a proceder, nos estados sólido ou semissólido, bem como gases contidos em recipientes e líquidos cujas particularidades tornem inviável o seu lançamento na rede pública de esgotos ou em corpos d'água, ou exijam para isso soluções técnica ou economicamente inviáveis em face da melhor tecnologia disponível. (Brasil, 2010, grifo nosso)

Isso posto, é necessário que aprendamos sobre a classificação dos resíduos sólidos. Para isso, tomaremos como referência a normativa brasileira NBR 10004:2004, elaborada pela Associação Brasileira de Normas Técnicas (ABNT). Tal classificação é baseada nos "riscos potenciais ao meio ambiente e à saúde pública" (ABNT, 2004). De maneira bastante simples, os resíduos são divididos em: classe I, classe II A e classe II B (Figura 7.1).

*Figura 7.1 – Classificação dos resíduos sólidos segundo a ABNT NBR 10004:2004*

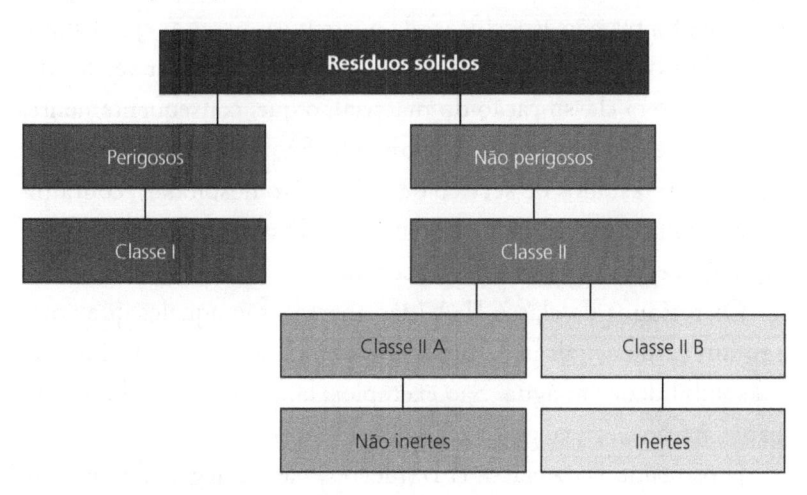

```
                    Resíduos sólidos
                    /            \
              Perigosos        Não perigosos
                 |                  |
              Classe I          Classe II
                              /          \
                        Classe II A    Classe II B
                            |              |
                        Não inertes     Inertes
```

Legenda: Os resíduos podem ser classificados em resíduos perigosos (classe I) e resíduos não perigosos (classes II A e II B).

Fonte: Elaborado com base em ABNT, 2004.

Os resíduos pertencentes à classe I – perigosos – são aqueles que apresentam periculosidade (risco à saúde pública ou ao meio ambiente) ou uma das características que constam na Figura 7.2.

*Figura 7.2 – Características dos resíduos sólidos de classe I – perigosos –, de acordo com a NBR 10004:2004*

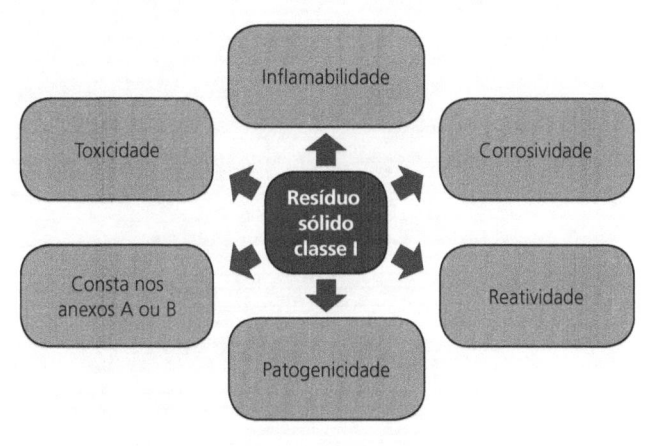

```
              Inflamabilidade
    Toxicidade              Corrosividade
            → Resíduo sólido classe I ←
    Consta nos              Reatividade
    anexos A ou B
              Patogenicidade
```

Note que, em determinado item, o esquema se refere aos anexos A (resíduos perigosos de fontes não específicas) e B (resíduos perigosos de fontes não específicas) da normativa. Esses anexos listam uma série de produtos químicos cuja presença deve ser verificada para a correta classificação do material, o que, consequentemente, implica que seja destinado corretamente. São exemplos de resíduos de classe I: resíduos de serviço de saúde (lixo hospitalar), contaminantes químicos, óleos, cinza de metais, pilhas, baterias, defensivos agrícolas, entre outros (ABNT, 2004).

Os resíduos da classe II A (não inertes) são aqueles que apresentam características de biodegradabilidade, combustibilidade ou solubilidade em água. São exemplos: latas, restos de alimentos, papel, fiação elétrica, gesso etc. (ABNT, 2004).

Já os resíduos da classe II B (inertes) não se degradam ou não se decompõem (ou demoram centenas de anos para se decompor) quando dispostos no solo e muito deles são possíveis de reciclar. São exemplos: plástico, borracha, entulhos de demolição, pedras etc. (ABNT, 2004).

Na Figura 7.3, elaborada pela própria ABNT, ainda na normativa 10004:2004, você pode verificar o esquema de classificação de um resíduo em relação às suas características físicas, químicas e biológicas. Note que, para a classificação correta, é preciso ter em mãos os anexos da referida normativa.

*Figura 7.3 – Esquema de triagem e classificação dos resíduos sólidos, segundo a NBR 10004:2004*

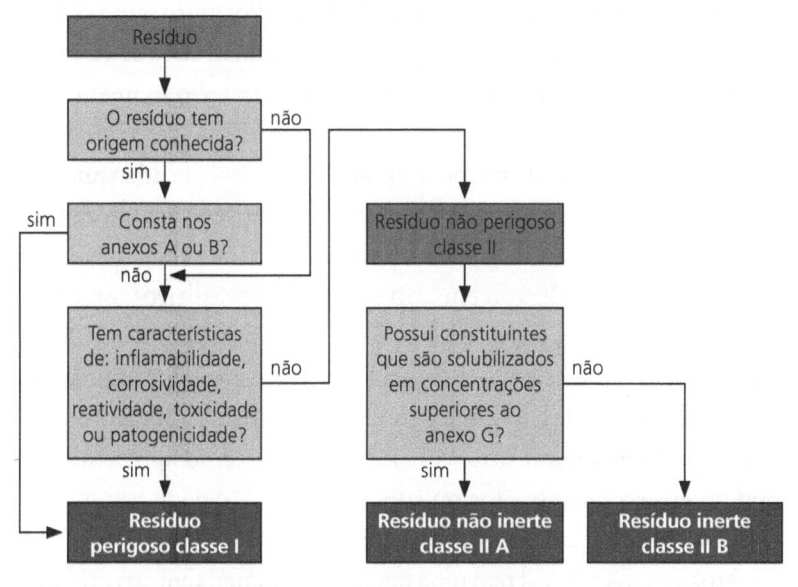

```
                    ┌─────────┐
                    │ Resíduo │
                    └────┬────┘
                         ▼
              ┌──────────────────┐  não
              │ O resíduo tem    ├──────┐
              │ origem conhecida?│      │
              └────┬─────────────┘      │
                   │ sim                │
                   ▼                    │
   sim   ┌──────────────────┐           │    ┌──────────────────────┐
   ┌─────┤ Consta nos       │           │    │ Resíduo não perigoso │
   │     │ anexos A ou B?   │           │    │ classe II            │
   │     └────┬─────────────┘           │    └──────────────────────┘
   │          │ não ◄───────────────────┘
   │          ▼
   │  ┌──────────────────────┐           ┌──────────────────────┐
   │  │ Tem características  │           │ Possui constituintes │
   │  │ de: inflamabilidade, │  não      │ que são solubilizados│  não
   │  │ corrosividade,       ├──────────►│ em concentrações     ├──────┐
   │  │ reatividade,toxicidade│          │ superiores ao        │      │
   │  │ ou patogenicidade?   │           │ anexo G?             │      │
   │  └────┬─────────────────┘           └────┬─────────────────┘      │
   │       │ sim                              │ sim                    │
   │       ▼                                  ▼                        ▼
   │  ┌──────────────┐                 ┌──────────────────┐    ┌──────────────┐
   └─►│ Resíduo      │                 │ Resíduo não inerte│    │ Resíduo inerte│
      │ perigoso     │                 │ classe II A      │    │ classe II B  │
      │ classe I     │                 │                  │    │              │
      └──────────────┘                 └──────────────────┘    └──────────────┘
```

Fonte: Adaptado de ABNT, 2004.

Abordaremos aqui apenas questões relacionadas aos resíduos sólidos urbanos – RSU (resíduos domiciliares, públicos ou de varrição e comerciais). Assim, não entraremos no campo dos resíduos de serviços de saúde ou da construção civil, os quais apresentam classificação e gerenciamento diferenciados.

## 7.3 Panorama dos resíduos sólidos no Brasil

Há um velho ditado que diz: "os números não mentem!". É com base nessa perspectiva que abordaremos o assunto: com números.

Vale destacar que a disposição final de um resíduo sólido em local inadequado se constitui um dos piores cenários de impacto ambiental que se pode registrar, pois a contaminação atinge diferentes interfaces de um ecossistema: solo, água, ar e o próprio ser humano.

As discussões dos dados a seguir se referem aos estudos realizados pela Abrelpe, em 2014, e pelo Instituto Brasileiro de Geografia e Estatística (IBGE), em 2013 (IBGE, 2014). Portanto, em relação aos resíduos sólidos, os dados que serão demonstrados se referem ao **ano de 2014** (Abrelpe, 2014), os mais recentes até o momento da elaboração desta obra.

Ressaltamos a importância desses dados, sobretudo quando formos discutir as questões relacionadas à PNRS e aos processos de gestão e gerenciamento desses resíduos.

O estudo foi realizado em 400 municípios brasileiros: 49 eram da região Norte, 123, da região Nordeste, 32, da região Centro-Oeste, 133, da região Sudeste e 63, da região Sul, o que representa, de acordo com a Abrelpe (2014), 45,2% da população brasileira. Somente com isso já podemos notar que os resultados que serão apresentados podem estar subestimados ou superestimados, devido aos outros 54,8% da população que não foi avaliada.

Atualmente, o Brasil tem uma população estimada em 203 milhões de habitantes. Na pesquisa, a geração de resíduos por pessoa foi de aproximadamente 388 quilos/habitante/ano. Foram geradas quase 78,6 milhões de toneladas de resíduos somando todos os municípios (Figura 7.4). No entanto, o que se notou foi que a geração de resíduos foi superior ao crescimento populacional no mesmo período avaliado, e isso quer dizer que estamos produzindo cada vez mais lixo (Abrelpe, 2014).

*Figura 7.4 – Geração de resíduos sólidos no Brasil durante o biênio 2013/2014*

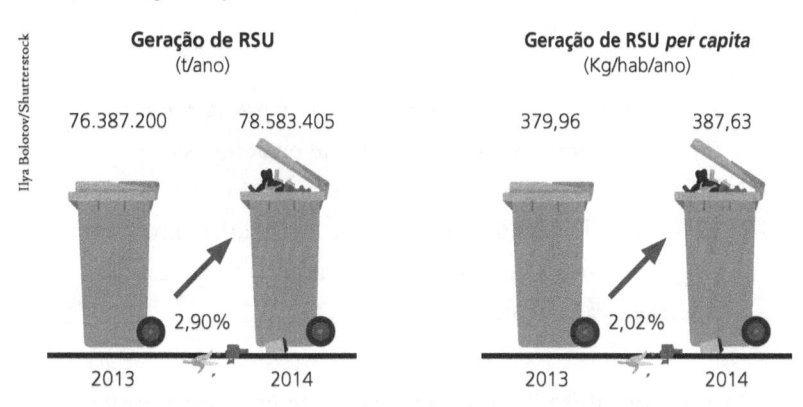

| Geração de RSU (t/ano) | Geração de RSU *per capita* (Kg/hab/ano) |
|---|---|
| 76.387.200 → 78.583.405 (2,90%) | 379,96 → 387,63 (2,02%) |
| 2013 — 2014 | 2013 — 2014 |

Fonte: Adaptado de Abrelpe, 2014.

Também de maneira preocupante, a coleta de resíduos no mesmo ano foi de pouco mais de 71,2 milhões de toneladas, sendo 351,5 kg/hab./ano. Uma pergunta surge neste momento: Onde foram parar as 400 mil toneladas de resíduos não coletados? Infelizmente, não há como saber. Com base nesses dados, enfatizamos que, do total de resíduos coletados, 52,5% são provenientes da região Sudeste, 22,2%, do Nordeste, 10,8%, do Sul, 8,1%, do Centro-Oeste e apenas 6,4% são da região Norte (Abrelpe, 2014).

Dados acerca da produção de resíduos sólidos no mundo revelam o seguinte cenário:

> Há pouco menos de uma década, havia 2,9 bilhões de residentes urbanos no planeta, que geraram cerca de 0,64 quilo de RSU por pessoa por dia (0,68 bilhão de toneladas por ano). Nos dias atuais, esses valores aumentaram para cerca de 3 bilhões de residentes, que geram 1,2 quilo por pessoa por dia (1,3 bilhão de toneladas por ano). Em 2025, isso provavelmente irá aumentar para 4,3 bilhões de residentes urbanos, gerando cerca de 1,42 kg/hab./dia de resíduos sólidos urbanos (2,2 bilhões de toneladas por ano). (The World Bank, 2017, tradução nossa)

Outro item importante da pesquisa refere-se às iniciativas de coleta seletiva nos municípios pesquisados. Segundo a definição do MMA, *coleta seletiva* é

> a coleta diferenciada de resíduos que foram previamente separados segundo a sua constituição ou composição. Ou seja, resíduos com características similares são selecionados pelo gerador (que pode ser o cidadão, uma empresa ou outra instituição) e disponibilizados para a coleta separadamente. (Brasil, 2017f)

Do total pesquisado, aproximadamente 65% dos municípios apresentavam coleta seletiva em seus processos. Também é válido destacar que foram verificadas diferenças regionais em relação a esse quesito (Figura 7.5).

*Figura 7.5 – Iniciativas de coleta seletiva nos municípios pesquisados*

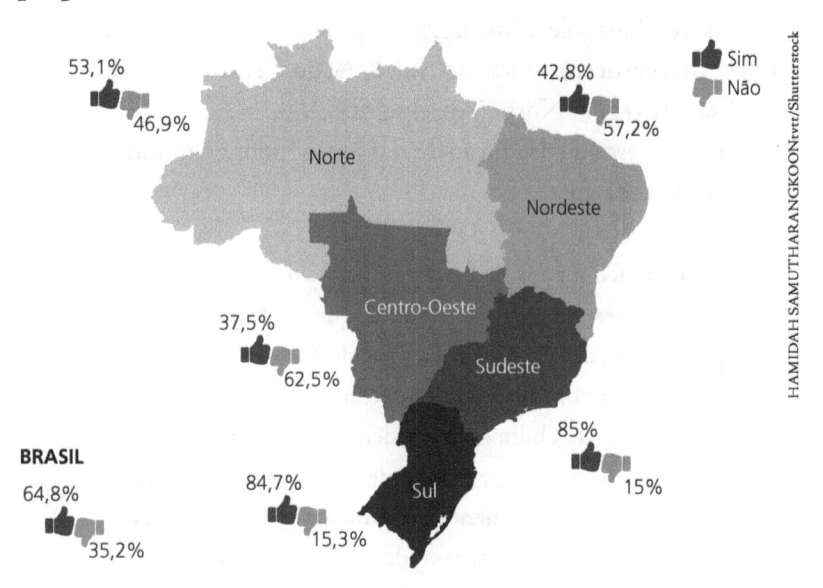

Norte: 53,1% Sim / 46,9% Não
Nordeste: 42,8% Sim / 57,2% Não
Centro-Oeste: 37,5% Sim / 62,5% Não
Sudeste: 84,7% Sim / 15,3% Não
Sul: 85% Sim / 15% Não
BRASIL: 64,8% Sim / 35,2% Não

Fonte: Adaptado de Abrelpe, 2014, p. 30.

De acordo com o disposto na Lei n. 12.305/2010, a coleta seletiva é ação obrigatória para todos os municípios do país e deve constar de seus planos de gerenciamento de resíduos (assunto a ser discutido posteriormente). A segregação dos resíduos de acordo com suas características constitui importante etapa no processo de reciclagem, pois cada tipo de material receberá um tipo de tratamento.

*Figura 7.6 – Os diferentes tipos de materiais devem ser trabalhados de forma própria*

Papelão (A); latas (B); plásticos (C).

Em geral, a separação de resíduos é feita entre duas categorias: **resíduos recicláveis** e **não recicláveis** (rejeitos), ou **seco** e **úmido**, ou ainda **reciclável** e **orgânico**. Nas residências, podemos considerar recicláveis: caixas de papelão, garrafas de vidro e PET, papel, latas de alumínio, plásticos em geral, caixas de leite e suco (embalagens tipo longa vida). Já os não recicláveis são os resíduos e embalagens de produtos de limpeza (embora alguns possam ser reciclados) e resíduos provenientes de banheiros (fraldas, cotonetes, absorventes etc.).

Em relação aos resíduos orgânicos, eles devem estar separados dos outros resíduos para que possam ser compostados* e virar adubo, se for viável, pois nem todos podem passar por esse processo.

Outro aspecto abordado no estudo da Abrelpe (2014) refere-se ao percentual de resíduos destinados corretamente. Os resultados apontaram que 58,4% dos resíduos alcançaram essa meta, enquanto 41,6% tiveram um destino final incorreto. Ainda, 58,4% dos municípios tinham como destino de seus resíduos aterros sanitários, 24,2%, aterros controlados, e 17,4%, lixões.

Um **aterro sanitário** é um espaço físico preparado (tecnicamente) para receber resíduos sólidos. Trata-se de um local planejado para tal finalidade, pois tem características importantes como: i) tratamento dos gases (principalmente metano) e dos líquidos (chorume) que são produzidos pelos processos biológicos de decomposição dos resíduos; e ii) proteção do solo por meio de mantas impermeabilizantes, impedindo a infiltração (percolação) do líquido e evitando a contaminação do lençol freático. Ainda, a captação do gás produzido (biogás) é utilizada para produção de energia ou o gás é tratado para evitar a poluição atmosférica (Figura 7.7A). Após a deposição dos resíduos, caminhões recobrem esses materiais com uma manta plástica e argila do próprio local, isolando-os do ambiente – são as chamadas *câmaras*. A compactação do lixo reduz consideravelmente o seu volume (Figura 7.7B).

✦ ✦ ✦

* A compostagem é um processo biológico em que os microrganismos transformam a matéria orgânica, [...] como estrume, folhas e restos de comida, num material semelhante ao solo, a que se chama composto, e que pode ser utilizado como adubo (Ferreira; Borba; Wizniewsky, 2013, p. 308).

*Figura 7.7 – Esquema de um aterro sanitário (A) e um aterro sanitário real (B)*

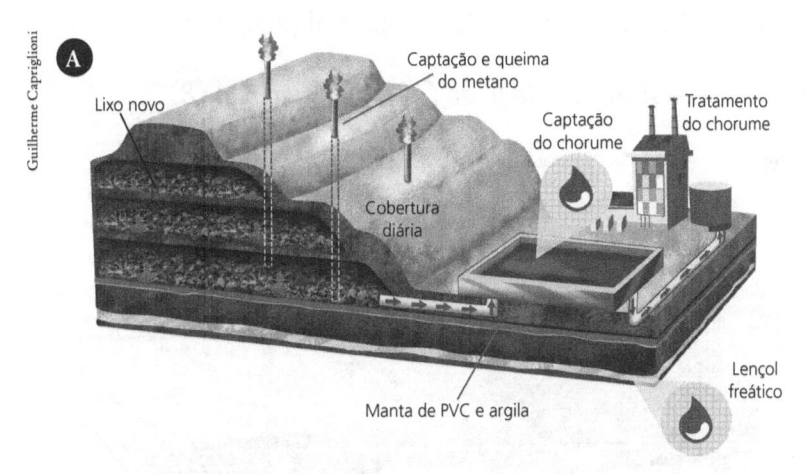

**A** — Lixo novo; Captação e queima do metano; Captação do chorume; Tratamento do chorume; Cobertura diária; Manta de PVC e argila; Lençol freático

Fonte: Adaptado de Portal EcoD, 2010.

É importante ressaltar que o projeto de um aterro sanitário deve seguir os requisitos dispostos na NBR 8419:1992.

Já o **lixão** é uma forma inadequada de destinar o resíduo. Nesse local, não há critérios técnicos para a escolha do terreno, tampouco para a preservação do solo e do lençol freático; assim, o lixo é depositado a "céu aberto" (Figura 7.8A). Por esse fato, os resíduos atraem vetores das mais variadas espécies, geram um odor muito desagradável no local, que pode se espalhar pela vizinhança dos arredores, e poluem drasticamente o ecossistema local (Figura 7.8B).

*Figura 7.8 – Esquema do lixão (A) e um lixão real (B)*

A — Animais e insetos, Metano, Chorume, Lençol freático

B

Fonte: Adaptado de Portal EcoD, 2010.

Como vemos na Figura 7.9, entre os 50 maiores lixões do mundo está o da Vila Estrutural, localizado no Distrito Federal (The World Bank, 2017). Esse lixão ocupa uma área de 174 hectares (243 campos de futebol) e se encontra ao lado do Parque Nacional de Brasília e a 15 quilômetros do Palácio do Planalto. Diariamente são depositadas cerca de 8,7 toneladas de lixo e 2,7 mil pessoas trabalham como catadores nesse local (Correio Braziliense, 2016).

Destaca-se a PNRS – Lei n 12.305/2010 –, que havia estabelecido o fim de todos os lixões do país até a data de 2 de agosto de 2014, fato que não aconteceu. O Projeto de Lei n. 2.289/2015 (Brasil, 2015a) estabeleceu novos prazos para a extinção desses locais. As datas variam de acordo com o tamanho do município: 31 de julho de 2018 para capitais e regiões metropolitanas e 31 de julho de 2021 para municípios com menos de 50 mil habitantes.

As principais justificativas para que esses locais ainda perdurem no país são: dificuldades financeiras, falta de recurso humano especializado e gestão inadequada dos municípios. Uma das alternativas apresentadas e incentivadas pela própria PNRS foi a organização coletiva dos municípios, com o objetivo de construir planos conjuntos de gerenciamento de resíduos – os chamados *consórcios intermunicipais* – com base na Lei n. 11.107, de 6 de abril de 2005 (Brasil, 2005b). Esses consórcios possibilitam que os municípios compartilhem responsabilidades relativas à gestão e ao gerenciamento dos resíduos, como planejamento, fiscalização, regulação e tecnologias adequadas aos resíduos. Ainda, o consórcio evita que cada município tenha seu aterro sanitário, o que demanda custos de controle, operação e manutenção.

Para o Instituto das Águas do Paraná (Águas Paraná), as principais vantagens dos consórcios intermunicipais são:

- Melhoria da qualidade da operação dos aterros, evitando que se tornem lixões e gerem desperdício do dinheiro público investido na sua implantação;
- Menor número de áreas utilizadas como aterros sanitários (possíveis focos de contaminação quando mal operados);

- Ganhos de escala de operação e rateio dos custos administrativos e operacionais;
- Otimização do uso de máquinas e equipamentos no aterro;
- Maior disponibilidade de recursos para proteção ambiental;
- Maior representatividade na solução de problemas locais. (Paraná, 2017a)

Um **aterro controlado**, que segue a NBR 8849:1985, pode ser considerado um local intermediário, em termos de aspectos físicos, entre um lixão e um aterro sanitário (Figura 7.10A). Nesse tipo de aterro, não há impermeabilização do solo, porém os resíduos são cobertos ao final de cada dia. Também não há tratamento do chorume nem dos gases produzidos (Figura 7.10B).

*Figura 7.10 – Esquema de um aterro controlado (A) e um aterro controlado real (B)*

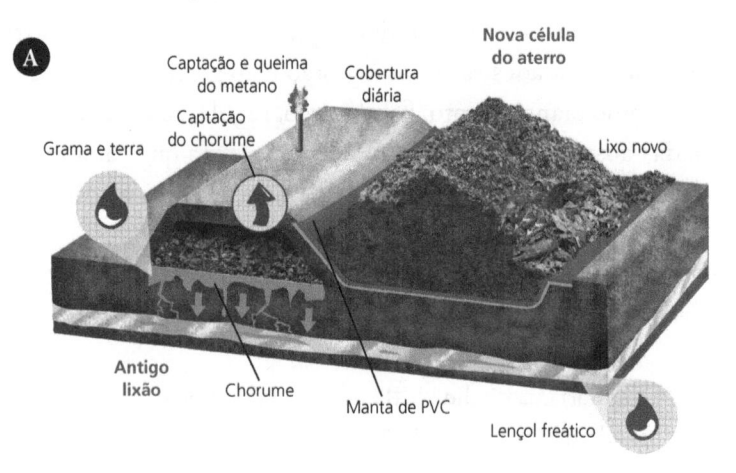

Fonte: Adaptado de EcoD, 2010.

Durante 2014, no Brasil, foram aplicados R$ 9.420 milhões em coleta de RSU. Isso equivale a R$ 3,87 hab./mês (Tabela 7.1). Ainda, foram aplicados R$ 14.868 milhões em outros serviços de limpeza urbana (despesas com a destinação final dos RSU e com serviços de varrição, capina, limpeza e manutenção de parques e jardins, limpeza de córregos etc.), o que equivale a R$ 6,11 hab./mês (Tabela 7.2). Se somarmos os valores por habitante/mês, o total aplicado em gerenciamento dos RSU no Brasil foi de R$ 9,98; ao final de um ano, soma R$ 119,76 (Abrelpe, 2014).

Tabela 7.1 – Recursos aplicados na coleta de RSU, de acordo com a Abrelpe (2014)

| Regiões | Recursos aplicados na coleta de RSU (R$ milhões/ano) | Valor equivalente por habitante (R$/mês) |
|---|---|---|
| Norte | 681 | 3,29 |
| Nordeste | 2.019 | 2,99 |
| Centro-Oeste | 572 | 3,13 |
| Sudeste | 4.971 | 4,81 |
| Sul | 1.231 | 3,54 |
| Brasil | 9.420 | 3,87 |

Fonte: Adaptado de Abrelpe, 2014, p. 44.

*Tabela 7.2 – Recursos aplicados nos demais serviços de limpeza urbana, segundo a Abrelpe (2014)*

| Regiões | Recursos aplicados demais serviços de limpeza urbana (R$ milhões/ano) | Valor equivalente por habitante (R$/mês) |
|---|---|---|
| Norte | 1.041 | 5,03 |
| Nordeste | 3.630 | 5,38 |
| Centro-Oeste | 607 | 3,32 |
| Sudeste | 8.104 | 7,93 |
| Sul | 1.486 | 4,27 |
| Brasil | 14.868 | 6,11 |

Fonte: Adaptado de Abrelpe, 2014, p. 44.

Boa parte dos recursos aplicados no setor tem sido direcionados para melhorar a coleta e a destinação dos resíduos, mas poucas ações têm o foco de reduzir a geração, principalmente dos resíduos sólidos urbanos. Com o aumento da classe média, a condição agrava, pois reduz a porcentagem de matéria orgânica e aumenta a de resíduos gerados pelo uso de embalagens, os quais, quando não submetidos a práticas eficientes de segregação, vão para os aterros e oneram todo o processo.

## 7.4 *Política Nacional de Resíduos Sólidos (PNRS)*

Como vimos, em 2010, foi instituída no Brasil a PNRS, pela Lei n. 12.305/2010* (regulamentada pelo Decreto n. 7.404/2010). Esse marco regulatório na gestão de resíduos no país tramitou por

♦ ♦ ♦

* Para consultar essa lei na íntegra, acesse: <http://www.planalto.gov.br/ccivil_03/_ato2007-2010/2010/lei/l12305.htm>.

21 anos em nosso Congresso Nacional até sua aprovação final e configura-se um avanço, mas, ao mesmo o tempo, um desafio, para a sociedade brasileira, visto que propõe a articulação dos três entes federativos (União, estados e municípios) mais a sociedade civil e a indústria no processo de redução na geração dos resíduos sólidos.

Essa lei, como disposto em seu art. 1º, estabelece "princípios, objetivos e instrumentos, bem como sobre as diretrizes relativas à gestão integrada e ao gerenciamento de resíduos sólidos, incluídos os perigosos, às responsabilidades dos geradores e do poder público e aos instrumentos econômicos aplicáveis" (Brasil, 2010).

Nesse sentido, podemos dizer que a PNRS tem por objetivo promover a gestão integrada*, assim como o gerenciamento** correto dos resíduos. É importante destacar que, nesse instrumento, estão sujeitadas ao cumprimento dessa lei não somente as empresas, mas "as pessoas físicas ou jurídicas, de direito público ou privado, responsáveis, direta ou indiretamente, pela geração de resíduos sólidos e as que desenvolvam ações relacionadas à gestão integrada ou ao gerenciamento de resíduos sólidos" (Brasil, 2010).

A gestão e o gerenciamento dos resíduos sólidos devem, de acordo com a lei, seguir a ordem de prioridade indicada na Figura 7.11 a seguir.

✦ ✦ ✦

\* Gestão integrada é o "conjunto de ações voltadas para a busca de soluções para os resíduos sólidos, de forma a considerar as dimensões política, econômica, ambiental, cultural e social, com controle social e sob a premissa do desenvolvimento sustentável" (Brasil, 2010).

\*\* O gerenciamento de resíduos sólidos é o "conjunto de ações exercidas, direta ou indiretamente, nas etapas de coleta, transporte, transbordo, tratamento e destinação final ambientalmente adequada dos resíduos sólidos e disposição final ambientalmente adequada dos rejeitos, de acordo com plano municipal de gestão integrada de resíduos sólidos ou com plano de gerenciamento de resíduos sólidos" (Brasil, 2010).

*Figura 7.11 – Hierarquia das ações do manejo de resíduos sólidos, de acordo com o art. 9º da PNRS*

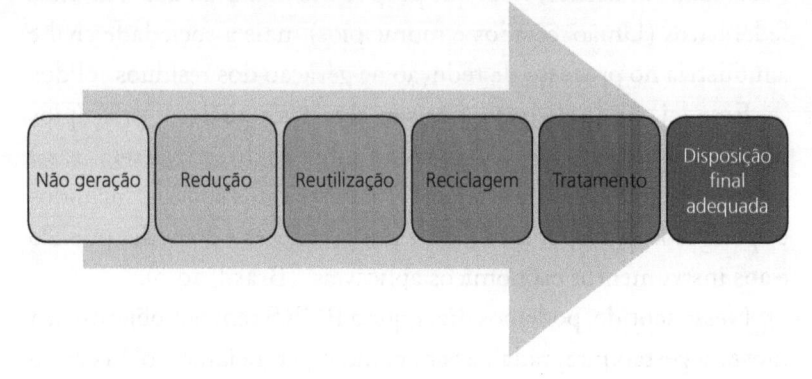

Não geração → Redução → Reutilização → Reciclagem → Tratamento → Disposição final adequada

Fonte: Elaborado com base em Brasil, 2010.

A PNRS estabelece relações diretas com outras legislações importantes paras as questões ambientais no país. São elas:

- Lei n. 9.795, de 27 de abril de 1999, que estabelece a Política Nacional de Educação Ambiental (PNEA);
- Lei n. 11.445, de 5 de janeiro de 2007, que estabelece a Política Federal de Saneamento Básico, com diretrizes nacionais para o saneamento básico;
- Lei n. 11.107, de 6 de abril de 2005, que estabelece as normas gerais de contratação de consórcios públicos.

De acordo com o art. 6º da PNRS, são princípios dessa política:

> Art. 6º [...]
>
> I – a prevenção e a precaução;
>
> II – o poluidor-pagador e o protetor-recebedor;
>
> III – a visão sistêmica, na gestão dos resíduos sólidos, que considere as variáveis ambiental, social, cultural, econômica, tecnológica e de saúde pública;
>
> IV – o desenvolvimento sustentável;

> V – a ecoeficiência, mediante a compatibilização entre o fornecimento, a preços competitivos, de bens e serviços qualificados que satisfaçam as necessidades humanas e tragam qualidade de vida e a redução do impacto ambiental e do consumo de recursos naturais a um nível, no mínimo, equivalente à capacidade de sustentação estimada do planeta;
>
> VI – a cooperação entre as diferentes esferas do poder público, o setor empresarial e demais segmentos da sociedade;
>
> VII – a responsabilidade compartilhada pelo ciclo de vida dos produtos;
>
> VIII – o reconhecimento do resíduo sólido reutilizável e reciclável como um bem econômico e de valor social, gerador de trabalho e renda e promotor de cidadania;
>
> IX – o respeito às diversidades locais e regionais;
>
> X – o direito da sociedade à informação e ao controle social;
>
> XI – a razoabilidade e a proporcionalidade. (Brasil, 2010)

Entre os princípios relacionados, podemos destacar a ecoeficiência, a responsabilidade compartilhada pelo ciclo de vida do produto e, por fim, o reconhecimento do resíduo sólido como um bem econômico (Brasil, 2010).

A **ecoeficiência** baseia-se na criação de mais produtos e serviços, utilizando menos recursos com menos desperdício e poluição (Alencastro, 2013). Esse conceito foi cunhado em 1992 pelo Conselho Empresarial para o Desenvolvimento Sustentável (BCSD) no seu relatório *Changing course* ("Mudando o rumo" – em tradução livre).

De acordo com a Lei n. 12.305/2010, os principais aspectos da ecoeficiência são:

- redução de energia e água;
- redução dos níveis de resíduos e poluição;
- extensão da função e, portanto, da vida útil do produto;
- incorporação dos princípios do ciclo de vida do produto;
- consideração da reutilização e da reciclagem dos produtos/serviços no final da sua vida útil.

A **responsabilidade compartilhada**, de acordo com a própria legislação, é o:

> conjunto de atribuições individualizadas e encadeadas dos fabricantes, importadores, distribuidores e comerciantes, dos consumidores e dos titulares dos serviços públicos de limpeza urbana e de manejo dos resíduos sólidos, para minimizar o volume de resíduos sólidos e rejeitos gerados, bem como para reduzir os impactos causados à saúde humana e à qualidade ambiental decorrentes do ciclo de vida dos produtos. (Brasil, 2010)

Como podemos ver na Figura 7.12, a seguir, analisar o ciclo de vida (do berço ao berço) de um produto (ACV) ajuda a compreender qual o impacto econômico e ambiental de determinado produto, avaliando seus benefícios e custos (Brasil, 2010).

*Figura 7.12 – Exemplo de análise de ciclo de vida do produto*

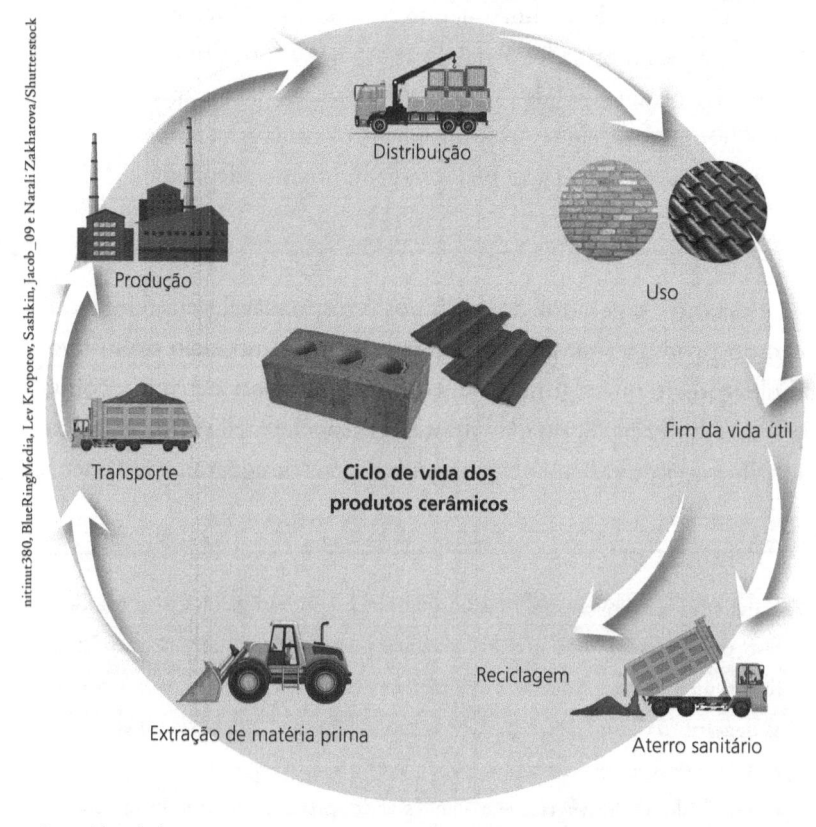

Fonte: Adaptado de Anicer, 2007.

As normativas relacionadas a esse tipo de análise são, de acordo com:

+ ABNT NBR ISO 14040:2009: gestão ambiental; avaliação do ciclo de vida; princípios e estrutura;
+ ABNT NBR ISO 14044:2009: gestão ambiental; avaliação do ciclo de vida; requisitos e orientações.

Atrelado ao conceito de ACV está a **logística reversa**, que, de acordo com a PNRS, é o:

> instrumento de desenvolvimento econômico e social caracterizado por um conjunto de ações, procedimentos e meios destinados a viabilizar a coleta e a restituição dos resíduos sólidos ao setor empresarial, para reaproveitamento, em seu ciclo ou em outros ciclos produtivos, ou outra destinação final ambientalmente adequada; [...]. (Brasil, 2010)

Portanto, o gerador dos resíduos é responsável pela reintrodução do produto (ou de suas matérias-primas) no ciclo produtivo. É obrigatório que alguns produtos tenham logística reversa, como pilhas e baterias, lâmpadas fluorescentes, eletroeletrônicos, óleos lubrificantes e suas embalagens, embalagens de agrotóxicos e pneus.

### *Estudo de caso*

A questão que envolve os resíduos sólidos como bem econômico foi, de fato, um grande avanço na política socioambiental, visto que, nesse aspecto, foram incluídos os catadores de material reciclável (Decreto n. 7.404, de 23 dezembro de 2010). Esses profissionais, cujas profissões estão incluídas na Classificação Brasileira de Ocupações (CBO), desempenham papel crucial na "coleta seletiva, triagem, classificação, processamento e comercialização dos resíduos reutilizáveis e recicláveis, contribuindo de forma significativa para a cadeia produtiva da reciclagem" (Brasil, 2017e).

*Figura 7.13 – A importância dos catadores de materiais recicláveis na questão socioambiental dos resíduos sólidos*

A separação manual e a atuação dos catadores ou agentes ambientais ainda são as práticas mais eficientes aplicadas ao setor. Devido aos aspectos culturais e socioeconômicos do Brasil, a geração de resíduo vem crescendo e mantendo baixa a taxa de segregação, reciclagem e aproveitamento.

## 7.5 Gestão e gerenciamento de resíduos sólidos

Antes de iniciarmos essa etapa do nosso estudo, é importante relembrarmos o conceitos de **gestão** e **gerenciamento dos resíduos**.

A *gestão*, segundo a própria Lei n. 12.305/2010, é o "conjunto de ações voltadas para a busca de soluções para os resíduos sólidos, de forma a considerar as dimensões política, econômica, ambiental, cultural e social, com controle social e sob a premissa do desenvolvimento sustentável" (Brasil, 2010).

Já o *gerenciamento* é o

> conjunto de ações exercidas, direta ou indiretamente, nas etapas de coleta, transporte, transbordo, tratamento e destinação final ambientalmente adequada dos resíduos sólidos e disposição final ambientalmente adequada dos rejeitos, de acordo com plano municipal de gestão integrada de resíduos sólidos ou com plano de gerenciamento de resíduos sólidos. (Brasil, 2010)

De maneira resumida, podemos concluir que o processo de gerenciamento é a execução das ideias e das diretrizes estabelecidas nos processos de gestão.

A grande problemática estabelecida nessa seara é a gestão integrada dos resíduos, incluindo todos os atores: União, estados, municípios e sociedade. Em seu art. 10º, a legislação deixa claro que é de responsabilidade do Distrito Federal e dos municípios a gestão integrada dos seus resíduos quando são produzidos em seus respectivos territórios (Brasil, 2010).

Os **planos de resíduos sólidos** – que são instrumentos da PNRS fundamentais para a gestão integrada dos resíduos e tem por objetivo propor alternativas de gestão e gerenciamento passíveis de implementação, bem como metas para diferentes cenários, programas, projetos e ações correspondentes – devem ser elaborados pela União, estados e municípios e visam à "busca de soluções para os resíduos sólidos, de forma a considerar as dimensões política, econômica ambiental, cultural e social, com controle social e sob a premissa do desenvolvimento sustentável" (Brasil, 2010). Entre os seis planos de resíduos sólidos, destacamos o Plano de Gerenciamento de Resíduos Sólidos (PGRS).

De acordo com o art. 20 da Lei n. 12.305/2010, todos aqueles que geram resíduos em seus processos produtivos devem elaborar um PGRS. O conteúdo mínimo do PGRS, de acordo com a PNRS, deve ser:

Art. 21 [...]

I – descrição do empreendimento ou atividade;

II – diagnóstico dos resíduos sólidos gerados ou administrados, contendo a origem, o volume e a caracterização dos resíduos, incluindo os passivos ambientais a eles relacionados;

III – observadas as normas estabelecidas pelos órgãos do Sisnama, do SNVS e do Suasa e, se houver, o plano municipal de gestão integrada de resíduos sólidos:

a) explicitação dos responsáveis por cada etapa do gerenciamento de resíduos sólidos;

b) definição dos procedimentos operacionais relativos às etapas do gerenciamento de resíduos sólidos sob responsabilidade do gerador;

IV – identificação das soluções consorciadas ou compartilhadas com outros geradores;

V – ações preventivas e corretivas a serem executadas em situações de gerenciamento incorreto ou acidentes;

VI – metas e procedimentos relacionados à minimização da geração de resíduos sólidos e, observadas as normas estabelecidas pelos órgãos do Sisnama, do SNVS e do Suasa, à reutilização e reciclagem;

VII – se couber, ações relativas à responsabilidade compartilhada pelo ciclo de vida dos produtos, na forma do art. 31;

VIII – medidas saneadoras dos passivos ambientais relacionados aos resíduos sólidos; [...]. (Brasil, 2010)

As etapas de elaboração do PGRS devem ser baseadas em sete itens, como mostra a Figura 7.14.

*Figura 7.14 – Etapas necessárias à elaboração do PGRS, com base em Brasil (2010)*

Fonte: Elaborado com base em Brasil, 2010.

Outro importante instrumento da Lei n. 12.305/2010 é o Sistema Nacional de Informações (Sinir), que trata da gestão de resíduos sólidos e permite o monitoramento da gestão e do gerenciamento dos resíduos sólidos por meio da disponibilização de estatísticas e indicadores relacionados à caracterização desses resíduos, muito embora, na prática, os dados sobre esse item sejam encontrados no SNIS*. Assim, concluímos que a PNRS está diretamente relacionada aos resultados que serão divulgados pelo Sinir/SNIS, pois esse sistema fará a coleta e a sistematização dos dados fornecidos pelo serviço público e privado, permitindo as situações observadas na Figura 7.15.

---

* BRASIL. Ministério das Cidades. **Sistema Nacional de Informações sobre Saneamento**. Disponível em: <http://www.snis.gov.br/>. Acesso em: 27 nov. 2017.

*Figura 7.15 – Atividades que serão permitidas a partir dos dados disponibilizados pelo Sinir*

- Avaliação da eficiência da gestão e gerenciamento dos resíduos sólidos
- Informação à sociedade sobre as atividades da PNRS
- Avaliação dos resultados, impactos e acompanhamento das metas definidas nos planos
- Avaliação dos sistemas de logística reversa
- Fiscalização e monitoramento

SINIR

## *Para saber mais*

Para obter os dados disponibilizados pelo Sinir, consulte o *site* do Ministério do Meio Ambiente:

BRASIL. Ministério do Meio Ambiente. Sinir – Sistema Nacional de Informações sobre a Gestão dos Resíduos Sólidos. **Bancos de dados e sistemas afins**. Disponível em: <http://sinir.gov.br/web/guest/bancos-de-dados-e-sistemas-afins>. Acesso em: 25 nov. 2017.

## *Para refletir*

Como verificamos até agora, o sucesso da PNRS depende da conscientização e da sensibilização de diferentes atores sociais. A mudança de posturas e paradigmas não é algo fácil, simples e rápido de acontecer.

> Note que a sustentabilidade deve envolver três aspectos importantes para ser alcançada: a preservação ambiental, a inclusão social e o desenvolvimento econômico, de forma que estejam alinhados sem sobrepor-se um ao outro. Para que isso aconteça, deve haver transparência nas informações, interesse e participação constante desses referidos atores.

É nesse contexto que entra em cena uma ferramenta crucial para provocar essas mudanças socioeconômicas nesses diferentes segmentos da sociedade: a **educação ambiental**.

A educação ambiental foi institucionalizada no país pela Política Nacional de Educação Ambiental (PNEA) – Lei n. 9.795, de 27 de abril de 1999 (Brasil, 1999b). Essa lei, em seus arts. 1º e 2º, estabelece o papel e os objetivos da educação ambiental, como segue:

> Art. 1º – Entendem-se por educação ambiental os processos por meio dos quais o indivíduo e a coletividade constroem valores sociais, conhecimentos, habilidades, atitudes e competências voltadas para a conservação do meio ambiente, bem de uso comum do povo, essencial à sadia qualidade de vida e sua sustentabilidade.
>
> Art. 2º – A educação ambiental é um componente essencial e permanente da educação nacional, devendo estar presente, de forma articulada, em todos os níveis e modalidades do processo educativo, em caráter formal e não formal. (Brasil, 1999b)

Por sua vez, a PNRS estabelece, em seu arts. 5º e 8º, que a PNEA deve ser uma ferramenta articuladora para alcançar os objetivos dessa lei. Além disso, a PNRS, em seu art. 19, estabelece que os municípios, em seus planos municipais de gestão integrada de resíduos sólidos, devem promover "X – programas e ações de educação ambiental que promovam a não geração, a redução, a reutilização e a reciclagem de resíduos sólidos" (Brasil, 2010).

Portanto, são necessárias políticas públicas sérias que viabilizem a inserção da educação ambiental, sobretudo voltando-se ao tema "resíduos sólidos" e que levem em conta a realidade e o contexto de cada região do país. Ainda, é necessário que o conceito dos 5 R's seja um eixo norteador de qualquer prática relacionada à educação ambiental, já que a reutilização dos resíduos, a reciclagem, o ato de repensar o consumo e o de recusar são critérios decisivos para a redução da geração de resíduos no país (Figura 7.16).

*Figura 7.16 – A prática dos 5 R's como fator decisivo na redução da geração de resíduos sólidos no país – a educação para o não consumo*

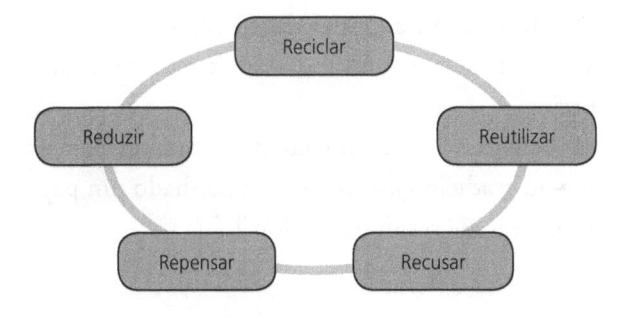

## Síntese

De acordo com o último censo, cerca de dois terços da população estão concentrados nas cidades. A consequência desse fato é o aumento na geração de resíduos sólidos (de maneira concentrada) e, consequentemente, seu despejo no solo. Somente em 2014, foram gerados quase 78,6 milhões de toneladas de resíduos, o que reflete um aumento de quase 3% em relação ao ano anterior.

Em 2010, o Brasil teve aprovada a PNRS, uma lei transversal que visa diminuir o volume total de resíduos produzidos em nível nacional e aumentar a sustentabilidade dessas ações, indo do nível local para o nível nacional.

Todos os tipos de resíduos são contemplados nessa política: resíduos de mineração, agroflorestais, construção civil e resíduos urbanos, domésticos, industriais e dos serviços de saúde, reafirmando que é de responsabilidade de seus geradores o seu gerenciamento.

A logística reversa, com base no princípio do poluidor-pagador, fornece um componente central da lei, especialmente no que se aplica a pesticidas, resíduos perigosos e embalagens associadas; baterias; pneus; óleos lubrificantes e suas embalagens; lâmpadas fluorescentes e produtos eletrônicos e seus componentes.

A PNRS abrange uma variedade de atores públicos e privados em vários setores, mas ambos, sociedade e empresa, irão se beneficiar do desenvolvimento de planos de gestão de resíduos e da formação dos consórcios.

A lei também prevê o acolhimento dos catadores de material reciclável, que têm tradicionalmente desempenhado um papel importante na separação de resíduos no Brasil.

## *Perguntas & respostas*

1. Considerando que o gerenciamento dos resíduos sólidos é ferramenta baseada em ações preventivas relacionadas à geração dos resíduos, descreva, de maneira resumida, as principais etapas de um PGRS.

    **Resposta:**
    - *Segregação do resíduo na fonte geradora.*
    - *Classificação.*

- Coleta.
- Armazenagem.
- Transporte.
- Destinação final.

## Questões para revisão

1. (UFOP – 2010/2) Na atualidade, proteger o meio ambiente consiste em assumir atitudes cotidianas, pessoais e coletivas. Assinale a medida que **não** está de acordo com essa assertiva.
    a. Coleta seletiva de lixo urbano e ampliação da rede de coleta de esgotos urbanos e das estações de tratamento.
    b. Implantação de indústrias de reciclagem nas áreas de preservação natural com o objetivo de gerar mais recursos econômicos.
    c. Industrialização do lixo orgânico e dos resíduos de papel, metais, plásticos, vidros e outros produtos similares.
    d. Aprimoramento das técnicas de manejo agrícola, considerando-se as características do solo e do clima, com o objetivo de atenuar os processos erosivos.

2. A ABNT NBR 10.004:2004 é responsável pela classificação dos resíduos sólidos. Das alternativas a seguir, assinale a que apresenta a classificação dos resíduos perigosos (que podem apresentar riscos à saúde humana e ambiental):
    a. Classe I.
    b. Classe II A.
    c. Classe II B.
    d. Classe especial.
    e. Classe C.

3. A sociedade do consumo em que vivemos baseia-se na aquisição de bens e produtos praticamente descartáveis, gerando grandes quantidades de resíduos. Uma das maneiras de minimizar os impactos ambientais dos resíduos sólidos é por meio da sua gestão e gerenciamento adequados. A gestão e o gerenciamento dos resíduos sólidos devem, de acordo com a lei, seguir a seguinte ordem de prioridade:
   a. Não geração → redução → reutilização → reciclagem → tratamento adequado → correta disposição final.
   b. Reciclagem → Não geração → redução → reutilização → tratamento adequado → correta disposição final.
   c. Reutilização → Reciclagem → Redução → tratamento adequado → correta disposição final.
   d. Correta disposição final → tratamento adequado → Não geração → redução → reutilização → reciclagem.
   e. Tratamento adequado → Correta disposição final → Não geração → redução → reutilização → reciclagem

4. "A compostagem é um processo biológico em que os microrganismos transformam a matéria orgânica, tais como, dejetos de animais (estercos de aves, bovinos, suínos, ovinos, equinos, etc.), cascas e bagaços de frutas e caroços não comercializados, resíduos de culturas (cascas de arroz, palha de milho, vagem seca de feijão, casca seca de café), folhas e ramos de mandioca, bananeira e demais culturas, serragem, restos de capim (colonião, elefante, brachiara, quicuiu etc.), além desses materiais, também pode ser utilizada para enriquecer o adubo orgânico: farinha de osso, cascas de mexilhão e de caranguejo (trituradas), cinzas e terra preta, além de como estrume, folhas e restos de comida, num material semelhante ao solo, a que se chama composto, e que pode ser utilizado como adubo" (Ferreira; Borba; Wizniewsky, 2013, p. 308). Cite algumas características da compostagem.

5. A Lei n. 12.305/2010 institui a Política Nacional de Resíduos Sólidos (PNRS). Quais são os principais objetivos dessa política?

## Questão para reflexão

1. Você sabe para onde vai o lixo da sua cidade? Busque informações sobre essa questão. Tente realizar uma visita ao local para onde se destina o lixo e observe os impactos econômicos, ambientais e sociais atrelados a esse destinatário.

*Para saber mais*

Para saber mais sobre como se elabora um PGRS, sugerimos a cartilha a seguir. Esta cartilha foi elaborada, especialmente, para órgãos e entidades públicas que buscam implementar ou aperfeiçoar iniciativas de sustentabilidade na área de gerenciamento de resíduos sólidos. O nosso intuito é apoiar a promoção da responsabilidade socioambiental e a inserção de critérios sustentáveis nas atividades que serão desenvolvidas pelos gestores e servidores.

BRASIL. Ministério do Meio Ambiente. ICLEI – Secretariado para América do Sul – Escritório de Projetos do Brasil. **Planos de gestão de resíduos sólidos:** manual de orientação. Brasília, 2012. Disponível em: <http://www.mma.gov.br/estruturas/182/_arquivos/manual_de_residuos_solidos3003_182.pdf>. Acesso em: 25 nov. 2017.

Para saber mais sobre logística reversa, sugerimos a leitura do seguinte artigo:

ARAUJO, A. C. de et al. Logística reversa no comércio eletrônico: um estudo de caso. **Gestão da Produção**, São Carlos, v. 20, n. 2, p. 303-320, 2013. Disponível em: <http://www.scielo.br/pdf/gp/v20n2/v20n2a05.pdf>. Acesso em: 25 nov. 2017.

✦ ✦ ✦

*capítulo oito*

# Poluição atmosférica

## Conteúdos do capítulo:

- Atmosfera e seus componentes.
- Reações fotoquímicas na atmosfera.
- Poluição atmosférica e seus efeitos.
- Padrões de qualidade do ar.
- Mudanças climáticas.

## Após o estudo deste capítulo, você será capaz de:

1. identificar os diferentes componentes da atmosfera terrestre;
2. relacionar algumas das principais reações fotoquímicas que ocorrem na atmosfera;
3. compreender os efeitos da poluição atmosférica na saúde humana;
4. apontar algumas legislações relacionadas aos padrões de qualidade do ar atmosférico;
5. explicar o que são as mudanças climáticas e como interferem nos ecossistemas terrestres.

O rigoroso inverno de 1952 fez com que a população de Londres (Inglaterra) queimasse mais carvão e lenha do que o habitual. O nevoeiro, comum nessa época do ano, misturou-se à fumaça proveniente da queima da madeira e à fumaça das fábricas e da queima dos combustíveis dos carros. Assim, formou-se uma intensa fumaça negra que não conseguia se dispersar devido às condições climáticas. Esse evento ficou conhecido como *O grande smog de 1952* (Met Office, 2017). Cerca de 4 mil pessoas morreram nos primeiros dias de doenças ligadas a problemas respiratórios, como bronquite e pneumonia, e os efeitos da poluição atmosférica causaram mais de 8 mil mortes ao longo dos meses seguintes. Tal evento é considerado o marco inicial do combate à poluição atmosférica, já que estimulou as autoridades governamentais a criarem políticas públicas para diminuir a emissão de poluentes.

Podemos dizer que a atmosfera é uma fina camada de gases e minúsculas partículas (aerossóis) que formam o ar. Assim, junto com a imensa quantidade de água que temos na superfície do planeta, a atmosfera faz da Terra um lugar único no universo que conhecemos, pois nos protege da radiação solar, além de fornecer o oxigênio necessário para nossa sobrevivência.

Neste capítulo, vamos abordar diferentes aspectos relacionados à atmosfera. Trataremos de assuntos como poluição atmosférica, *smog* fotoquímico, chuva ácida, efeitos de poluentes na camada de ozônio e o conhecido efeito estufa. Veremos que esses efeitos são perfeitamente reversíveis se forem adotadas políticas de proteção ambiental eficientes associadas a um processo de sensibilização e educação ambiental dos cidadãos.

## 8.1 *Atmosfera e seus componentes*

A **atmosfera** é a camada de ar que recobre a superfície terrestre. A composição de gases é bastante variável, mas o nitrogênio e o oxigênio ocupam a maior parte – 99% do volume do ar seco e limpo. A seguir, podemos observar uma tabela com a composição da atmosfera (Tabela 8.1).

*Tabela 8.1 – Composição dos gases atmosféricos*

| Gás | Porcentagem |
|---|---|
| Nitrogênio | 78,08 |
| Oxigênio | 20,95 |
| Argônio | 0,93 |
| Dióxido de carbono | 0,035 |
| Neônio | 0,0018 |
| Hélio | 0,00052 |
| Metano | 0,00014 |
| Criptônio | 0,00010 |
| Óxido nitroso | 0,00005 |
| Hidrogênio | 0,00005 |
| Ozônio | 0,000007 |
| Xenônio | 0,000009 |

Fonte: Adaptado de Grimm, 2017.

A teoria mais aceita pela comunidade científica é a de que a atmosfera como a conhecemos tenha surgido por meio dos gases presentes na atmosfera primitiva: metano ($CH_4$), amônia ($NH_3$), gás hidrogênio ($H_2$) e vapor d'água ($H_2O$). Note que não havia presença de oxigênio (Nelson; Cox, 2011).

Didaticamente, o estudo da atmosfera é realizado em camadas, de acordo com a temperatura, conforme a Figura 8.1.

*Figura 8.1 – Organização didática da atmosfera em relação às suas divisões*

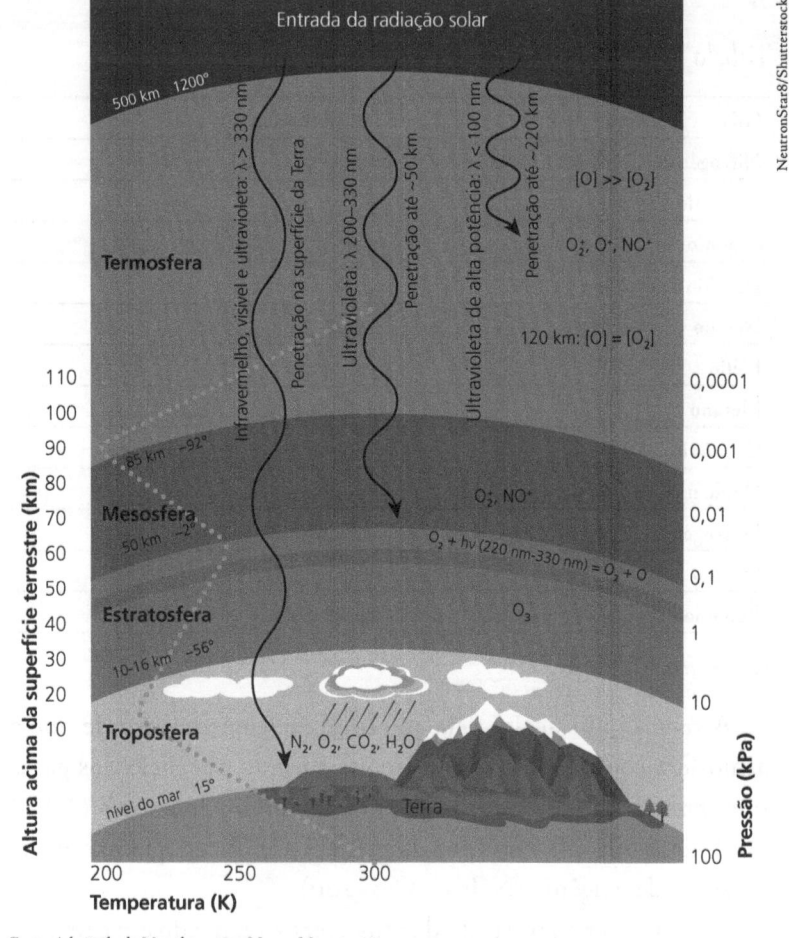

Fonte: Adaptada de Manahan, 1993; Moore; Moore, 1976.

Cada uma das camadas verificadas tem a sua particularidade. Vamos conhecê-las:

+ **Troposfera:** Localiza-se a uma altitude média de 12 km (aproximadamente 20 km no equador e 8 km nos polos). Nessa camada, a temperatura diminui com a altitude. Em sua maioria, os estudos meteorológicos são realizados nessa camada, já que é nela que ocorrem fenômenos relacionados ao tempo. A **tropopausa** é o limite superior da troposfera.

- **Estratosfera:** Estende-se até aproximadamente 50 km da superfície do planeta. Nessa camada, a temperatura aumenta (região aquecida) até chegar à **estratopausa**. Isso ocorre devido à presença do ozônio, que é um potente absorvente da radiação solar.
- **Mesosfera:** Localiza-se a aproximadamente 65 km da superfície terrestre. Diferente da estratosfera, nessa camada, a temperatura diminui à medida que a altura aumenta.
- **Termosfera:** Nessa camada, a temperatura volta a subir com o aumento da altura.
- **Ionosfera:** Localiza-se entre as altitudes de 80 a 900 quilômetros (na termosfera). Detém uma concentração alta de íons (daí a atribuição do seu nome). Isso ocorre devido à retirada de elétrons do nitrogênio e oxigênio pela radiação solar de alta energia de ondas curtas (radiação ultravioleta e raios X), o que deixa muitos elétrons livres e íons positivos. É nessa camada que ocorrem os famosos fenômenos da aurora boreal (no Hemisfério Norte) ou aurora austral (no Hemisfério Sul).*

Além da divisão, devemos destacar que alguns gases desempenham papel crucial na manutenção da vida e do tempo. São eles: o dióxido de carbono, o vapor d'água, o ozônio e os aerossóis. Discutiremos sobre eles em outro momento.

✦ ✦ ✦

* "As auroras estão relacionadas com o vento solar, um fluxo de partículas carregadas, prótons e elétrons, emanadas do sol com alta energia. Quando essas partículas se aproximam da Terra, elas são capturadas pelo campo magnético da Terra" (Grimm, 2017).

## 8.2 Reações fotoquímicas

As reações fotoquímicas são desencadeadas após a incidência de uma radiação eletromagnética (por exemplo, a luz), devido a sua interação, no nível de elétron, com a matéria.

São exemplos de reações fotoquímicas:

- fotossíntese;
- formação do ozônio pelo do oxigênio.

Na atmosfera, essas reações são fundamentais, pois são responsáveis por fenômenos como a formação da camada de ozônio, do *smog* fotoquímico e das chuvas ácidas. Vejamos brevemente cada uma delas.

### Fotossíntese

A **fotossíntese** é o exemplo mais comum de reação fotoquímica. Nela, verifica-se a conversão da energia luminosa em química. Essa reação ocorre em locais específicos dos organismos fotossintetizantes*: os cloroplastos. A estrutura destes é complexa, porém o importante aqui é enfatizar que dentro dela se encontra um arsenal de moléculas necessárias para realizar as reações da fotossíntese (ver Figura 8.2).

A fotossíntese é dividida em duas fases: a **fase clara** (ou fase fotoquímica) e a **fase escura** (ou fase bioquímica). Por desconhecimento do assunto, muitos acham que a fotossíntese acontece somente durante o dia, mas isso não é verdade. Resumidamente, durante a fase fotoquímica, em que é necessária a presença de luz,

♦ ♦ ♦

* Quando nos referimos a *organismos fotossintetizantes*, queremos ressaltar que não somente os vegetais realizam esse tipo de reação. Podemos citar como exemplo as cianobactérias, que não são vegetais, mas fazem fotossíntese.

ocorrem reações de produção de moléculas redutoras*, geração de ATP (moléculas energéticas), fotólise da água** e formação do oxigênio (por meio da fotólise da água).

Já na fase bioquímica, em que não é necessária a presença da luz, há a conversão bioquímica (por isso o nome da fase) do $CO_2$ em açúcar (glicose), auxiliada por um arsenal enzimático – ATP e agentes redutores –, ambos produzidos na fase anterior (Nelson; Cox, 2011).

Na fase clara, a captação da energia luminosa (os fótons) é feita por pigmentos (por exemplo, a clorofila e os carotenoides) que absorvem a energia luminosa, fazem a transferência dos elétrons para os chamados *fotossistemas* e geram outras moléculas.

*Figura 8.2 – Esquema didático da fotossíntese*

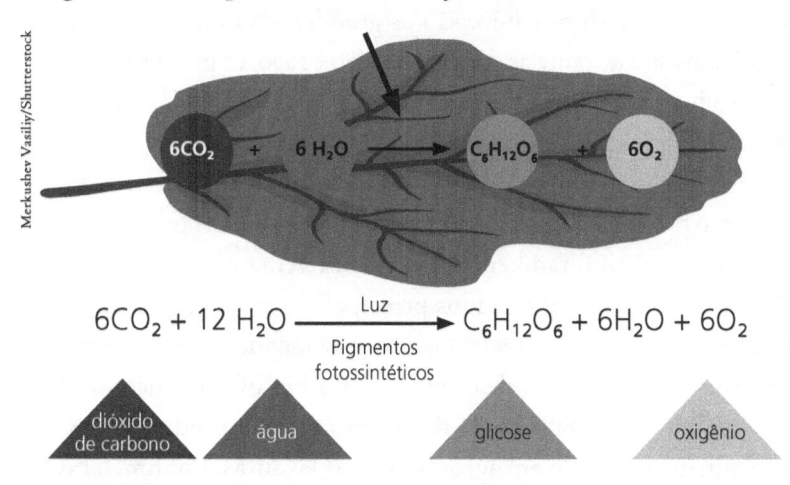

$$6CO_2 + 12 H_2O \xrightarrow[\text{Pigmentos fotossintéticos}]{\text{Luz}} C_6H_{12}O_6 + 6H_2O + 6O_2$$

dióxido de carbono — água — glicose — oxigênio

♦ ♦ ♦

\* De forma simples, *moléculas redutoras* são aquelas que sequestram elétrons e os incorporam à sua estrutura. No caso da fotossíntese, os melhores exemplos desse tipo de moléculas são o NAD (nicotinamida-adenina-dinucleotídeo) e o FAD (flavina-adenina-dinucleotídeo).

\*\* É a degradação da molécula de água pela radiação luminosa com liberação de oxigênio para atmosfera e também de elétrons e íons hidrogênio.

## Formação do ozônio a partir do oxigênio

O ozônio ($O_3$) é fundamental para a manutenção da vida na Terra, pois ele "filtra" a radiação ultravioleta solar, evitando reações químicas entre essa radiação e moléculas importantes do nosso metabolismo, como o DNA. Três átomos de oxigênio ligados formam a molécula de $O_3$, o que ocorre pela exposição do $O_2$ às radiações. No entanto, essa é uma reação de "mão dupla", ou seja, também há formação de $O_2$ na decomposição do $O_3$. Assim, a camada de $O_3$ é, de forma natural, formada e destruída constantemente.

Apesar disso, nas últimas décadas, muitos poluentes lançados à atmosfera são responsáveis pela destruição da camada de ozônio, gerando o famigerado **buraco na camada de ozônio**. Os compostos à base de cloro e flúor são os grandes vilões nesse processo. Principalmente durante as décadas de 1980 e 1990, os produtos à base de clorofluorcarbono (CFC) foram amplamente utilizados na indústria de refrigeração. Entretanto, não somente esses componentes podem destruir a camada de $O_3$. O hidroclorofluorcarbono (HCFC), o halon, o brometo de metila (BR), o tetracloreto de carbono e o óxido de nitrogênio (NO) também podem ser extremamente maléficos.

Os CFCs eram encontrados principalmente nos componentes para refrigeração de geladeiras e ar-condicionados, além de *sprays* aerossóis e na produção de espumas. Já o HCFC era encontrado principalmente na fabricação de extintores de incêndio. O BR é amplamente utilizado em agrotóxicos nas lavouras. Por fim, o NO é emitido na queima de combustíveis fósseis durante a produção de fertilizantes nas queimadas.

## Protocolo de Montreal e o banimento dos gases destruidores da camada de ozônio

Em 1985, pesquisadores detectaram que, em alguns meses do ano, havia uma grande diminuição da quantidade de ozônio estratosférico. No entanto, foi em 2000 que se verificou o maior buraco na camada: uma área de aproximadamente 25 milhões de km² localizada em cima do continente Antártico.

Com essa péssima notícia, em 1987, foi assinado o *Protocolo de Montreal*, elaborado durante a Convenção de Viena, em 1985. Esse tratado internacional versa sobre a eliminação e a substituição de substâncias que destroem a camada de ozônio. O documento foi assinado por **todos** os países do planeta, que se comprometeram com a meta estabelecida.

O Decreto n. 99.280/1990, aderiu o país ao Protocolo. De acordo com o Ministério do Meio Ambiente (MMA), no Brasil, os gases potencialmente destruidores da camada de ozônio encontram-se totalmente banidos, exceto o brometo de metila, que ainda está liberado para alguns cultivos agrícolas, e o HCFC, que se encontra em fase de eliminação. Os potenciais substitutos para esses gases são o gás propano e o gás butano.

É importante ressaltar que, mesmo após o banimento desses gases, o buraco na camada de ozônio deve continuar aumentando pelos próximos 50 anos devido ao seu tempo de ação (Unep, 2012). Na Figura 8.3, a seguir você podemos observar a evolução da camada de ozônio até o ano de 2004.

*Figura 8.3 – O buraco na camada de ozônio de 1979 a 2014*

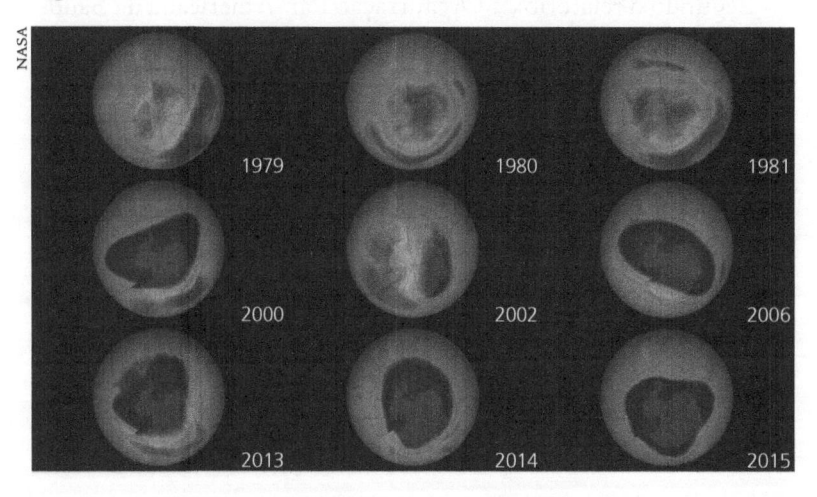

É provável que a reversão dos danos causados à camada de ozônio demore muito mais do que o previsto, uma vez que não cessaram as emissões de diclorometano, substância química ainda empregada em pinturas e sistemas de refrigeração. Essa afirmação foi apresentada por uma pesquisa publicada na revista científica *Nature Communications*.

## 8.3 Poluição atmosférica

O crescimento dos grandes centros urbanos trouxe consigo o aumento da emissão de gases poluentes, assim chamados porque são capazes de provocar danos à saúde humana e ambiental. Esse acelerado processo de urbanização gera a produção de 70% de todo o carbono atmosférico do planeta. Assim, a qualidade do ar na maioria das cidades do mundo não está de acordo com os níveis seguros designados pela Organização Mundial da Saúde (OMS), colocando as pessoas em risco adicional de doenças respiratórias (alergias, asma, pneumonias e bronquites), sobretudo crianças – as quais se tornam um grupo de risco juntamente com os idosos –, e de outros problemas de saúde, inclusive de diferentes tipos de câncer (Miranda et al., 2012).

Segundo o relatório da Organização Pan-Americana da Saúde (Brasil, 2008, p. 21): "Estudos epidemiológicos evidenciam um incremento de risco associado às doenças respiratórias e cardiovasculares, assim como da mortalidade geral e específica associadas à exposição a poluentes presentes na atmosfera".

Além disso, há os impactos ambientais advindos desse tipo de poluição. Como exemplo, temos a redução da capacidade fotossintética dos vegetais, o que provoca a queda da produtividade agrícola e a acidificação dos corpos hídricos e da água das chuvas, o que leva à contaminação do solo, prejudicando os processos ligados à produção vegetal.

No Capítulo 1 deste livro, aprendemos um pouco mais sobre a poluição. Agora precisamos entender melhor a poluição atmosférica.

A Resolução Conama n. 3/1990 assim define *poluente atmosférico*:

> Art. 1º [...]
>
> Parágrafo único. Entende-se como poluente atmosférico qualquer forma de matéria ou energia com intensidade e em quantidade, concentração, tempo ou características em desacordo com os níveis estabelecidos, e que tornem ou possam tornar o ar:
>
> I – impróprio, nocivo ou ofensivo à saúde;
>
> II – inconveniente ao bem-estar público;
>
> III – danoso aos materiais, à fauna e flora.
>
> IV – prejudicial à segurança, ao uso e gozo da propriedade e às atividades normais da comunidade. (Brasil, 1990)

Assim, conceitualmente, podemos definir a *poluição atmosférica* como qualquer alteração das propriedades físicas, químicas e biológicas do ar que pode causar danos tanto aos seres humanos quanto aos outros seres vivos do planeta.

Os poluentes atmosféricos podem ser classificados, como podemos observar no Quadro 8.1, de acordo com a origem (primários e secundários), o estado físico (material particulado, gases e vapores) e a classe química (orgânicos ou inorgânicos).

*Quadro 8.1 – Classificação dos poluentes atmosféricos*

| Classificação | Exemplos |
| --- | --- |
| Material particulado | Poeiras, fumo, fumaças, névoas |
| Gases e vapores | $CO$, $CO_2$, $SO_2$, $O_3$, $NOX$, $HC$, $NH_3$, cloro, $H_2S$ |
| Poluentes primários | $CO$, $SO_2$, cloro, $NH_3$, $H_2S$, $CH_4$, mercaptanas |

*(continua)*

*(Quadro 8.1 – conclusão)*

| Classificação | Exemplos |
|---|---|
| Material particulado | Poeiras, fumo, fumaças, névoas |
| Poluentes secundários | $O_3$, aldeídos, sulfatos, ácidos orgânicos, nitratos orgânicos |
| Poluentes orgânicos | HC, aldeídos, sulfatos, ácidos orgânicos, nitratos orgânicos, partículas orgânicas |
| Poluentes inorgânicos | CO, $CO_2$, cloro, $SO_2$, NOX, poeira mineral, névoas ácidas e alcalinas |
| Compostos de enxofre | $SO_2$, $SO_3$, $H_2S$, sulfatos |
| Compostos nitrogenados | NO, $NO_2$, $HNO_3$, $NH_3$, nitratos |
| Compostos orgânicos | HC, aldeídos, álcoois |
| Compostos halogenados | HCl, HF, CFC, cloretos, fluoretos |
| Óxidos de carbono | CO, $CO_2$ |

## Para refletir

Dados da Organizações das Nações Unidas (ONU) mostram que metade da população mundial vive nas cidades. Isso significa que mais de 3,5 bilhões de habitantes vivem no meio urbano, o que traz grandes complicações, pois aumenta a demanda por educação e habitação acessíveis, disponibilidade de água, ar e comida de qualidade, ambiente seguro e transporte eficiente, além da redução da pobreza, acesso e gerenciamento de recursos naturais, proteção ao meio ambiente e outros.

De acordo com o MMA, são considerados os principais poluentes atmosféricos:

- aldeídos (RCHO);
- dióxido de enxofre ($SO_2$);
- dióxido de nitrogênio ($NO_2$);
- hidrocarbonetos (HC);
- material particulado (MP);
- monóxido de carbono (CO);
- ozônio ($O_3$);
- Poluentes Climáticos de Vida Curta (PCVC).

A seguir, apresentamos as definições dos poluentes mencionados. Elas foram retiradas integralmente do *website* do MMA (Brasil, 2017g).

## Aldeídos (RCHO)

Os aldeídos são compostos químicos resultantes da oxidação parcial dos álcoois ou de reações fotoquímicas na atmosfera, envolvendo hidrocarbonetos.

As **fontes** desses compostos são a queima de combustível em veículos automotores, principalmente nos veículos que utilizam etanol. Os aldeídos emitidos pelos carros são o formaldeído e o acetaldeído (predominante).

Os seus principais **efeitos** são a irritação das mucosas, dos olhos, do nariz e das vias respiratórias em geral e crises asmáticas. Além disso, são ainda compostos carcinogênicos potenciais.

## Dióxido de enxofre ($SO_2$)

É um gás tóxico e incolor que pode ser emitido por fontes naturais ou antropogênicas e pode reagir com outros compostos na atmosfera, formando material particulado de diâmetro reduzido.

Suas **fontes** naturais, como vulcões, contribuem para o aumento das concentrações de $SO_2$ no ambiente, porém, na maior parte das áreas urbanas, é nas atividades humanas que se tem a sua principal fonte. A emissão antropogênica é causada pela queima de combustíveis fósseis com enxofre em sua composição. As atividades de geração de energia, uso veicular e aquecimento doméstico são as que apresentam emissões mais significativas.

Como **efeitos** desse gás, são constatados problemas de saúde relacionados à sua emissão, como o agravamento dos sintomas da asma e o aumento de internações hospitalares decorrentes de doenças respiratórias. Esse material é precursor da formação de material particulado secundário. Pode reagir com a água na atmosfera, formando a chuva ácida.

## Dióxido de nitrogênio ($NO_2$)

É um gás poluente com ação altamente oxidante. Sua presença na atmosfera é fator-chave na formação do ozônio troposférico. Além de efeitos sobre a saúde humana, também interfere nas mudanças climáticas globais.

As **fontes** desse gás podem ser naturais (vulcanismos, ações bacterianas, descargas elétricas) e antropogênicas (processos de combustão em fontes móveis e fixas). As emissões naturais são em maior escala que as antropogênicas, porém, em razão de sua distribuição sobre o globo terrestre, têm menor impacto sobre as concentrações desse poluente nos centros urbanos.

Como efeito, altas concentrações desse gás podem levar ao aumento de internações hospitalares, decorrentes de problemas respiratórios, problemas pulmonares e agravamento à resposta das pessoas sensíveis a alérgenos. Pode levar à formação de *smog* fotoquímico e a chuvas ácidas.

## Hidrocarbonetos (HC)

Compostos formados de carbono e hidrogênio e que podem se apresentar na forma de gases, partículas finas ou gotas. Podem ser divididos em:

- hidrocarbonetos totais – THC;
- hidrocarbonetos simples, conhecidos como *metano* – $CH_4$;
- hidrocarboneto não metano – NMHC, compreende os HC totais (THC) menos a parcela de metano ($CH_4$).

As **fontes** dos hidrocarbonetos provêm de uma grande variedade de processos industriais e naturais. Nos centros urbanos, as principais fontes emissoras são carros, ônibus e caminhões, nos processos de queima e evaporação de combustíveis.

Como **efeito**, são precursores para a formação do ozônio troposférico e apresentam potencial causador de efeito estufa (metano).

## Material particulado (MP)

É uma mistura complexa de sólidos com diâmetro reduzido, cujos componentes apresentam características físicas e químicas diversas. Em geral, o material particulado é classificado de acordo com o diâmetro das partículas, devido à relação entre diâmetro e possibilidade de penetração no trato respiratório.

Assim, partículas com diâmetro menor que 10 µm são consideradas partículas em suspensão, já que, pelo seu tamanho, podem permanecer em flutuação no ar. Já as maiores que 10 µm em seu diâmetro são consideradas partículas sedimentáveis, pois se depositam próximas aos locais de sua emissão.

As **fontes** principais de material particulado são a queima de combustíveis fósseis, a queima de biomassa vegetal, as emissões de amônia na agricultura e as emissões decorrentes de obras e pavimentação de vias.

Estudos indicam que os **efeitos** do material particulado sobre a saúde incluem câncer respiratório, arteriosclerose, inflamação de pulmão, agravamento de sintomas de asma e aumento de internações hospitalares, que podem levar à morte.

## Monóxido de carbono (CO)

É um gás inodoro e incolor, formado no processo de queima de combustíveis.

O monóxido de carbono tem como **fonte** os processos de combustão que ocorrem em condições não ideais, em que não há oxigênio suficiente para se realizar a queima completa do combustível. A maior parte das emissões em áreas urbanas é decorrente de veículos automotores.

Como **efeito**, esse gás tem alta afinidade com a hemoglobina no sangue, substituindo o oxigênio e reduzindo sua quantidade no cérebro, coração e no resto do corpo durante o processo de respiração. Em baixa concentração, causa fadiga e dor no peito; em alta concentração, pode levar à asfixia e à morte.

## Ozônio ($O_3$)

É um poluente secundário, ou seja, não é emitido diretamente, mas formado a partir de outros poluentes atmosféricos e é altamente oxidante na troposfera. O ozônio é encontrado naturalmente na estratosfera, onde tem a função positiva de absorver radiação solar, impedindo que grande parte dos raios ultravioletas chegue à superfície terrestre.

A formação do ozônio troposférico ocorre por meio de reações químicas complexas que acontecem entre o dióxido de nitrogênio e compostos orgânicos voláteis, na presença de radiação solar. Esses poluentes têm como **fonte**, principalmente, a queima de combustíveis fósseis, a volatilização de combustíveis, a criação de animais e a agricultura.

Entre os **efeitos** à saúde estão o agravamento dos sintomas de asma, de deficiência respiratória, bem como de outras doenças pulmonares (enfisemas, bronquites etc.) e cardiovasculares (arteriosclerose). O longo tempo de exposição pode ocasionar redução na capacidade pulmonar, desenvolvimento de asma e redução na expectativa de vida.

## Poluentes Climáticos de Vida Curta (PCVC)

São poluentes com vida relativamente curta na atmosfera (de alguns dias a algumas décadas). Eles apresentam efeitos nocivos à saúde, ao ambiente e também agravam o efeito estufa. Os principais PCVC são o carbono negro, o metano, o ozônio troposférico e os hidrofluorocarbonetos (HFC).

As **fontes** principais de carbono negro são a queima ao ar livre de biomassa, motores a diesel e a queima residencial de combustíveis sólidos, como carvão e madeira. As fontes antropogênicas de metano são sistemas de óleo e gás, agricultura, criação de animais, aterros sanitários e tratamentos de esgotos. Com relação aos HFCs, seu uso ocorre principalmente em sistemas de ar condicionado, refrigeração, supressores de queima, solventes e aerossóis.

Os PCVCs têm **efeitos** negativos sobre a saúde humana, sobre os ecossistemas e sobre a produção agrícola. O carbono negro é um dos componentes do material particulado, o qual apresenta efeitos nocivos sobre os sistemas respiratório e sanguíneo, podendo levar ao óbito. O metano tem grande potencial de aquecimento global, além de ser precursor na formação do ozônio troposférico. Os HFCs, assim como o metano, também apresentam grande potencial de aquecimento global.

Além dos poluentes mencionados, podemos citar outros dois poluentes atmosféricos: os **compostos orgânicos voláteis** (COVs) – que tem origem na expressão do inglês *Volatile Organic Compounds* – e os **materiais particulados** (MP).

Os COVs são compostos que apresentam valores de ponto de ebulição abaixo de 150 °C (Keith, 1996). São poluentes muito perigosos para a saúde humana, pois muitos são potencialmente carcinogênicos, ou seja, podem causar câncer. Podemos encontrar os COVs em tintas e produtos à base de formaldeído, benzeno (presente no cigarro e na gasolina), tolueno e xileno; em produtos de limpeza; e, até mesmo, nas emissões vegetais (em pequenas quantidades). O tolueno é neurotóxico (causa danos ao sistema nervoso central) e hepatotóxico (causa danos ao fígado), enquanto os xilenos são nefrotóxicos (causam danos aos rins), neurotóxicos e fototóxicos (tóxicos à pele) (Leslie, 2000).

É importante destacar que os COVs ocorrem em todos os lugares fechados e, em geral, suas quantidades em ambientes internos são maiores do que no ambiente externo devido à má qualidade do sistema de exaustão ou ao grande número de fontes poluidoras (Andersson et al., 1997).

Os MPs são partículas sólidas e líquidas dispersas no ar que medem aproximadamente entre 0,01 e 10 micrômetros de diâmetro, ou seja, são menores do que a largura de um fio de cabelo*.

✦ ✦ ✦

* Trataremos desse assunto mais adiante.

Contudo, nem todas as formas de poluição provêm de fontes antrópicas. Há casos em que os poluentes vêm de fontes naturais, como as erupções vulcânicas (ricas em compostos que contêm enxofre), as grandes tempestades de areia e poeira, a decomposição de organismos e os florestais causados por raios.

## 8.4 Padrões de qualidade do ar e controle da poluição atmosférica

Independentemente da fonte poluidora, há diferentes formas de controle da poluição atmosférica. Como já vimos, a poluição atmosférica é aquela capaz de causar algum tipo de dano. Por isso, partimos da premissa de que há níveis de referência nos quais se baseiam as legislações que controlam o **padrão de qualidade do ar atmosférico**.

Tais padrões de qualidade variam de nação para nação e levam em consideração diferentes aspectos como:

- o tipo de abordagem adotada no estudo;
- a viabilidade técnica da equipe;
- as condições econômicas, políticas, sociais e ambientais do local;
- a capacidade de gestão dos governantes e responsáveis.

Portanto, é válido que cada dirigente observe as condições locais a fim de iniciar as tomadas de decisão no âmbito do combate à poluição.

No Brasil, a resolução Conama n. 3/1990 estabelece os padrões de qualidade do ar, junto com a resolução Conama n. 5/1989, que instituiu o Programa Nacional de Controle da Qualidade do Ar – o Pronar.

A Resolução Conama n. 3/1990 descreve que tais padrões devem ser divididos em duas categorias: padrões primários e padrões secundários de qualidade. Em seu art. 2º, a resolução define os **padrões primários e secundários de qualidade do ar:**

> Art. 2º Para os efeitos desta Resolução ficam estabelecidos os seguintes conceitos:
>
> I – **Padrões Primários de Qualidade do Ar** são as concentrações de poluentes que, ultrapassadas, poderão afetar a saúde da população.
>
> II – **Padrões Secundários de Qualidade do Ar** são as concentrações de poluentes abaixo das quais se prevê o mínimo efeito adverso sobre o bem-estar da população, assim como o mínimo dano à fauna, à flora, aos materiais e ao meio ambiente em geral. (Brasil, 1990, grifo nosso)

Já os parâmetros a ser avaliados (já discutidos anteriormente) são os seguintes: partículas totais em suspensão, fumaça, partículas inaláveis, dióxido de enxofre, monóxido de carbono, ozônio e dióxido de nitrogênio. No mesmo documento fica atribuída aos estados a função de realizar o monitoramento periódico da qualidade do ar.

Os padrões de qualidade e as metodologias utilizadas nas análises químicas para as diferentes espécies estipuladas nos padrões nacionais de qualidade do ar estão listados na Tabela 8.2 (Brasil, 1990).

*Tabela 8.2 – Padrões de qualidade do ar estabelecidos pela Resolução Conama n. 3/1990*

| Poluente | Tempo de amostragem | Padrão primário $\mu g.m^3$ | Padrão secundário $\mu g.m^3$ | Métodos de medição |
|---|---|---|---|---|
| Partículas totais em suspensão | 24 h (1) | 240 | 150 | Amostrador de grandes volumes |
| | MGA (2) | 80 | 60 | |
| $SO_2$ | 24 h | 365 | 100 | Pararosanilina |
| | MAA (3) | 80 | 40 | |
| CO | 1 h (1) | 40.000 | 40.000 | Infravermelho não dispersivo |
| | 8 h | 35 ppm | 35 ppm | |
| | | 10.000 | 10.000 | |
| | | (9 ppm) | (9 ppm) | |
| $O_3$ | 1 h (1) | 160 | 160 | Quimilunescência |
| Fumaça | 24 h (1) | 150 | 100 | Refletância |
| | MAA (3) | 60 | 40 | |
| Partículas inaláveis | 24 h (1) | 150 | 150 | Separação inercial /filtração |
| | MAA (3) | 50 | 50 | |
| $NO_2$ | 1 h (1) | 320 | 190 | Quimilunescência |
| | MAA (3) | 100 | 100 | |

(1) Não deve ser excedido mais que uma vez ao ano; (2) média geométrica anual; (3) média aritmética anual.

Fonte: Elaborado com base em Brasil, 1990.

O principal objetivo de um programa de monitoramento da qualidade do ar é gerar o maior número de dados possíveis para tomadas de decisão relativas ao estabelecimento de limites para proteger a saúde e o bem-estar das pessoas, além de acompanhar mudanças na qualidade do ar em função das alterações nas emissões dos poluentes (São Paulo, 1994).

Já a Resolução Conama n. 5, de 15 de janeiro de 1989, criou o Pronar com o seguinte objetivo:

> I – [...] permitir o desenvolvimento econômico e social do País de forma ambientalmente segura, pela limitação dos níveis de emissão de poluentes por fontes de poluição atmosférica, com vistas a:
> a) uma melhoria na qualidade do ar;
> b) o atendimento aos padrões estabelecidos;
> c) o não comprometimento da qualidade do ar em áreas consideradas não degradadas. (Brasil, 1989)

Ainda ficou definido como estratégia do Pronar o estabelecimento de limites nacionais para as emissões, por tipologia de fontes e poluentes prioritários, reservando o uso dos padrões de qualidade do ar como ação complementar de controle. Foram previstas, ainda, medidas de classificação das áreas conforme o nível desejado de qualidade do ar, de monitoramento, de licenciamento ambiental, de inventário nacional de fontes e poluentes do ar, interface com outras medidas de gestão e capacitação dos órgãos ambientais (Brasil, 1989).

Com o Pronar, outros documentos norteadores do controle da poluição também foram estabelecidos. São eles:

a. Programa de Controle da Poluição por Veículos Automotores (Proconve);
b. Programa Nacional de Controle da Poluição Industrial (Pronacop);
c. Programa Nacional de Avaliação da Qualidade do Ar;
d. Programa Nacional de Inventário de Fontes Poluidoras do Ar;
e. Programas Estaduais de Controle da Poluição do Ar.

Vamos dar uma atenção especial ao Proconve (Resolução Conama n. 18/1986). Trata-se de um importante programa que estabelece os limites de emissão dos gases de veículos automotivos.

Os últimos dados do Departamento Nacional de Trânsito (Denatran) mostram que o Brasil tem um automóvel para cada quatro habitantes. Ao todo são 45,4 milhões de veículos nas ruas do país. Em 2003, a proporção era de 1 automóvel para cada 7 habitantes. Sem dúvida, esse aumento está atrelado às péssimas condições do transporte público nacional. No momento, quando a compra de veículos já atingiu patamares tão elevados, uma legislação regulatória como esta é de fundamental importância.

Os resultados mais expressivos do Proconve (Brasil, 2016b), de acordo com o MMA, foram:

1. a modernização do parque industrial automotivo brasileiro;
2. a adoção, atualização e desenvolvimento de novas tecnologias;
3. a melhoria da qualidade dos combustíveis automotivos;
4. a formação de mão de obra técnica altamente especializada;
5. o aporte no Brasil de novos investimentos, de novas indústrias e de laboratórios de emissão;
6. geração de empregos;
7. diversificação do parque industrial; e
8. a redução na fonte (veículo) em até 98% da emissão de poluentes.

A seguir estão outras legislações atreladas aos programas citados e relativas à emissão de poluentes atmosféricos (Brasil, 2017c):
+ **Resolução Conama n. 8, de 31 de agosto de 1993** – "Complementa a Resolução n. 18/1986, que institui, em caráter nacional, o Programa de Controle da Poluição do Ar por Veículos Automotores – Proconve, estabelecendo limites máximos de emissão de poluentes para os motores destinados a veículos pesados novos, nacionais e importados" (Brasil, 1993). Com data da legislação de 31/08/1993, sua publicação no DOU é de 31/12/1993. É complementada pela Resolução n. 16, de

1995, e alterada pelas Resoluções n. 16, de 1994; n. 27, de 1994; n. 15, de 1995; n. 17, de 1995; e n. 241, de 1998; complementa a Resolução n. 18, de 1986; altera a Resolução n. 1, de 1993; revoga as Resoluções n. 4, de 1988, e n. 10, de 1989.

- **Resolução Conama n. 16, de 13 de dezembro de 1995** – "Complementa a Resolução n. 8/93, estabelecendo a homologação e certificação dos motores novos do ciclo Diesel para aplicações em veículos leves ou pesados, quanto ao índice de fumaça (opacidade) em aceleração livre. Complementada pela Resolução n. 251/99 quanto ao controle dos níveis de opacidade dos veículos automotores do ciclo Diesel em uso. Dispõe sobre os limites máximos de emissão de poluentes para os motores destinados a veículos pesados novos, nacionais e importados, e determina a homologação e certificação de veículos novos do ciclo Diesel quanto ao índice de fumaça em aceleração livre" (Brasil, 1995a). Com data da legislação de 13/12/1995, sua publicação no DOU é de 29/12/1995.

- **Resolução Conama n. 17, de 13 de dezembro de 1995** – "Altera a Resolução n. 1/93 (altera o anexo 1), caso o veículo seja produzido a partir de um chassi para ônibus ou plataforma rodante para ônibus, fornecido por terceiros. Ratifica o art. 20 da Resolução no 8/93 excetuada a exigência estabelecida para a data de 1º de janeiro de 1996. Dispõe sobre os limites máximos de ruído para veículos de passageiros ou modificados" (Brasil, 1995b). Com data de legislação de 13/12/1995, sua publicação no DOU é de 29/12/1995.

- **Resolução Conama n. 27, de 7 de dezembro de 1994** – Vem "Fixar novos prazos para o cumprimento dos seguintes dispositivos da Resolução/conama/n. 8, de 31 de agosto de 1993, em consonância com a Fase III prescrita na citada Resolução, a saber: I – 3ª Reunião ordinária do CONAMA no ano de 1995, para o encaminhamento pelo IBAMA ao CONAMA da proposta de regulamentação referida no artigo 8º, § 1º.

II – 1º de janeiro de 1996, para o início da afixação obrigatória do adesivo a que se refere o artigo 17" (Brasil, 1994). Com data da legislação de 07/12/1994 e publicação no DOU em 30/12/1994.
- **Resolução Conama n. 241, de 30 de junho de 1998** – "Dispõe sobre os prazos para o cumprimento das exigências relativas ao PROCONVE para os veículos importados" (Brasil, 1998b). Com data da legislação de 30/06/1998, sua publicação no DOU é de 05/08/1998.
- **Resolução Conama n. 242, de 30 de junho de 1998** – "Dispõe sobre limites de emissão de material particulado para veículo leve comercial e limite máximo de ruído emitido por veículos com características especiais para uso fora de estradas" (Brasil, 1998c). Com data da legislação de 30/06/1998, sua publicação no DOU é de 05/08/1998.
- **Resolução Conama n. 382/2006** – "Estabelece os limites máximos de emissão de poluentes atmosféricos para fontes fixas" (Brasil, 2007b). Com data da legislação de 26/12/2006 e publicação no DOU em 02/01/2007, é complementada pela resolução n. 436, de 2011.
- **Resolução Conama n. 436 de 26 de dezembro de 2011** – "Estabelece os limites máximos de emissão de poluentes atmosféricos para fontes fixas instaladas ou com pedido de licença de instalação anteriores a 2 de janeiro de 2007" (Brasil, 2011b). Com data da legislação de 22/12/2011 e publicação em 26/12/2011, complementa as resoluções n. 5, de 1989, e n. 382, de 2006.

## *Para refletir*

### *Poluição atmosférica – o caso de Cubatão/SP*

Embora tenhamos inúmeros exemplos a respeito de cidades com altos índices de poluição atmosférica, optamos por trazer uma experiência exitosa. É o caso da cidade de Cubatão/SP, que durante algum tempo ficou conhecida como a cidade mais poluída do mundo.

Na década de 1970 e 1980, a cidade de Cubatão era um grande polo industrial da baixada santista e emitia centenas de toneladas de gases tóxicos por dia. Havia poluentes provenientes de inúmeras fontes, como: siderúrgicas, indústrias químicas e petroquímicas, produtores de defensivos agrícolas, entre outras, o que levou à degradação de vários ecossistemas locais.

No entanto, no início da década de 1980, um plano de gerenciamento e controle ambiental multidisciplinar foi posto em prática e houve a participação de vários setores da sociedade civil, pública e empresarial. O Programa de Controle de Poluição de Cubatão, juntamente com a criação da Comissão Especial da Serra do Mar, ambos de responsabilidade do Governo do Estado de São Paulo, criaram ações positivas para o controle da poluição do local.

Altos investimentos foram feitos para extinguir ou mitigar os efeitos da poluição, e atualmente o controle da emissão de poluentes é feito pela Cetesb (Companhia de Tecnologia de Saneamento Ambiental do Estado de São Paulo) de forma *online* (em tempo real), sendo considerada um símbolo de recuperação ecológica (Barbosa; Alves, 2012).

## *Para saber mais*

Para saber mais sobre o caso da cidade de Cubatão, assista aos vídeos e leia o artigo a seguir:

83 – Cubatão Vale da Morte. Disponível em: <https://www.youtube.com/watch?v=s6zzwvKoR5E>. Acesso em: 25 nov. 2017.

CUBATÃO é exemplo de recuperação ambiental. Disponível em: <https://www.youtube.com/watch?v=Sm6XfzJgCNg>. Acesso em: 25 nov. 2017.

NARDOCCI, A. C. et al. Poluição do ar e doenças respiratórias e cardiovasculares: estudo de séries temporais em Cubatão, São Paulo, Brasil.

## 8.5 Efeitos da poluição atmosférica

A exposição em longo prazo à poluição do ar pode levar a condições que afetam a saúde humana e ambiental de forma grave. Como já foi dito, no ser humano, o sistema respiratório é o mais afetado, mas as doenças cardíacas e o câncer também devem ser citados. Pessoas com problemas de pulmão ou doenças cardíacas podem ser mais suscetíveis aos efeitos da poluição do ar.

No entanto, além do ser humano, a poluição também causa danos às plantas e aos animais, afetando a biodiversidade e a produtividade das culturas. Podemos citar como principais impactos ao meio ambiente a redução da camada de ozônio (já discutido anteriormente), o *smog* fotoquímico, o efeito estufa e a precipitação de chuva ácida.

### Smog fotoquímico

*Smog* fotoquímico é uma mistura de poluentes formados quando os óxidos de nitrogênio e os compostos orgânicos voláteis (COVs) reagem à luz solar, criando uma névoa marrom no céu das cidades. Ele tende a ocorrer com mais frequência no verão, quando há mais luz solar incidindo.

Muitos dos gases poluentes são produzidos tanto por fontes naturais como antrópicas, como os óxidos de nitrogênio e os COVs; contudo, as emissões naturais tendem a se espalhar por grandes áreas e reduzir os seus efeitos, mas as emissões provocadas pelo ser humano tendem a se concentrar perto de sua fonte, como em uma cidade, como podemos observar na Figura 8.4.

*Figura 8.4* – Smog *fotoquímico*

O *smog* fotoquímico pode ter um efeito adverso sobre o meio ambiente (redução na taxa de fotossíntese), sobre a saúde das pessoas e até mesmo efeitos em vários materiais – por exemplo, causar a fissuração da borracha e rachaduras em obras de arte e livros de grande importância cultural.

## *Efeito estufa*

Nos países de inverno rigoroso, os cultivadores de legumes e plantas ornamentais constroem estruturas recobertas por painéis de vidro transparente, alguns dos quais podem ser abertos de forma controlada na parte superior da estrutura. Durante os períodos de baixas temperaturas, a luz e o calor do sol penetram no interior e aquecem o ar, as plantas e as estruturas de suporte. Essa energia fica aprisionada, e a temperatura da estufa é regulada pela abertura adequada de alguns dos painéis móveis de vidro, o que permite a saída do ar aquecido. Portanto, as chamadas *estufas* funcionam basicamente para evitar que a circulação do ar resfrie o ambiente (ver Figura 8.5). O mesmo, por analogia, ocorre com a atmosfera terrestre.

*Figura 8.5 – Esquematização do efeito estufa*

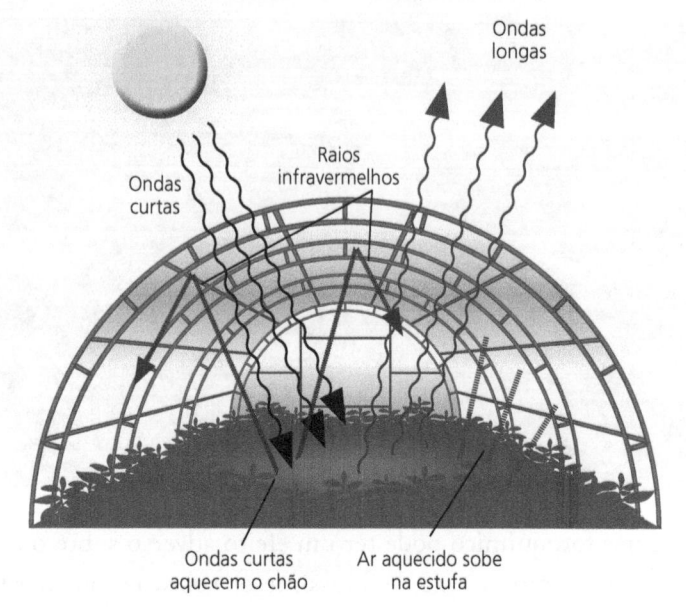

Ondas longas
Raios infravermelhos
Ondas curtas
Ondas curtas aquecem o chão
Ar aquecido sobe na estufa

Fonte: Adaptado de Almeida, 2016.

Logo, o efeito estufa é o aumento de temperatura na Terra em função da retenção de calor proveniente do Sol. Esse aumento de temperatura é ocasionado pela presença de determinados elementos na atmosfera, como vapor de água, dióxido de carbono ($CO_2$), óxidos de nitrogênio (NOx), metano ($CH_4$) e outros gases. Nesse processo, uma parte da radiação proveniente do Sol, ao ser absorvida por materiais e substâncias na superfície da Terra, é convertida e emitida para a atmosfera como radiação infravermelha. Alguns gases atmosféricos absorvem essa radiação, causando aquecimento da atmosfera. Como resultado, esses gases também emitem radiação infravermelha em todas as direções, inclusive para a superfície. Desse modo, a energia fica aprisionada na região superfície-troposfera principalmente (Braga et al., 2005).

O efeito estufa é um fenômeno que ocorre naturalmente na atmosfera terrestre, e, não fosse por ele, o planeta seria um lugar muito frio. Entretanto, a queima de combustíveis fósseis emite gases em excesso para a atmosfera, causando o evento que conhecemos como **aquecimento global**.

Grande parte dos gases responsáveis pelo aquecimento global é emitida por fontes antrópicas, ou seja, provenientes de ações humanas, o que pode ocasionar um efeito catastrófico e provocar mudanças irreversíveis no clima terrestre (Barcellos et al., 2009).

De acordo com o Painel Intergovernamental de Mudanças Climáticas (IPCC, 2017), como consequências do aquecimento global podemos citar:

- alterações na pluviosidade e na circulação dos oceanos;
- alterações nos regimes dos ventos;
- elevação no nível dos mares;
- aumento da biomassa terrestre e oceânica;
- modificações profundas na vegetação;
- aumento na incidência de doenças;
- proliferação de insetos nocivos ou vetores de doenças, entre outras.

Existem dois tipos de **fontes de gases** presentes na atmosfera: as **naturais**, que são as emissões existentes na natureza desde a formação do planeta Terra, como a de vulcões, e a evaporação de água de demais compostos dos mares e rios; e as fontes **antrópicas**, que, conforme citado anteriormente, são provenientes das ações do ser humano, como as emissões por chaminés, usinas, automóveis etc.

As fontes antrópicas podem ser consideradas pontuais quando existe um ponto fixo ou difusa, como veículos e chaminés de um navio. As fontes podem ser móveis ou estacionárias e os poluentes podem ser primários, quando chegam à atmosfera pela emissão direta de uma fonte natural ou antrópica, ou secundários, quando são produtos de uma reação entre compostos presentes na atmosfera.

O efeito estufa explica a manutenção da temperatura no planeta; contudo, muitos pesquisadores alertam que essa temperatura média global do ar se elevará alguns graus como consequência do aumento do lançamento de gases, tanto de fonte antrópica como natural, na atmosfera os chamados *gases de efeito estufa* (GEE), dos quais falaremos adiante.

Entre os pesquisadores, há divergência quando se trata da responsabilidade das práticas antrópicas como causa do aumento do efeito estufa, porém, temos uma parcela significativa de cientistas que afirmam que o aquecimento global foi intensificado nos últimos 100 anos e as práticas industriais são responsáveis por grande parte do aumento de temperatura, que foi de aproximadamente dois terços de graus Celsius (Braga et al., 2005).

## Chuva ácida

Outro severo problema provocado pela poluição atmosférica são as chuvas ácidas ou, mais corretamente definida, a **precipitação ácida**. Esse fenômeno ocorre quando substâncias ácidas solubilizadas ou geradas como poluente secundário caem na superfície por meio de chuva, neve ou neblina. Todos os líquidos com pH* menor que 7,0 são considerados ácidos e os com pH superior a 7,0 são básicos ou alcalinos, em uma escala que varia de 1 a 14. Os líquidos com pH igual a 7,0 são considerados neutros. A chuva limpa tem um pH levemente ácido, geralmente em torno de 5,6. Esse fenômeno ocorre devido à reação do gás carbônico com a água, formando o ácido carbônico, que é um ácido fraco, conforme descrito na equação a seguir.

$$CO_2 (g) + H_2O (aq) \leftrightarrow H_2CO_3 (aq) - \text{ácido carbônico}$$

Já a chuva "ácida" ocorre devido à presença de contaminantes na atmosfera, sobretudo óxidos de enxofre e óxidos de nitrogênio, que reagem com as moléculas de água presentes no ar e formam os ácidos sulfúrico e nítrico (ver equações 8.1 e 8.2), que são ácidos

✦ ✦ ✦

* Escala que mede o grau de acidez ou alcalinidade de substâncias.

fortes, sendo as principais fontes de emissão desses poluentes os gases emitidos por indústrias e veículos.

$SO_3 + H_2O \leftrightarrow H_2SO_4$ [ácido sulfúrico]   (8.1)

$N_2O_5 + H_2O \leftrightarrow HNO_3$ [ácido nítrico]   (8.2)

O fenômeno da chuva ácida foi descoberto por Angus Smith, na Grã-Bretanha, em meados de 1800, mas permaneceu esquecido até os anos 1950. Ele se refere à precipitação mais ácida que a chuva "natural", ligeiramente ácida devido à presença de dióxido de carbono atmosférico dissolvido, que forma ácido carbônico (Braga et al., 2005).

A vida aquática é fortemente afetada por alterações no pH causadas pela chuva ácida, o que acaba afetando a disponibilidade de alimento e mesmo os animais capazes de suportar as alterações de pH acabam morrendo por falta de alimento.

Os ácidos também podem corroer pedras, metal e tintas, e a deterioração natural de construções e monumentos é acelerada. Um dos principais prejuízos causados é a destruição de monumentos e estruturas urbanas, principalmente quando constituídos por calcário ($CaCO_3$), que reage com os ácidos (Figura 8.6).

*Figura 8.6 – Efeitos da chuva ácida em monumentos*

Uma das prioridades na luta contra a poluição atmosférica deve ser o monitoramento, uma vez que populações inteiras sofrem com as consequências e nem ao menos são responsáveis pela geração do poluente, tampouco têm acesso às riquezas geradas pelas atividades produtivas causadoras da poluição, já que essa poluição é dinâmica e percorre grandes distâncias desde o seu ponto de origem.

## 8.6 As mudanças climáticas e os gases de efeito estufa (Green House Gases)

Em 2014, foi elaborado o quinto relatório do IPCC*, que prevê que no ano de 2100 as emissões de gases de efeito estufa (GEE) serão tão maiores que as atuais (caso a emissão continue no mesmo ritmo) que haverá acidificação dos oceanos devido à absorção de $CO_2$ na atmosfera. Isso prejudicará a vida marinha, o que acarretará alteração em toda sua cadeia alimentar. Ainda, as projeções e as simulações do estudo afirmam que, mesmo cessando a emissão de $CO_2$, 20% dele permanecerá na atmosfera por pelo menos 10 mil anos.

Como vimos até agora, inúmeras são as consequências das emissões do GEEs, porém a mais estudada atualmente está relacionada às mudanças climáticas. É importante ressaltar que não estamos nos referindo apenas ao aquecimento global – pois este é uma das consequências dessa mudança –, mas também a invernos mais rigorosos (nevascas), regimes de chuvas e ventos alterados, maior incidência de tempestades tropicais, tufões, maremotos, furacões, enchentes, ondas de calor e períodos de seca mais severos – ou seja, trata-se de um aspecto mais global do assunto.

✦ ✦ ✦

* Relatório disponível em inglês no *site* <http://www.ipcc.ch/>.

Já mencionamos que foi a partir da Revolução Industrial que as emissões dos GEE aumentaram substancialmente. Desde então, o planeta teve um aumento de temperatura considerável.

Sabemos que o clima desempenha papel fundamental em nosso sistema global e qualquer mudança pode trazer severas consequências. Assim, as mudanças climáticas afetam as pessoas e a natureza de inúmeras formas. Podemos citar como exemplo a diminuição da quantidade de água doce potável, que serve tanto para o consumo quanto para a agricultura, e isso diminui a oferta por alimentos e renda, gerando conflitos. A acidificação dos oceanos, por exemplo, afeta diretamente a vida marinha, que, por sua vez, é alimento para bilhões de pessoas.

Outro aspecto está relacionado ao desflorestamento (desmatamento), o que prejudica a qualidade do ar, a qualidade da água, o solo, impede a retirada de produtos como madeira e medicamentos, além de destruir o lar de muitos dos animais selvagens. O principal motivo para esse desmatamento é o aumento da agricultura (Odingo, 1990; FAO, 1999).

O *site* da Agência Espacial Norte-Americana (Nasa) disponibiliza um banco de imagens no qual se pode visualizar diferentes locais do mundo em que houve mudanças significativas na paisagem (Figura 8.7).

*Figura 8.7 – Geleira Qori Kalis no alto dos Andes (Peru)*

Em 1978, a geleira ainda estava avançando. Até 2011, ela tinha recuado completamente de volta à terra, formando um lago com cerca de 86 hectares de área e 200 pés (60 metros) de profundidade.

Fonte: Nasa, 2017.

Com base nessas observações, as emissões dos GEEs passaram a ser reguladas por acordos internacionais, como o Protocolo de Kioto, sobre o qual conversaremos a seguir.

## O que é o Protocolo de Kioto?

Assinado em 1997 e iniciado em 2005, o Protocolo de Kyoto foi o primeiro acordo internacional (ratificado por 189 países) vinculado ao Painel Intergovernamental sobre Mudanças Climáticas da ONU, que estabeleceu, entre seus membros, metas de redução de emissões coletivas de GEE em 5,2% entre os anos de 2008 e 2012, tomando como referência o ano de 1990.

A grande questão é atribuir responsabilidade e estabelecer qual a contribuição dos países desenvolvidos para a resolução desse problema, uma vez que comprovadamente são responsáveis pela maior parcela de emissões de GEE na atmosfera ao longo dos últimos 150 anos de atividade industrial. As nações que se comprometeram em diminuir suas emissões tiveram sucesso, pois a redução foi de aproximadamente 22,6%. No entanto, a taxa de emissão global aumentou. O último relatório do IPCC sobre a avaliação do clima mostrou que, ao invés de diminuírem (como era esperado), as emissões de gases aumentaram cerca de 16,5% entre os anos de 2005 e 2012, e um dos fatores para que esse fato tenha ocorrido é que os maiores poluidores, China e Estados Unidos, não participaram dos acordos.

Após o final do prazo estabelecido, foi realizada a 18ª Conferência das Nações Unidas sobre Mudança Climática (COP-18), em Doha (Catar), que estabeleceu uma nova meta (o segundo termo do referido protocolo): até 2020 as emissões deveriam ser reduzidas em 18%. É importante mencionar que não mais participam a Nova Zelândia, o Canadá, a Rússia e os Estados Unidos.

## Mas, afinal de contas, o dióxido de carbono ($CO_2$) é um vilão ou mocinho?

Os gases da atmosfera, principalmente o dióxido de carbono ($CO_2$) e o oxigênio ($O_2$), são extremamente importantes para os organismos vivos. Falando especificamente do $CO_2$, ele é essencial para a fotossíntese (já discutida anteriormente), processo em que ocorre a conversão da energia solar em energia química para a produção de carboidratos (açúcares) e oxigênio (Raven; Evert; Eichhorn, 1996).

A fotossíntese sustenta toda a cadeia alimentar, o que significa que sem ela não haveria a possibilidade de manutenção das formas de vidas aeróbicas (aquelas que utilizam oxigênio para sua sobrevivência). Além disso, o dióxido de carbono é um excelente absorvente da energia proveniente da radiação solar, deixando a terra com uma temperatura que permite a manutenção da vida humana.

Apesar de suas características positivas, o $CO_2$ tem sido tratado como vilão no processo de mudanças climáticas, sobretudo porque está diretamente relacionado com o efeito estufa. O uso de combustíveis fósseis é a principal fonte de emissão de $CO_2$. A forma como as pessoas usam a terra (agricultura) é também uma importante fonte de emissão de $CO_2$, especialmente quando envolve o desmatamento.

De acordo com estudos desenvolvidos pelo IPCC, as emissões de carbono por meio de combustíveis fósseis têm aumentado significativamente desde o ano 1900. Elas aumentaram em mais de 16 vezes entre os anos de 1900 e 2008 e em cerca de 1,5 vez entre 1990 e 2008 (Boden; Marland; Andres, 2010). Um estudo realizado em 2008 mostrou que os países que mais emitiram $CO_2$ foram: China, Estados Unidos, União Europeia, Índia, Rússia, Japão e Canadá. Esses dados incluem as emissões de $CO_2$ provenientes da queima de combustíveis fósseis, bem como a fabricação de cimento e queima de gás (Houghton, 2008).

## 8.7 Poluição atmosférica em ambientes internos – a síndrome dos edifícios doentes

Desde que o ser humano passou a habitar ambientes fechados e climatizados, diferentes formas de poluição passaram a afetar a sua vida. Estudos mostram que aproximadamente um terço das pessoas que trabalham nesse tipo de ambiente tem a saúde afetada pela poluição que circula no local, o que representa um gasto anual de cerca de 20 bilhões de dólares (Boechat; Rios, 2011).

A partir dessa perspectiva surgiu a expressão *síndrome dos edifícios doentes* (SED), que, de acordo com a Organização Mundial da Saúde (OMS), é "uma situação na qual os ocupantes ou usuários de um prédio específico apresentam sintomas sem origem determinada e sem a possibilidade de constatação de uma determinada etiologia, sendo, portanto, desconhecida" (Schirmer et al., 1989). É válido destacar que esse termo está relacionado com a qualidade do ar interior (QAI – *indoor airquality*), visto que, de acordo com a Agência de Proteção Ambiental dos Estados Unidos (EPA) – *Environmental Protection Agency*, o órgão ambiental norte-americano –, a concentração de poluentes no interior dessas construções chega a ser cinco vezes maior do que no ambiente interno.

Entretanto, para ser considerado um "edifício doente", pelo menos um quinto dos seus ocupantes deve apresentar os seguintes sintomas (Schirmer et al., 2011):

+ irritação das mucosas;
+ problemas neurotóxicos;
+ sintomas respiratórios e cutâneos;
+ alterações dos sentidos.

Esses sintomas devem se manter por um tempo mínimo de semanas, porém devem desaparecer quando o indivíduo se afasta do edifício (Gioda; Aquino Neto, 2003).

De acordo com Schirmer et al. (2011), alguns fatores são considerados cruciais para tornar a QAI de baixa qualidade:

- má higienização dos aparelhos de ar condicionado (relacionado a poeiras – material particulado);
- falta de controle periódico sobre as possíveis fontes de contaminação;
- liberação de poluentes pelos próprios materiais utilizados na construção (fibras, COVs e formaldeído);
- contribuição dos próprios ocupantes dos edifícios com a poluição (transmissão de microrganismos – bioaerossóis: bactérias, fungos e vírus);
- ventilação inadequada do interior dos prédios.

Os MPs são os materiais mais comuns encontrados em ambientes internos, no entanto, podemos encontrar também gases como o $O_3$, $NO_2$, monóxido de carbono (CO), $SO_2$, COVs e fumo passivo.

Os MPs podem ser gerados por simples atividades do nosso dia a dia, como tirar o pó de um móvel, varrer uma casa ou até mesmo cozinhar. O grande perigo desse material está associado ao tamanho da partícula, que, se muito pequena, pode se depositar em nossos alvéolos pulmonares, ocasionando doenças ocupacionais como a pneumoconiose*.

A fumaça de cigarro, durante muitos anos, não era considerada um poluente ambiental, embora hoje saibamos dos seus males. Somente em 1996, o Governo Federal proibiu o fumo em locais fechados (Lei n. 9.294/1996). O grande problema da fumaça de cigarro está relacionado à emissão de milhares de substâncias tóxicas quando aceso, muitas delas sabidamente cancerígenas e que estão mais disponíveis para fumantes passivos do que para os ativos.

✦ ✦ ✦

* O termo *pneumoconiose* é largamente utilizado quando se designa o grupo genérico de pneumopatias relacionadas etiologicamente à inalação de poeiras em ambientes de trabalho.

Os COVs, presentes durante o *smog* fotoquímico, têm sua maior concentração nos ambientes internos, sobretudo nas edificações recentes, já que as taxas de emissões nos materiais novos são maiores do que nos materiais usados (o famoso "cheirinho de novo"). Os COVs mais comuns são: formaldeído, tolueno, benzeno e xileno.

O grande problema dos microrganismos (e também dos outros contaminantes) é o surgimento de doenças decorrentes da exposição a eles. Podemos citar doenças infecciosas, alérgicas, pulmonares e problemas digestivos, que podem levar a óbito. Muitas vezes, a simples manutenção do filtro do ar-condicionado ou a limpeza mais acurada dos tapetes e cortinas podem diminuir consideravelmente os efeitos.

## Estudo de caso

*Um caso histórico da SED – A doença do Legionário ($H_2G_2$, 2017)*

No verão de 1976, um hotel do Estado da Filadélfia (EUA) sediou uma convenção anual de veteranos de guerra norte-americanos, que reuniu mais de 4 mil ex-militares. A maioria dos participantes eram idosos – fato que os torna mais susceptíveis a doenças.

Durante o evento, uma parte dos participantes (182 indivíduos) passou mal com sintomas como febre, tosse e insuficiência respiratória. Alguns dias depois, a primeira vítima foi a óbito e, nas semanas seguintes, outras 28 pessoas faleceram.

*Figura 8.8 – Foto do Hotel Bellevue-Stratford (Filadélfia – EUA)*

World History Archive/Alamy Stock Photo

No ano seguinte, o doutor Joseph MacDade identificou o agente causador da doença: uma bactéria que estava alojada nas torres de arrefecimento do ar-condicionado do hotel. Devido ao episódio, a bactéria foi denominada *Legionella pneumophila*, que significa "doença pulmonar dos legionários". Atualmente, a legionelose é considerada uma forma de pneumonia bacteriana das mais graves, porém não contagiosa. A bactéria transmissora habita ambientes com água (rios, lagos e reservatórios) e quentes (entre 25 °C e 40 °C). Ou seja, se a água estiver contaminada com a bactéria, até mesmo um simples chafariz pode ser um disseminador da doença. Em hospitais onde a manutenção dos sistemas de arrefecimento não está em dia e há grande número de pessoas debilitadas, o contágio pode ser amplo, apesar disso, cuidados como o uso de cloro e canos de cobre podem inibir o crescimento da *Legionella*.

No Brasil, o caso mais famoso de legionelose é o do ex-ministro das comunicações Sérgio Motta, que morreu por insuficiência respiratória em 1998, após contrair a doença em um hospital de São Paulo. Embora trágico, esse fato foi de extrema importância, pois iniciou a regulamentação de ambientes climatizados no país.

## Síntese

Vimos neste capítulo que as substâncias que causam a poluição do ar são chamadas de *poluentes*. Os que são bombeados para a nossa atmosfera e poluem diretamente o ar são chamados *poluentes primários*, como o monóxido de carbono proveniente do escape de automóveis e dióxido de enxofre, da combustão de carvão.

Além disso, a poluição pode surgir se poluentes primários na atmosfera sofrerem reações químicas. Os compostos resultantes são chamados *poluentes secundários*, sendo o *smog* fotoquímico um exemplo.

As políticas públicas são extremamente necessárias para reduzir os danos gerados pela poluição do ar às pessoas e ao meio ambiente. Especificamente no caso de poluentes do ar, o conceito relativo aos limites de valores dessas substâncias pode não ser útil no estabelecimento de normas para proteger a saúde pública. Isso porque certas populações são muito sensíveis, razão por que são afetadas mesmo em níveis baixos.

Portanto, a aplicação de uma margem de segurança, a fim de eliminar os efeitos adversos, mesmo para os grupos mais sensíveis, pode não ser realista. Nesse sentido, estratégias de redução de riscos são eficazes na promoção da saúde pública. Para desenvolvê-las tanto o conhecimento qualitativo quanto o quantitativo sobre os efeitos mais relevantes são necessários.

## Perguntas & respostas

1. O monóxido de carbono (CO) é uma substância que pode estar presente naturalmente na atmosfera e é um dos responsáveis pela manutenção da temperatura do planeta. No entanto, a maior parte desse gás presente na atmosfera é proveniente de ações antrópicas, como a queima de combustíveis fósseis. Você sabe dizer qual o grande perigo do CO em excesso na atmosfera para a saúde humana?

    **Resposta:** *O CO é absorvido pelas vias respiratórias chegando rapidamente ao sangue. Lá, por apresentar uma alta afinidade com a homoglobina (molécula responsável pelo transporte de oxigênio no nosso sangue), liga-se irreversivelmente a ela, impedindo o transporte de oxigênio até nossos tecidos e levando à morte por asfixia.*

## Questões para revisão

1. Ao observar as características dessa camada, é possível afirmar que 80% dos gases atmosféricos estão concentrados

nela. Ela está mais próxima da superfície terrestre, a uma distância entre 12 e 18 km. Estamos falando da:

a. troposfera
b. estratosfera
c. ionosfera
d. mesosfera
e. exosfera

2. O aumento da concentração de $CO_2$ e $SO_2$ na atmosfera é causado principalmente pela queima de combustíveis fósseis. Os principais efeitos desse aumento são, respectivamente,

a. efeito estufa e chuva ácida.
b. chuva ácida e efeito estufa.
c. buraco na camada de ozônio e efeito estufa.
d. buraco na camada de ozônio e chuva ácida.
e. Nenhuma das alternativas anteriores está correta.

3. Sobre o Protocolo de Kyoto:

a. Representa um grande avanço para impulsionar as mudanças climáticas que podem favorecer as grandes *commodities* agrícolas.
b. Determina a todos os países que, em curto prazo, reduzam os níveis de emissão de gases responsáveis pelo buraco na camada de ozônio do planeta.
c. É um acordo internacional que compromete as suas partes, definindo metas internacionalmente vinculadas à redução de emissões de gases de efeito estufa (GEE).
d. Criou um fundo para financiar projetos e programas de adaptação em países desenvolvidos que fazem parte desse processo.
e. Instituiu a Lei Amazônia Legal, projeto que prevê normas internacionais voltadas à Amazônia brasileira.

4. Liste uma série de fenômenos relacionados à atmosfera e aos problemas ambientais.

5. A poluição atmosférica é um dos problemas ambientais que decorrem do processo de industrialização. Um dos fenômenos relacionados à poluição do ar é a chuva ácida. Comente como esse processo ocorre e quais são seus principais danos à sociedade.

### Para saber mais

As mudanças climáticas têm sido alvo de muita discussão em relação à sua real veracidade. Para refletir sobre esses assunto, sugerimos três vídeos que abordam o assunto de maneira distinta:

A GRANDE FARSA do aquecimento global – The Great Global Warming Swindle. Disponível em: <https://www.youtube.com/watch?v=tpvpiBiuki4>. Acesso em: 25 nov. 2017.

MEAT THE TRUTH – uma verdade mais que inconveniente. Disponível em: <https://www.youtube.com/watch?v=u7LBPHtOBnk>. Acesso em: 25 nov. 2017.

UMA VERDADE inconveniente. Disponível em: <https://www.youtube.com/watch?v=MwxMrnDkbPU>. Acesso em: 25 nov. 2017.

Com base nas informações, o objetivo é que você, caro leitor, reflita, discuta e tire as próprias conclusões (mesmo que temporariamente) sobre o assunto.

✦ ✦ ✦

# Para concluir...

A estrutura deste livro teve como propósito analisar criticamente os principais temas que impactam os espaços urbanos. Obviamente, para que as cidades se tornem sustentáveis, será necessário uma convergência de fatores técnicos, econômicos e culturais e muito tempo para o aperfeiçoamento e a consolidação destes.

Os temas tratados nos capítulos foram elencados por configurar aspectos importantes no planejamento e no desenvolvimento dos espaços urbanos. As cidades, mesmo as planejadas, são constituídas por espaços orgânicos; não é possível controlar todas as interações existentes, pois esses espaços são dinâmicos, assim como seu crescimento. Além disso, referimo-nos a *espaços urbanos*, porque cidades como São Paulo não podem ser analisadas como se suas regiões fossem uniformes e apresentassem um padrão único de crescimento.

Acreditamos que as cidades são vivas. Talvez situações especiais, como cidades de países como a Coreia do Norte, obedeçam a outros padrões, mas não tratamos das exceções neste livro, e sim das prioridades e necessidades das cidades brasileiras.

Como organismos, esses espaços podem ser conduzidos para adquirirem determinada estrutura. Se os gestores e a comunidade desejassem, por exemplo, tornar sua cidade turística, como Gramado (RS), Morretes (PR) ou Bonito (MS), o planejamento precisaria contemplar uma série de programas de aprimoramento e de transformação social, cultural, de infraestrutura, política e econômica.

Cidades litorâneas ou regiões de belezas naturais têm tendência a tornarem-se turísticas, mas, se a gestão pública não conduzir com eficiência esse desenvolvimento, o sistema não se sustentará. Isso porque ocorrerão problemas, o desemprego não diminuirá, uma vez que a população não terá como se desenvolver para suprir as novas demandas profissionais; haverá uma redução da oferta dos serviços públicos, principalmente nas épocas de alta temporada; além da utilização intensa e não planejada dos recursos naturais, como a água e a energia elétrica; e de um desgaste acelerado da infraestrutura urbana, que não foi planejada para o aumento súbito da população em determinadas épocas.

Vocês sabem que o planejamento é fundamental. Para o crescimento das cidades, o investimento em estruturas faraônicas – como o metrô de Salvador ou mesmo o Minhocão, apelido dado ao Elevado Costa e Silva, que está com os seus dias contados – não pode ser permitido, ao menos que suas finalidades perpassem séculos e que sua construção seja justificada, em uma acirrada comparação de projetos.

Enfim, independentemente das características urbanas e suas finalidades, podemos dizer que desenvolver as capacidades ecológicas, potencializar as áreas verdes urbanas, gerenciar resíduos e recursos naturais e melhorar a integração das áreas, assim como a mobilidade, são objetivos comuns que devem ser priorizados para se alcançar a sustentabilidade urbana.

✦ ✦ ✦

# Referências

ABNT – Associação Brasileira de Normas Técnicas. **NBR 8419**: apresentação de projetos de aterros controlados de resíduos sólidos urbanos: procedimento. Rio de Janeiro, 1992a.

_____. **NBR 8849**: apresentação de projetos de aterros controlados de resíduos sólidos urbanos: procedimento. Rio de Janeiro, 1985.

_____. **NBR 9050**: acessibilidade a edificações, mobiliário, espaços e equipamentos urbanos. Rio de Janeiro, 2015.

_____. **NBR 10004**: resíduos sólidos – classificação. Rio de Janeiro, 2004.

_____. **NBR 12267**: normas para elaboração de Plano Diretor. Rio de Janeiro, 1992b.

_____. **NBR 14044**: gestão ambiental – avaliação do ciclo de vida – requisitos e orientações. Rio de Janeiro, 2009.

ABRAMOVAY, R. Belo Monte, a idade da pedra. **Folha de São Paulo**, 20 set. 2015. Disponível em: <http://ricardoabramovay.com/belo-monte-a-idade-da-pedra/>. Acesso em: 25 nov. 2017.

ABRELPE – Associação Brasileira de Empresas de Limpeza Pública e Resíduos Especiais. **Panorama dos resíduos sólidos no Brasil 2014**. São Paulo, 2014. Disponível em: <http://www.abrelpe.org.br/Panorama/panorama2014.pdf>. Acesso em: 27 nov. 2017.

AGUDO-PADRÓN, A. I. Recent Terrestrial and Freshwater Molluscs of Rio Grande do Sul State, RS, Southern Brazil Region: a Comprehensive Synthesis and Check List. **Visaya**, p. 2-14, May 2009.

AIR FORCE SAFETY CENTER. **Top 50 USAF Wildlife Strikes by Cost**. 2009. Disponível em: <http://www.safety.af.mil/Portals/71/documents/Aviation/BASH%20Statistics/Top%2050%20USAF%20Wildlife%20Strikes%20by%20Cost.pdf?ver=2016-08-22-120754-553>. Acesso em: 26 nov. 2017.

ALENCASTRO, M. S. C. **Empresas, ambiente e sociedade**: introdução à gestão socioambiental corporativa. Curitiba: InterSaberes, 2013. (Série Desenvolvimento Sustentável).

ALEXANDRINO, E. R. et al. Saque a ninho: primeira observação de predação de ninho por um sagui exótico invasor (*Callithrix penicillata*) em um mosaico agrícola. **Biota Neotrópica**, v. 12, n. 2, abr./jun. 2012. Disponível em: <http://www.biotaneotropica.org.br/v12n2/pt/abstract?short-communication+bn01612022012>. Acesso em: 26 nov. 2017.

ALMEIDA, D. E. de. Efeito estufa. **Legenda Libras**, 16 fev. 2016. Disponível em: <http://www.legendalibras.trd.br/escola/geografia/efeito-estufa.php>. Acesso em: 29 nov. 2017.

ALMEIDA-SILVA, M. J. F. de. **Agentes causadores de zoonoses isolados em *Rattus rattus* capturados em áreas sujeitas a inundação no município de São Paulo**. Dissertação (Mestrado em Sanidade, Segurança Alimentar e Ambiental no Agronegócio) – Instituto Biológico, São Paulo, 2012.

ALVES, M. J. Mobilidade e acessibilidade: conceitos e novas práticas. **Indústria e Ambiente**, Mobilidade, n. 55, 2006.

ANDERSSON, K. et al. TVOC and Health in Non-Industrial Indoor Environments: Report from a Nordic Scientific Consensus Meeting at Langholmen in Stockholm. **Indoor Air**, v. 7, n. 2, p. 78-91, 1997.

ANICER – Associação Nacional da Indústria Cerâmica. **Ciclo de vida dos produtos cerâmicos**. Disponível em: <http://anicer.com.br/acv/img/diagrama.png>. Acesso em: 25 nov. 2017.

ANJOS, J. P. dos; ROCHA, G. O. da; ANDRADE, J. B. de. Matriz energética e o binômio água vs. energia para o Brasil. **Ciência e Cultura**, São Paulo, v. 66, n. 4, out./dez. 2014. Disponível em: <http://cienciaecultura.bvs.br/scielo.php?script=sci_arttext&pid=S0009-67252014000400002&lng=en&nrm=iso>. Acesso em: 25 nov. 2017.

APÓS mais de quatro anos, Ceará registra caso de raiva em humano. **G1**, 25 out. 2016. Disponível em: <http://g1.globo.com/ceara/noticia/2016/10/apos-mais-de-quatro- anos-ceara-registra-caso-de-raiva-em-humano.html>. Acesso em: 26 nov. 2017.

ATVERDE – Associação Tecnologia Verde Brasil. **ATVerdeBrasil**: minuta de projeto de lei a ser sugerida aos poderes públicos. Disponível em: <http://atverdebrasil.com.br/wp-content/uploads/Minuta-Modelo-de-Projeto-de-Lei-Telhado-verde-compensa%C3%A7%C3%A3o.pdf>. Acesso em: 25 nov. 2017.

AVERY, M. L. et al. Dispersing Vulture Roosts on Communication Towers. **Journal of Raptor Research**, v. 36, n. 1, p. 45-50, 2002. Disponível em: <http://digitalcommons.unl.edu/cgi/viewcontent.cgi?article=1451&context=icwdm_usdanwrc>. Acesso em: 26 nov. 2017.

AVERY, M. L. et al. Vulture Flight Behavior and Implications for Aircraft Safety. **Journal of Wildlife Management**, v. 75, n. 7, p. 1581-1587, Sept. 2011.

BALDESSAR, S. M. N. **Telhado verde e sua contribuição na redução da vazão da água pluvial escoada**. 124 f. Dissertação (Mestrado em Construção Civil) – Universidade Federal do Paraná, Curitiba, 2012. Disponível em: <http://www.prppg.ufpr.br/ppgecc/wp-content/uploads/2016/files/dissertacoes/d0168.pdf>. Acesso em: 26 nov. 2017.

BARBOSA, A.; ALVES, D. **Agenda 21 de Cubatão**: uma história feita por muitas mãos. Cubatão: Cide/Ciesp, 2012. Disponível em: <http://www.ciesp.com.br/cubatao/files/2013/07/agenda21_novo.pdf>. Acesso em: 29 nov. 2017.

BARCELLOS, C. et al. Mudanças climáticas e ambientais e as doenças infecciosas: cenários e incertezas para o Brasil. **Epidemiologia e Serviços de Saúde**, Brasília, v. 18, n. 3, p. 285-304, jul./set. 2009. Disponível em: <http://scielo.iec.pa.gov.br/pdf/ess/v18n3/v18n3a11.pdf>. Acesso em: 27 nov. 2017.

BERGMAN, L.; RABI, N. I. A. de (Coord.). **Mobilidade e política urbana**: subsídios para uma gestão integrada. Rio de Janeiro: Ibam; Ministério das Cidades, 2005. Disponível em: <http://www.mobilize.org.br/midias/pesquisas/mobilidade-e-politica-urbana.pdf>. Acesso em: 26 nov. 2017.

BERMANN, C. Crise ambiental e as energias renováveis. **Ciência e Cultura**, São Paulo, v. 60, n. 3, set. 2008. Disponível em: <http://cienciaecultura.bvs.br/scielo.php?script=sci_arttext&pid=S0009-67252008000300010&lng=en&nrm=iso>. Acesso em: 25 nov. 2017.

BLAINSKI, É. **Gestão de bacias hidrográficas para mitigação de desastres naturais**. Disponível em: <http://slideplayer.com.br/slide/1247678/>. Acesso em: 22 nov. 2017.

BODEN, T. A.; MARLAND, G.; ANDRES, R. J. Global, Regional, and National Fossil-Fuel $CO_2$ Emissions. **Carbon Dioxide Information Analysis Center**, Oak Ridge National Laboratory, U.S. Department of Energy, Oak Ridge, Tennessee, U.S.A. 2010.

BOECHAT, J. L.; RIOS, J. L. Poluição de ambientes internos. **Revista Brasileira de Alergia e Imunopatologia**, v. 34, n. 3, p. 83-89, 2011. Disponível em: <http://www.asbai.org.br/revistas/vol343/v34n3-ar02.pdf>. Acesso em: 28 nov. 2017.

BRAGA, B. et al. **Introdução à engenharia ambiental**: o desafio do desenvolvimento sustentável. 2. ed. São Paulo: Pearson Prentice Hall, 2005.

BRASIL. Decreto n. 4.665, de 3 de abril de 2003. **Diário Oficial da União**, Poder Executivo, Brasília, DF, 4 abr. 2003. Disponível em: <http://www.planalto.gov.br/ccivil_03/decreto/2003/d4665.htm>. Acesso em: 27 nov. 2017.

_____. Lei n. 3.239, de 2 de agosto de 1999. **Diário Oficial da União**, Poder Legislativo, Brasília, DF, 4 ago. 1999a. Disponível em: <http://alerjln1.alerj.rj.gov.br/CONTLEI.NSF/b24a2da5a077847c032564f4005d4bf2/43fd110fc03f0e6c032567c30072625b>. Acesso em: 25 nov. 2017.

_____. Lei n. 6.938, de 31 de agosto de 1981. **Diário Oficial da União**, Poder Legislativo, Brasília, DF, 2 set. 1981. Disponível em: <http://www.planalto.gov.br/ccivil_03/leis/L6938.htm>. Acesso em: 25 nov. 2017.

_____. Lei n. 9.433, de 8 de janeiro de 1997. **Diário Oficial da União**, Poder Legislativo, Brasília, DF, 9 jan. 1997. Disponível em: <http://www.planalto.gov.br/ccivil_03/leis/L9433.htm>. Acesso em: 13 abr. 2017.

_____. Lei n. 9.605, de 12 de fevereiro de 1998. **Diário Oficial da União**, Poder Legislativo, Brasília, DF, 13 fev. 1998a. Disponível em: <http://www.planalto.gov.br/ccivil_03/leis/L9605.htm>. Acesso em: 26 nov. 2017.

_____. Lei n. 9.795, de 27 de abril de 1999. **Diário Oficial da União**, Poder Legislativo, Brasília, DF, 28 abr. 1999b. Disponível em: <http://www.planalto.gov.br/ccivil_03/leis/l9795.htm>. Acesso em: 11 abr. 2017.

_____. Lei n. 9.985, de 18 de julho de 2000. **Diário Oficial da União**, Poder Legislativo, Brasília, DF, 19 jul. 2000. Disponível em: <http://www.planalto.gov.br/ccivil_03/leis/L9985.htm>. Acesso em: 26 nov. 2017.

_____. Lei n. 11.097, de 13 de janeiro de 2005. **Diário Oficial da União**, Poder Legislativo, Brasília, DF, 14 jan. 2005a. Disponível em: <http://www.planalto.gov.br/ccivil_03/_ato2004-2006/2005/lei/l11097.htm>. Acesso em: 25 nov. 2017.

_____. Lei n. 11.107, de 6 de abril de 2005. **Diário Oficial da União**, Poder Legislativo, Brasília, DF, 7 abr. 2005b. Disponível em: <http://www.planalto.gov.br/ccivil_03/_ato2004-2006/2005/Lei/L11107.htm>. Acesso em: 11 abr. 2017.

_____. Lei n. 11.445, de 5 de janeiro de 2007. **Diário Oficial da União**, Poder Legislativo, Brasília, DF, 8 jan. 2007a. Disponível em: <http://www.planalto.gov.br/ccivil_03/_ato2007-2010/2007/lei/l11445.htm>. Acesso em: 25 nov. 2017.

BRASIL. Lei n. 12.305, de 2 de agosto de 2010. **Diário Oficial da União**, Poder Legislativo, Brasília, DF, 3 ago. 2010. Disponível em: <http://www.planalto.gov.br/ccivil_03/_ato2007-2010/2010/lei/l12305.htm>. Acesso em: 25 nov. 2017.

_____. Lei n. 12.587, de 3 de janeiro de 2012. **Diário Oficial da União**, Poder Legislativo, Brasília, DF, 4 jan. 2012a. Disponível em: <http://www.planalto.gov.br/ccivil_03/_ato2011-2014/2012/lei/l12587.htm>. Acesso em: 25 nov. 2017.

_____. Lei n. 12.608, de 10 de abril de 2012. **Diário Oficial da União**, Poder Legislativo, Brasília, DF, 11 abr. 2012b. Disponível em: <http://www.planalto.gov.br/ccivil_03/_Ato2011-2014/2012/Lei/L12608.htm>. Acesso em: 11 abr. 2017.

_____. Lei n. 12.651, de 25 de maio de 2012. **Diário Oficial da União**, Poder Legislativo, Brasília, DF, 28 maio 2012c. Disponível em: <http://www.planalto.gov.br/ccivil_03/_ato2011-2014/2012/lei/l12651.htm>. Acesso em: 25 nov. 2017.

_____. Lei n. 12.725, de 16 de outubro de 2012. **Diário Oficial da União**, Poder Legislativo, Brasília, DF, 17 out. 2012d. Disponível em: <http://www.planalto.gov.br/ccivil_03/_Ato2011-2014/2012/Lei/L12725.htm>. Acesso em: 10 abr. 2017.

BRASIL. ANA – Agência Nacional das Águas. **Implementação do enquadramento em bacias hidrográficas no Brasil**. Sistema Nacional de Informações sobre Recursos Hídricos – SNIRH no Brasil: arquitetura computacional e sistêmica. Brasília: ANA, 2009a. Disponível em: <http://portalpnqa.ana.gov.br/Publicacao/IMPLEMENTACAO_DO_ENQUADRAMENTO.pdf>. Acesso em: 25 nov. 2017.

BRASIL. Câmara dos Deputados. Comissão de Meio Ambiente e Desenvolvimento Sustentável. Projeto de Lei n. 2.289, de 2015a. Prorroga o prazo para a disposição final ambientalmente adequada dos rejeitos de que trata o art. 54 da Lei nº 12.305, de 2 de agosto de 2010. Disponível em: <http://www.camara.gov.br/proposicoesWeb/prop_mostrarintegra?codteor=1417642&filename=SBT+2+CMADS+%3D%3E+PL+2289/2015>. Acesso em: 27 nov. 2017.

BRASIL. Ministério da Saúde. **Mudanças climáticas e ambientais e seus efeitos na saúde**: cenários e incertezas para o Brasil. Brasília: Organização Pan-Americana da Saúde, 2008. (Série Saúde Ambiental, v. 1). Disponível em: <http://www.saude.sp.gov.br/resources/ccd/saude-ambiental/mudanca_climatica_e_seus_efeitos_na_saude_brasil.pdf>. Acesso em: 27 nov. 2017.

BRASIL. Ministério da Saúde. Ministério da Saúde investiga 3.852 casos suspeitos de microcefalia no país. **Portal da Saúde,** 12 fev. 2016c. Disponível em: <http://portalsaude.saude.gov.br/index.php/cidadao/principal/agencia-saude/22145-ministerio-da-saude-investiga-3-852-casos-suspeitos-de-microcefalia-no-pais>. Acesso em: 10 abr. 2017.

BRASIL. Ministério da Saúde. Departamento de Atenção Básica. **Vigilância em saúde:** zoonoses. Brasília: Ministério da Saúde, 2009b. (Cadernos de Atenção Básica, n. 22). Disponível em: <http://bvsms.saude.gov.br/bvs/publicacoes/vigilancia_saude_zoonoses_p1.pdf>. Acesso em: 27 nov. 2017.

BRASIL. Ministério das Cidades. INSTITUTO PÓLIS – Instituto de Estudos, Formação e Assessoria em Políticas Sociais. **Conheça o anteprojeto de lei da política nacional de mobilidade urbana:** mobilidade urbana é desenvolvimento urbano! Brasília: Ministério das Cidades; Instituto Pólis, 2005c. Disponível em: <http://www.polis.org.br/uploads/922/922.pdf>. Acesso em: 25 nov. 2017.

BRASIL. Ministério das Cidades. Política Nacional de Mobilidade Urbana Sustentável. **Cadernos MCidades,** Brasília, n. 6, nov. 2004. Disponível em: <http://www.ta.org.br/site/Banco/7manuais/6Politica NacionalMobilidadeUrbanaSustentavel.pdf>. Acesso em: 26 nov. 2017.

BRASIL. Ministério das Cidades. **SNIS – Sistema Nacional de Informações sobre Saneamento.** Disponível em: <http://app.cidades.gov.br/serieHistorica/>. Acesso em: 20 nov. 2017a.

BRASIL. Ministério das Cidades. Secretaria Nacional de Saneamento Ambiental. SNIS – Sistema Nacional de Informações sobre Saneamento. **Diagnóstico dos Serviços de Água e Esgotos – 2013.** Brasília: SNSA/Ministério das Cidades, 2014. Disponível em: <http://www.snis.gov.br/diagnostico-agua-e-esgotos/diagnostico-ae-2013>. Acesso em: 27 nov. 2017.

_____. **Diagnóstico dos Serviços de Água e Esgotos – 2014.** Brasília: SNSA/Ministério das Cidades, 2016a. Disponível em: <http://www.epsjv.fiocruz.br/upload/Diagnostico_AE2014.pdf>. Acesso em: 27 nov. 2017.

_____. **Série histórica.** Disponível em: <http://app.cidades.gov.br/serieHistorica/>. Acesso em: 20 nov. 2017b.

BRASIL. Ministério das Cidades. Secretaria Nacional de Transporte e da Mobilidade Urbana. **Política Nacional de Mobilidade Urbana.** Brasília, 2013. Disponível em: <http://www.portalfederativo.gov.br/noticias/destaques/municipios-devem-implantar-planos-locais-de-mobilidade-urbana/CartilhaLei12587site.pdf>. Acesso em: 25 nov. 2017.

BRASIL. Ministério de Minas e Energia. Empresa de Pesquisa Energética. **Anuário estatístico de energia elétrica 2015**: ano base 2014. Rio de Janeiro: EPE, 2015b. Disponível em: <http://www.epe.gov.br/sites-pt/publicacoes-dados-abertos/publicacoes/Publicacoes Arquivos/publicacao-160/topico-168/Anu%C3%A1rio%20 Estat%C3%ADstico%20de%20Energia%20El%C3%A9trica%20 2015.pdf#search=Anu%C3%A1rio%20estat%C3%ADstico%20 de%20energia%20el%C3%A9trica%202015%3A%20ano%20base%20 2014%2E>. Acesso em: 25 nov. 2017.

_____. **Balanço energético nacional 2015**: ano base 2014. Rio de Janeiro: EPE, 2015c. Disponível em: <http://www.mme.gov.br/documents/10584/1143895/2.1+-+BEN+2015+-+Documento+Completo+em+Portugu%C3%AAs+-+Ingl%C3%AAs+%28PDF%29/22602d8c-a366-4d16-a15f-f29933e816ff?version=1.0>. Acesso em: 25 nov. 2017.

BRASIL. Ministério de Minas e Energia. **Resenha energética brasileira**: exercício de 2014. Brasília: MME, 2015d. Disponível em: <http://www.mme.gov.br/documents/1138787/1732840/Resenha%2BEnerg%25C3%25A9tica%2B-%2BBrasil%2B2015.pdf/4e6b9a34-6b2e-48fa-9ef8-dc7008470bf2>. Acesso em: 25 nov. 2017.

BRASIL. Ministério do Meio Ambiente. **Áreas de preservação permanente urbanas**. Disponível em: <http://www.mma.gov.br/cidades-sustentaveis/areas-verdes-urbanas/%C3%A1reas-de-prote%C3%A7%C3%A3o-permanente>. Acesso em: 25 nov. 2017c.

_____. **Biodiversidade brasileira**. Disponível em: <http://www.mma.gov.br/biodiversidade/biodiversidade-brasileira>. Acesso em: 24 nov. 2017d.

_____. **Catadores de materiais recicláveis**. Disponível em: <http://www.mma.gov.br/cidades-sustentaveis/residuos-solidos/catadores-de-materiais-reciclaveis>. Acesso em: 27 nov. 2017e.

_____. **Coleta seletiva**. Disponível em: <http://www.mma.gov.br/cidades-sustentaveis/residuos-solidos/catadores-de-materiais-reciclaveis/reciclagem-e-reaproveitamento>. Acesso em: 24 nov. 2017f.

_____. **Poluentes atmosféricos**. Disponível em: <http://www.mma.gov.br/cidades-sustentaveis/qualidade-do-ar/poluentes-atmosf%C3%A9ricos>. Acesso em: 27 nov. 2017i.

BRASIL. Ministério do Meio Ambiente. Conselho Nacional de Recursos Hídricos. Resolução n. 91, de 5 de novembro de 2008. **Diário Oficial da União**, Brasília, DF, 6 fev. 2009c. Disponível em: <http://www.cnrh.gov.br/index.php?option=com_docman&task=doc_download&gid=820>. Acesso em: 27 nov. 2017.

BRASIL. Ministério do Meio Ambiente. Conselho Nacional do Meio Ambiente. Resolução n. 1, de 23 de janeiro de 1986. **Diário Oficial da União**, Brasília, DF, 17 fev. 1986. Disponível em: <http://www.mma.gov.br/port/conama/res/res86/res0186.html>. Acesso em: 14 maio 2017.

_____. Resolução n. 3, de 28 de junho de 1990. **Diário Oficial da União**, Brasília, DF, 22 ago. 1990. Disponível em: <http://www.mma.gov.br/port/conama/res/res90/res0390.html>. Acesso em: 27 nov. 2017.

_____. Resolução n. 5, de 15 de junho de 1989. **Diário Oficial da União**, Brasília, DF, 25 ago. 1989. Disponível em: <http://www.mma.gov.br/port/conama/legiabre.cfm?codlegi=81>. Acesso em: 27 nov. 2017.

_____. Resolução n. 8, de 31 de agosto de 1993. **Diário Oficial da União**, Brasília, DF, 31 dez. 1993. Disponível em: <http://www.mma.gov.br/port/conama/legiabre.cfm?codlegi=133>. Acesso em: 29 nov. 2017.

_____. Resolução n. 16, de 13 de dezembro de 1995. **Diário Oficial da União**, Brasília, DF, 29 dez. 1995a. Disponível em: <http://www.mma.gov.br/port/conama/legiabre.cfm?codlegi=194>. Acesso em: 29 nov. 2017.

_____. Resolução n. 17, de 13 de dezembro de 1995. **Diário Oficial da União**, Brasília, DF, 29 dez. 1995b. Disponível em: <http://www.mma.gov.br/port/conama/legiabre.cfm?codlegi=195>. Acesso em: 29 nov. 2017.

_____. Resolução n. 27, de 7 de dezembro de 1994. **Diário Oficial da União**, Brasília, DF, 30 dez. 1994. Disponível em: <http://www.mma.gov.br/port/conama/legiabre.cfm?codlegi=168>. Acesso em: 29 nov. 2017.

_____. Resolução n. 241, de 30 de junho de 1998. **Diário Oficial da União**, Brasília, DF, 5 ago. 1998b. Disponível em: <http://www.mma.gov.br/port/conama/legiabre.cfm?codlegi=241>. Acesso em: 29 nov. 2017

_____. Resolução n. 242, de 30 de junho de 1998. **Diário Oficial da União**, Brasília, DF, 5 ago. 1998c. Disponível em: <http://www.mma.gov.br/port/conama/legiabre.cfm?codlegi=242>. Acesso em: 29 nov. 2017.

_____. Resolução n. 357, de 17 de março de 2005. **Diário Oficial da União**, Brasília, DF, 18 mar. 2005d. Disponível em: <http://www.mma.gov.br/port/conama/res/res05/res35705.pdf>. Acesso em: 22 nov. 2017.

_____. Resolução n. 382, de 26 de dezembro de 2006. **Diário Oficial da União**, Brasília, DF, 2 jan. 2007b. Disponível em: <http://www.mma.gov.br/port/conama/legiabre.cfm?codlegi=520>. Acesso em: 29 nov. 2017

BRASIL. Ministério do Meio Ambiente. Conselho Nacional do Meio Ambiente. Resolução n. 430, de 13 de maio de 2011a. **Diário Oficial da União**, Brasília, DF, 16 maio 2011. Disponível em: <http://www.mma.gov.br/port/conama/legiabre.cfm?codlegi=646>. Acesso em: 13 abr. 2017.

_____. Resolução n. 436, de 26 de dezembro de 2011. **Diário Oficial da União**, Brasília, DF, 26 dez. 2011b. Disponível em: <http://www.mma.gov.br/port/conama/legiabre.cfm?codlegi=660>. Acesso em: 29 nov. 2017.

BRASIL. Ministério do Meio Ambiente. Instituto Brasileiro do Meio Ambiente e dos Recursos Naturais Renováveis. **Espécies exóticas invasoras**: situação brasileira. Brasília: MMA, 2006. Disponível em: <http://www.mma.gov.br/estruturas/174/_publicacao/174_publicacao17092009113400.pdf>. Acesso em: 26 nov. 2017.

_____. **Programa de controle de emissões veiculares (Proconve)**. Brasília, 6 dez. 2016b. Disponível em: <http://www.mma.gov.br/estruturas/174/_publicacao/174_publicacao17092009113400.pdf>. Acesso em: 26 nov. 2017

BRITO, F. O deslocamento da população brasileira para as metrópoles. **Estudos Avançados**, São Paulo, v. 20, n. 57, p. 221-236, maio/ago. 2006. Disponível em: <http://www.scielo.br/pdf/ea/v20n57/a17v2057.pdf>. Acesso em: 26 nov. 2017.

BRUCK, E. C.; CARDOSO, M. A.; ONO, H. Y. Proposta para um gerenciamento de áreas verdes. **Revista Silvicultura em São Paulo**, São Paulo, v. 16, parte 3, p. 1900-1906, 1982.

BUENO, J. **A matriz energética brasileira**: situação atual e perspectivas. 2013. Disponível em: <http://docplayer.com.br/24185236-A-matriz-energetica-brasileira-situacao-atual-e-perspectivas-julio-bueno.html>. Acesso em: 25 nov. 2017.

CALDEIRA, R. L. et al. First Record of Molluscs Naturally Infected with Angiostrongylus cantonensis (Chen, 1935) (Nematoda: Metastrongylidae) in Brazil. **Memórias do Instituto Oswaldo Cruz**, Rio de Janeiro, v. 102, n. 7, p. 887-889, nov. 2007. Disponível em: <http://www.scielo.br/pdf/mioc/v102n7/5872.pdf>. Acesso em: 27 nov. 2017.

CAPURRO, M. L. et al. **Mosquitos transgênicos para o controle de doenças tropicais**. Tópicos Avançados em Entomologia Molecular. INCTEM – Instituto Nacional de Ciência e Tecnologia em Entomologia Molecular. 2012. Disponível em: <http://www.inctem.bioqmed.ufrj.br/biblioteca/arthrolivro-1/capitulo-18-mosquitos-transgenicos-para-o-controle-de-doencas-tropicais/at_download/file>. Acesso em: 27 nov. 2017.

CARNEIRO, P. R. F. Controle de inundações nas metrópoles. **Observatório das metrópoles**, Entrevistas, 17 jan. 2013. Disponível em: <http://observatoriodasmetropoles.net/index.php?option=com_k2&view=item&id=471%3Acontrole-de-inunda%C3%A7%C3%B5es-nas-metr%C3%B3poles-aus%C3%AAncia-de-gest%C3%A3o-integrada&Itemid=171&lang=pt>. Acesso em: 27 nov. 2017.

CARNEIRO, P. R. F.; MIGUEZ, M. G. **Controle de inundações em bacias hidrográficas metropolitanas**. São Paulo: Annablume, 2011.

CARRETE, M. et al. Effects of Habitat Degradation on the Abundance, Richness and Diversity of Raptors Across Neotropical Biomes. **Biological Conservation**, v. 142, p. 2002-2011, Oct. 2009.

CAVALHEIRO, F.; NUCCI, J. C. Espaços livres e qualidade de vida urbana. **Paisagem Ambiente Ensaios**, São Paulo, n. 11, p. 277-288, dez. 1998. Disponível em: <http://www.revistas.usp.br/paam/article/view/135315/131186>. Acesso em: 26 nov. 2017.

CBEE – Centro Brasileiro de Estudos em Ecologia de Estradas. Disponível em: <http://cbee.ufla.br/>. Acesso em: 26 nov. 2017.

CONGRESSO BRASILEIRO DE BIOÉTICA E BEM-ESTAR ANIMAL, 1.; SEMINÁRIO NACIONAL DE BIOSSEGURANÇA E BIOTECNOLOGIA ANIMAL, 1., 2008, Recife. Anais... Recife: CFMV, 2008. Disponível em: <http://portal.cfmv.gov.br/portal/uploads/anaisbioetica[1].pdf>. Acesso em: 26 no. 2017.

COOK, E. L. The Flow of Energy in an Industrial Society. **Scientific American**, v. 225, n. 3, p. 135-142, Sept. 1971.

CORREIO BRAZILIENSE. **Um problema estrutural (Especial Estrutural)**. Disponível em: <http://www.correiobraziliense.com.br/especiais/estrutural/>. Acesso em: 27 nov. 2017.

COSTA, M. da S. **Um índice de mobilidade urbana sustentável**. 248 f. Tese (Doutorado em Engenharia Civil) – Universidade de São Paulo, São Carlos, 2008. Disponível em: <http://www.teses.usp.br/teses/disponiveis/18/18144/tde-01112008-200521/pt-br.php>. Acesso em: 21 nov. 2017.

COUTINHO, L. M. O conceito de bioma. **Acta Botanica Brasilica**, São Paulo, v. 20, n. 1, p. 13-23, jan./mar. 2006. Disponível em: <http://www.scielo.br/pdf/abb/v20n1/02.pdf>. Acesso em: 26 nov. 2017.

CRMV – Conselho Regional de Medicina Veterinária. Programa de Zoonoses – Região Sul. **Manual de zoonoses**. 2. ed. 2010. v. 1. Disponível em: <http://www.crmvsc.org.br/arquivos/Manual-de-Zoonoses-I.pdf>. Acesso em: 26 nov. 2017.

CURITIBA. Portal da Prefeitura. **Mobilidade urbana**. Disponível em: <http://www.curitiba.pr.gov.br/busca/?por=mobilidade%20%20urbana&filtro=4>. Acesso em: 12 abr. 2017.

DALTOÉ, G. A. B.; KARNAUKHOVA, E.; LOCH, C. Cenários de implantação do Sistema de Áreas Verdes com base nos instrumentos de gestão ambiental propostos no âmbito de um novo Plano Diretor e Código de Meio Ambiente. In: **Congresso Brasileiro de Cadastro Técnico Multifinalitário**. Florianópolis: UFSC, 2006.

DALY, H. E.; FARLEY, J. **Ecological Economics**: Principles and Applications. Washington: Island Press, 2004.

D'AMATO, C.; TORRES, J. P. M.; MALM, O. DDT (dicloro difenil tricloroetano): toxicidade e contaminação ambiental – uma revisão. **Química Nova**, v. 25, n. 6, p. 995-1002, dez. 2002. Disponível em: <http://www.scielo.br/pdf/qn/v25n6a/12776.pdf>. Acesso em: 26 out. 2017.

D'ELIA, R. Telhados verdes: coberturas verdes projetadas no Brasil oferecem sistemas diferenciados para proporcionar conforto térmico colaborando com o meio ambiente. **Revista Téchne**, n. 148, jul. 2009. Disponível em: <http://techne17.pini.com.br/engenharia-civil/148/artigo287671-1.aspx>. Acesso em : 26 nov. 2017.

DESTRO, G. F. G. et al. **Esforços para o combate ao tráfico de animais silvestres no Brasil = Efforts to Combat Wild Animals Trafficking in Brazil**. 2012. Disponível em: <http://www.ibama.gov.br/sophia/cnia/periodico/esforcosparaocombateaotraficodeanimais.pdf>. Acesso em: 26 nov. 2017.

FANG, J. Ecology: a World without Mosquitoes. **Nature**, v. 466, n 7305, p. 432-434, Jul. 2010. Disponível em: <http://www.nature.com/news/2010/100721/full/466432a.html?message=remove&s=news_rss>. Acesso em: 26 nov. 2017.

FAO – Food and Agriculture Organization of the United Nations. **The State of Food Insecurity in the World 1999**. Rome: FAO, 1999. Disponível em: <http://www.fao.org/NEWS/1999/img/SOFI99-E.PDF>. Acesso em: 28 nov. 2017.

FAVORETTO, S. R. et al. Rabies in Marmosets (Callithrix jacchus), Ceará, Brazil. **Emerging Infectious Diseases**, v. 7, n. 6, p. 1062-1065, Nov./Dec. 2001.

FERREIRA, A. G.; BORBA, S. N.; de S.; WIZNIEWSKY, J. G. A prática da compostagem para a adubação orgânica pelos agricultores familiares de Santa Rosa/RS. **Revista Eletrônica do Curso de Direito – UFSM**, v. 8, p. 307-317, 2013. Disponível em: <https://periodicos.ufsm.br/revistadireito/article/view/8275/4991>. Acesso em: 27 nov. 2017.

FERREIRA, O. M. **Disposição de resíduos sólidos urbanos em aterros sanitários:** elementos norteadores e custos decorrentes no Estado de Goiás. 166 f. Dissertação (Mestrado em Engenharia do Meio Ambiente) – Universidade Federal de Goiás, Goiânia, 2006.

FIOCRUZ – Fundação Oswaldo Cruz. Instituto de Tecnologia em Imunobiológicos. **Leptospirose:** sintomas, transmissão e prevenção. 2014. Disponível em: <https://www.bio.fiocruz.br/index.php/sintomas-transmissao-e-prevencao>. Acesso em: 26 nov. 2017.

FISCHER, M. L.; COSTA, L. C. M. (Org.). **O caramujo gigante africano *Achatina fulica* no Brasil.** Curitiba: Champagnat, 2010.

GERMANI, G. I. **Expropriados, terra e água:** o conflito de Itaipu. Salvador: Ed. da UFBA; Ed. da Ulbra, 2003.

GIODA, A.; AQUINO NETO, F. R. de. Considerações sobre estudos de ambientes industriais e não-industriais no Brasil: uma abordagem comparativa. **Cadernos de Saúde Pública**, v. 19, n. 5, p. 1389-1397, set./out. 2003. Disponível em: <http://www.scielo.br/pdf/csp/v19n5/17811.pdf>. Acesso em: 28 nov. 2017.

GREY, G. W.; DENEKE, F. J. **Urban Forestry.** 2. ed. New York: J. Willey, 1986.

GRIMM, A. M. **A atmosfera.** UFPR – Universidade Federal do Paraná. Disponível em: <http://fisica.ufpr.br/grimm/aposmeteo/cap1/cap1-2.html>. Acesso em: 25 nov. 2017.

GROSSMAN, G. L. et al. Germline Transformation of the Malaria Vector, Anopheles gambiae, with the piggyBac Transposable Element. **Insect Molecular Biology**, v. 10, n. 6, p. 597-604, Dec. 2001.

H2G2. **Legionnaire's Disease:** a History of its Discovery. 16 Jan. 2003. Disponível em: <http://www.h2g2.com/approved_entry/A882371>. Acesso em: 28 nov. 2017.

HANRAHAN, G. Introduction to Environmental Chemistry. In: **Key Concepts in Environmental Chemistry.** Boston: Academic Press, 2012. p. 3-30.

HARDER, i. c. f.; ribeiro, r. de C. S.; TAVARES, A. R. Índices de área verde e cobertura vegetal para as praças do município de Vinhedo, SP. **Revista Árvores**, Viçosa, v. 30, n. 2, p. 277-282, 2006. Disponível em: <http://www.scielo.br/pdf/rarv/v30n2/a15v30n2.pdf>. Acesso em: 26 nov. 2017.

HEALTHMAP. **Dengue Map.** Disponível em: <http://www.healthmap.org/dengue/en/>. Acesso em: 27 nov. 2017.

HILDEBRAND, E. **Avaliação econômica dos benefícios gerados pelos parques urbanos:** estudo de caso em Curitiba-PR. 137 f. Tese (Doutorado em Ciências Florestais) – Universidade Federal do Paraná, Curitiba, 2001. Disponível em: <http://acervodigital.ufpr.br/bitstream/handle/1884/25334/T%20-%20HILDEBRAND%2C%20ELISABETH.pdf?sequence=1&isAllowed=y>. Acesso em: 26 nov. 2017.

HOUGHTON, R. A. Carbon Flux to the Atmosphere from Land-Use Changes: 1850-2005. **Carbon Dioxide Information Analysis Center**, Oak Ridge National Laboratory, U.S. Department of Energy, Oak Ridge, Tenn., 2008.

HUI, D. WebFood: concept and applications. **Nature Education Knowledge**, 3, n. 12, 6, 2012.

IBGE – Instituto Brasileiro de Geografia e Estatística. **Censo demográfico 2010.** Disponível em: <http://www.ibge.gov.br/home/estatistica/populacao/censo2010/default.shtm>. Acesso em: 26 nov. 2017.

_____. **Pesquisa nacional por amostra de domicílios – 2014.** 2014. Disponível em: <http://www.ibge.gov.br/home/estatistica/populacao/trabalhoerendimento/pnad2014/default.shtm>. Acesso em: 26 nov. 2017.

INSTITUTO BUTANTAN. Disponível em: <http://www.butantan.gov.br/>. Acesso em: 27 nov. 2017.

INSTITUTO DA MOBILIDADE SUSTENTÁVEL – RUA VIVA. **Mobilidade e qualidade de vida.** 2014. Disponível em: <http://www.ruaviva.org.br/mobilidade-sustentavel.html>. Acesso em: 27 nov. 2017.

INSTITUTO HÓRUS. **Estratégias e políticas públicas para o controle das espécies exóticas invasoras.** Porto Alegre: Secretaria do Ambiente e Desenvolvimento Sustentável; Fundação Estadual de Proteção Ambiental Henrique Luiz Roessler, 2016. (Caderno de Resultados, 2). Disponível em: <http://www.sema.rs.gov.br/upload/arquivos/201706/28164322-exoticas-invasoras-versaodigital.pdf>. Acesso em: 28/ nov. 2017.

IPCC – Intergovernmental Panel on Climate Change. Disponível em: <http://www.ipcc.ch/>. Acesso em: 16 maio 2017.

JARDIM, M. M. A. **Morcegos urbanos:** sugestões para o controle em escolas públicas estaduais de Porto Alegre. Porto Alegre: Museu de Ciências Naturais/Fundação Zoobotânica do Rio Grande do Sul. Disponível em: <http://www.mma.gov.br/port/conama/processos/21E79D5E/morcegos_urbanos%20escolas%20rs.pdf>. Acesso em: 26 nov. 2017.

JESUS, S. C. de; BRAGA, R. Análise espacial das áreas verdes urbanas da Estância de Águas de São Pedréo-SP. **Caminhos de Geografia**, v. 18, n. 16, p. 207-224, out. 2005. Disponível em: <http://www.seer.ufu.br/index.php/caminhosdegeografia/article/viewFile/15460/8750>. Acesso em: 25 nov. 2017.

KATZ, N.; ALMEIDA, K. Esquistossomose, xistosa, barriga d'água. **Ciência e Cultura**, São Paulo, v. 55, n. 1, p. 38-43, jan. 2003. Disponível em: <http://cienciaecultura.bvs.br/pdf/cic/v55n1/14853.pdf>. Acesso em: 21 dez. 2017.

KEITH, L. H. (Ed.). **Principles of Environmental Sampling**. 2. ed. Washington: American Chemical Society, 1996.

KIRBY, J. R. The NRCA Green Roof Systems Manual. Rosemont, IL: NRCA, 2007.

KLIASS, R. G.; MAGNOLI, M. M. **Características urbanas de cinco zonas da cidade de São Paulo**: espaços livres. São Paulo: PMSP, 1967.

KNOTHE, G. et al. (Ed.). **Manual de biodiesel**. São Paulo: Edgard Blucher, 2006.

LANG, P. Zika, chikungunya e dengue: entenda as diferenças. **Agência Fiocruz de Notícias**, 17 nov. 2015. Disponível em: <https://agencia.fiocruz.br/zika-chikungunya-e-dengue-entenda-diferen%C3%A7as>. Acesso em: 27 nov. 2017.

LESLIE, G. B. Health Risks from Indoor Air Pollutants: Public Alarm and Toxicological Reality. **Indoor and Built Environment**, v. 9, p. 5-16, Sept. 2000.

LIMA, A. R. M. C. et al. Alicata Disease: Neuroinfestation by Angiostrongylus cantonensis in Recife, Pernambuco, Brazil. **Arquivos de Neuro-Psiquiatria**, São Paulo, v. 67, n. 4, p. 1093-1096, Dec. 2009. Disponível em: <http://www.scielo.br/pdf/anp/v67n4/25.pdf>. Acesso em: 27 nov. 2017.

LIMA, E. de. Fraternidade e ecologia. **O Povo**, Vertical, 6 jan. 2017. Disponível em: <http://www20.opovo.com.br/app/colunas/vertical/2017/01/06/noticiasvertical,3678201/fraternidadee-ecologia.shtml>. Acesso em: 27 nov. 2017.

LIMA NETO, E. M. de et al. Análise das áreas verdes das praças do bairro centro e principais avenidas da cidade de Aracaju-SE. **Revista da Sociedade Brasileira de Arborização Urbana**, v. 2, n. 1, p. 17-33, 2007. Disponível em: <http://www.revsbau.esalq.usp.br/artigos_cientificos/artigo10.pdf>. Acesso em: 21 nov. 2017.

LOPES, S.; ROSSO, S. **Bio**. São Paulo: Saraiva, 2010. v. 1. Edição especial.

MACÁRIO, R. **Gestão sistêmica da mobilidade urbana**: uma primeira abordagem. Brasília: Ministério das Cidades, 2005. Trabalho não publicado.

MAGALHÃES, L. M. S. Arborização e florestas urbanas – terminologia adotada para a cobertura arbórea das cidades brasileiras. Série Técnica. Departamento de Ciências Ambientais, Instituto de Florestas, UFRRJ, p. 23-26, 26 jan. 2006. Disponível em: <http://www.if.ufrrj.br/st/pdf/arboriza.pdf>. Acesso em: 31 out. 2017.

MANAHAN, S. E. **Fundamentals of Environmental Chemistry**. Boca Raton: Lewis Publishers, 1993.

MARQUES, A. A degradação das florestas urbanas no município de São Paulo devido à expansão urbana. EcoDebate, 8 mar. 2012. Disponível em <https://www.ecodebate.com.br/2012/03/08/a-degradacao-das-florestas-urbanas-no-municipio-de-sao-paulo-devido-a-expansao-urbana-artigo-de-alexandre-marques/>. Acesso em: 26 nov. 2017.

MAZZAROTTO, A. A. V. de S. **Florestas urbanas**: uma metodologia de avaliação. Dissertação (Mestrado em Gestão Ambiental) – Universidade Positivo, Curitiba, 2008.

MAZZAROTTO, A. A. V. de S.; CUBAS, S.; MARANHO, L. T. Florestas urbanas: método de avaliação para gestão das áreas verdes. **Revista Floresta**, Curitiba, v. 41, n. 3, p. 501-518, jul./set. 2011. Disponível em: <http://revistas.ufpr.br/floresta/article/view/24043/16076>. Acesso em: 21 nov. 2017.

MELLO FILHO, L. E. Arborização urbana. In: ENCONTRO NACIONAL SOBRE ARBORIZAÇÃO URBANA, 1., 1985, Porto Alegre. **Anais**... Porto Alegre: Secretaria Municipal do Meio Ambiente, 1985. p. 45-49.

MELO, R. R. de; LIRA FILHO, J. A. de; Rodolfo Júnior, F. Diagnóstico qualitativo e quantitativo da arborização urbana no bairro Bivar Olinto, Patos, Paraíba. **Revista da Sociedade Brasileira de Arborização Urbana**, v. 2, n. 1, p. 64-80, 2007. Disponível em: <http://www.revsbau.esalq.usp.br/artigos_cientificos/artigo13.pdf>. Acesso em: 26 nov. 2017.

MET OFFICE. **The Great Smog of 1952**. 20 Apr. 2015. Disponível em: <http://www.metoffice.gov.uk/learning/learn-about-the-weather/weather-phenomena/case-studies/great-smog>. Acesso em: 27 nov. 2017.

MILANO, M. S. **Avaliação quali-quantitativa e manejo da arborização urbana:** exemplo de Maringá-PR. 120 f. Tese (Doutorado em Ciências Florestais) – Universidade Federal do Paraná, Curitiba, 1988. Disponível em: <http://acervodigital.ufpr.br/handle/1884/24817>. Acesso em: 27 nov. 2017.

MILANO, M. S.; DALCIN, E. **Arborização de vias públicas.** Rio de Janeiro: Light, 2000.

MILARÉ, É. **Direito do ambiente.** São Paulo: Revista dos Tribunais, 2002.

MILLER, R. W. **Urban Forestry:** Planning and Managing Urban Greenspaces. 2. ed. New Jersey: Prentice Hall, 1997.

MIRANDA, R. M. de et al. Urban Air Pollution: a Representative Survey of PM2.5 Mass Concentrations in Six Brazilian Cities. **Air Quality, Atmosphere & Health**, v. 5, n. 1, p. 63-77, Mar. 2012. Disponível em: <https://www.ncbi.nlm.nih.gov/pmc/articles/PMC3286513/>. Acesso em: 27 nov. 2017.

MOLINA JÚNIOR, W. F.; ROMANELLI, T. L. **Recursos energéticos e ambiente.** Curitiba: InterSaberes, 2015.

MOORE, J. W.; MOORE, E. A. **Environmental Chemistry.** New York: Academic Press, 1976.

MOREIRA, T. C. L.; SILVA FILHO, D. F. da; POLIZEL, J. L. Extração de cobertura arbórea intra urbana de imagens de alta resolução. In: SIMPÓSIO BRASILEIRO DE SENSORIAMENTO REMOTO, 13., 2007, Florianópolis. **Anais...** Florianópolis: Inpe, 2007. Disponível em: <https://www.researchgate.net/profile/Tiana_Moreira2/publication/228666198_Extracao_de_cobertura_arborea_intra-urbana_de_imagens_de_alta_resolucao/links/5601946a08aeb30ba735507a/Extracao-de-cobertura-arborea-intra-urbana-de-imagens-de-alta-resolucao.pdf>. Acesso em: 26 nov. 2017.

MOTTA, R. S. da. **The Economics of Biodiversity in Brazil:** the Case of Forest Conversion. Discussion Paper n. 63. Brasília: Ipea, 2015. Disponível em: <http://repositorio.ipea.gov.br/bitstream/11058/4830/1/DiscussionPaper_63.pdf>. Acesso em: 26 nov. 2017.

NASA. Melting Qori Kalis glacier, Peru: July 1978 - July 2011. **Images of change.** Disponível em: <https://climate.nasa.gov/images-of-change?id=543#543-melting-qori-kalis-glacier-peru>. Acesso em: 19 dez. 2017.

NELSON, D. L.; COX, M. M. **Princípios de bioquímica de Lehninger.** 5. ed. Porto Alegre: Artmed, 2011.

NOVAES, W. G. **Uso do habitat por urubus (Família Cathartidae Lafresnaye, 1839) em áreas urbanas e naturais em Manaus, Amazonas.** 108 f. Tese (Doutorado em Biologia) – Instituto Nacional de Pesquisas da Amazônia, Manaus, 2013. Disponível em: <http://bdtd.inpa.gov.br/bitstream/tede/950/1/Weber%20Galvao%20Novaes.pdf>. Acesso em: 26 nov. 2017.

NTU – Associação Nacional das Empresas de Transportes Urbanos. **A nova mobilidade urbana do Brasil.** Disponível em: <http://www.ntu.org.br/novo/AreasInternas.aspx?idArea=7&idSegundoNivel=18>. Acesso em: 28 nov. 2017.

NUCCI, J. C. **Qualidade ambiental e adensamento urbano:** um estudo de ecologia e planejamento da paisagem aplicado ao distrito de Santa Cecília (MSP). São Paulo: Humanitas, 2001.

NUNES, M. Fauna urbana: a vida selvagem à nossa porta. **Cultivar Biodiversidade,** 10 set. 2011. Disponível em: <https://cultivarbiodiversidade.wordpress.com/2011/09/10/fauna-urbana-%E2%80%93-a-vida-selvagem-a-nossa-porta/>. Acesso em: 26 nov. 2017.

OBSERVATÓRIO DAS METRÓPOLES. INCT – Instituto Nacional de Ciência e Tecnologia. Disponível em: <http://observatoriodasmetropoles.net/index.php?option=com_k2&view=itemlist&task=category&id=15%3Aartigos-cientificos&Itemid=181&lang=pt>. Acesso em: 27 nov. 2017.

ODINGO, R. S. Implications for African Agriculture of the Greenhouse Effect. In: SCHARPENSEEL, H. W.; SCHOMAKER, M.; AYOUB, A. (Ed.). **Soils on a Warmer Earth:** Proceedings of an International Workshop on Effects of Expected Climate Change on Soil Processes in the Tropics and Subtropics, Nairobi, Kenya. New York: Elsevier, 1990.

ODUM, E. P. **Fundamentos de ecologia.** 6. ed. São Paulo: Fundação Calouste Gulbenkian, 2004.

OLIVEIRA, C. H. de. **Planejamento ambiental na cidade de São Carlos (SP) com ênfase nas áreas públicas e áreas verdes:** diagnósticos e propostas. 181 f. Dissertação (Mestrado em Ecologia) – Universidade Federal de São Carlos, São Carlos, 1996. Disponível em: <https://repositorio.ufscar.br/bitstream/handle/ufscar/1950/mestrado-carlos-henke-oliveira.pdf?sequence=1&isAllowed=y>. Acesso em: 26 nov. 2017.

PARANÁ (Estado). Secretaria do Meio Ambiente e Recursos Hídricos. Aguas Paraná – Instituto das Águas do Paraná. **Consórcios intermunicipais de resíduos sólidos urbanos.** Disponível em: <http://www.aguasparana.pr.gov.br/modules/conteudo/conteudo.php?conteudo=77>. Acesso em: 27 nov. 2017a.

PARANÁ (Estado). Secretaria do Meio Ambiente e Recursos Hídricos. IAP – Instituto Ambiental do Paraná. **Conceitos gerais sobre espécies exóticas invasoras.** Disponível em: <http://www.iap.pr.gov.br/modules/conteudo/conteudo.php?conteudo=814>. Acesso em: 28 nov. 2017b.

_____. **Fauna:** animais de ambientes urbano e periurbano. Disponível em: <http://www.iap.pr.gov.br/arquivos/File/Atividades/INVASORAS/fauna_urbanos.pdf>. Acesso em: 28 nov. 2017c.

PARODI, E. S. M. (Coord.). **Manejo de pombos urbanos.** São Paulo: Secretaria Municipal da Saúde/Centro de Controle de Zoonoses, 2007. Disponível em: <http://www.prefeitura.sp.gov.br/cidade/secretarias/upload/PombosUrbanos_1253821868.pdf>. Acesso em: 26 nov. 2017.

PIEDADE, H. M. **Fauna urbana.** São Paulo: SME/CEA, 2013. (Cadernos de Educação Ambiental, 17, v. 1 e 2).

PORTAL ECOD. EcoD básico: lixão, aterro controlado e aterro sanitário. **Rumo sustentável,** 12 maio 2010. Disponível em: Acesso em: <https://rumosustentavel.com.br/2010/05/12/ecod-basico-lixao-aterro-controlado-e-aterro-sanitario/>. Acesso em: 29 nov. 2017.

PORTAL ENERGIA. **Fontes de energia renováveis e não renováveis.** 12 set. 2015. Disponível em: <http://www.portal-energia.com/fontes-de-energia/>. Acesso em: 21 nov 2017.

RAVEN, P. H.; EVERT, R. F.; EICHHORN, S. E. **Biologia vegetal.** 5. ed. Rio de Janeiro: Guanabara Koogan, 1996.

RIBEIRO, L. A. et al. Epidemiologia do acidente por aranhas do gênero Loxosceles Heinecken & Lowe no Estado do Paraná (Brasil). **Memórias do Instituto Butantan,** v. 55, n. 1, p. 19-26, 1993. Disponível em: <https://bibliotecadigital.butantan.gov.br/arquivos/48/PDF/3.pdf>. Acesso em: 27 nov. 2017.

RICKLEFS, R. E. **A economia da natureza.** 5. ed. Rio de Janeiro: Guanabara Koogan, 2003.

RIOS, J. L. P. et al. **Revitalização de rios.** Rio de Janeiro: GTZ-Semads, 2002.

ROSA, S. J. Pedágio urbano. **SEESP – Sindicato dos Engenheiros no Estado de São Paulo,** 13 jun. 2016. Disponível em: <http://www.seesp.org.br/site/imprensa/noticias/item/15007-artigo-ped%C3%A1gio-urbano.html>. Acesso em: 26 nov. 2017.

SABADIN, V. A. et al. Planejamento participativo para recuperação de florestas urbanas em áreas verdes do município de Piracicaba-SP. In: SEMINÁRIO NACIONAL SOBRE DEGRADAÇÃO E RECUPERAÇÃO AMBIENTAL, 2003, Foz do Iguaçu. **Anais...** Foz do Iguaçu, 2003.

SANTOS, T. R. dos. **Prevalência de anticorpos anti-Toxoplasma gondii em bovinos, cães e humanos da Região Sudoeste do Estado de Mato Grosso.** 86 f. Tese (Mestre em Medicina Veterinária) – Faculdade de Ciências Agrárias e Veterinárias, Universidade Estadual Paulista "Júlio de Mesquita Filho", Jaboticabal, 2008. Disponível em: <http://www.fcav.unesp.br/download/pgtrabs/pan/m/3226.pdf>. Acesso em: 26 nov 2017.

SÃO PAULO (Estado). Secretaria de Estado da Saúde. SUCEN – Superintendência de Controle de Endemias. **Manual de vigilância acarológica.** São Paulo: Secretaria de Estado da Saúde, 2004. Disponível em: <http://www.saude.sp.gov.br/resources/sucen/homepage/downloads/arquivos-de-febre-maculosa/manual_de_vigilancia_acarologica_2004.pdf>. Acesso em: 26 nov. 2017.

SÃO PAULO (Estado). Secretaria do Meio Ambiente. CETESB – Companhia de Tecnologia de Saneamento Ambiental. **Relatório de qualidade do ar no Estado de São Paulo 1993.** São Paulo: secretaria do Meio Ambiente; Cetesb, 1994. Disponível em: <http://cetesb.sp.gov.br/qualidade-ar/wp-content/uploads/sites/28/2013/12/1993.pdf>. Acesso em: 26 nov. 2017.

SÃO PAULO (Estado). Secretaria do Meio Ambiente. **Instituto Florestal.** Disponível em: <http://www.iflorestal.sp.gov.br>. Acesso em: 26 nov. 2017.

SÃO PAULO (Município). **Animais sinantrópicos.** 23 set. 2009. Disponível em: <http://www.prefeitura.sp.gov.br/cidade/secretarias/saude/vigilancia_em_saude/controle_de_zoonoses/animais_sinantropicos/index.php?p=4378>. Acesso em: 21 nov 2017.

SCHIRMER, W. N. et al. A poluição do ar em ambientes internos e a síndrome dos edifícios doentes. **Ciência & Saúde Coletiva**, Rio de Janeiro, v. 16, n. 8, p. 3583-3590, ago. 2011. Disponível em: <http://www.scielo.br/scielo.php?script=sci_arttext&pid=S1413-81232011000900026&lng=en&nrm=iso>. Acesso em: 28 nov. 2017.

SCHNELL, M. **Toxoplasmose felina:** revisão de literatura e soroprevalência de Toxoplasma gondii em felinos domésticos atendidos no Hospital de Clinicas Veterinárias da UFRGS. Monografia (Graduação em Medicina Veterinária) – Universidade Federal do Rio Grande do Sul, Porto Alegre, 2011. Disponível em: <http://www.lume.ufrgs.br/bitstream/handle/10183/60804/000860505.pdf?sequence=1> Acesso em: 26 nov. 2017.

SCHOLTE, R. G. C. et al. Predictive Risk Mapping of Schistosomiasis in Brazil Using Bayesian Geostatistical Models. **ActaTropica**, v. 132, p. 57-63, Apr. 2014.

SIGRIST, T. **Mamíferos do Brasil:** uma visão artística. Vinhedo: Avis Brasilis, 2012.

SILVA, A. G. da et al. Comparação de três métodos de obtenção de dados para avaliação quali-quantitativa da arborização viária, em Belo Horizonte-MG. Revista da Sociedade Brasileira de Arborização Urbana, v. 1, n. 1, p. 31-44, 2006. Disponível em: <http://www.revsbau.esalq.usp.br/artigos_cientificos/artigo04.pdf>. Acesso em: 26 nov. 2017.

SILVA FILHO, D. F. da. **A aplicação de videografia aérea multiespectral na avaliação de floresta urbana.** Tese (Doutorado em Agronomia) – Universidade Estadual Paulista, Jaboticabal, 2004.

SILVA JUNIOR, C. da; SASSON, S. **Biologia**. São Paulo: Saraiva, 1998.

SINDPASS – Sindicato das Empresas de Transporte de Passageiros. **Programa selo verde.** Disponível em: <http://www.sindpass.com.br/seloverde.html>. Acesso em: 26 nov. 2017.

SNA – Sociedade Nacional de Agricultura. **Exemplo para o Brasil, Paraná recupera 8 mil nascentes.** 26 out. 2014. Disponível em: <http://sna.agr.br/exemplo-para-o-brasil-parana-recupera-8-mil-nascentes/>. Acesso em: 27 nov. 2017.

TARDELLI FILHO, J. Controle e redução de perdas. In: TSUTIYA, M. T. **Abastecimento de água.** São Paulo: Epusp, 2004. p. 457-525.

TAVARES, R. Clima, tempo e desastres. In: TOMINAGA, L. K.; SANTORO, J.; AMARAL, R. (Org.). **Desastres naturais:** conhecer para prevenir. São Paulo: Instituto Geológico, 2009. p. 111-146. Disponível em: <http://www.igeologico.sp.gov.br/downloads/livros/DesastresNaturais.pdf>. Acesso em: 27 nov. 2017.

THE WORLD BANK. **What a Waste:** a Global Review of Solid Waste Management. Disponível em: <http://web.worldbank.org/WBSITE/EXTERNAL/TOPICS/EXTURBANDEVELOPMENT/0,,contentMDK:23172887~pagePK:210058~piPK:210062~theSitePK:337178,00.html>. Acesso em: 27 nov. 2017.

THIENGO, S. C. et al. Rapid Spread of an Invasive Snail in South America: the Giant African Snail, Achatina fulica, in Brasil. **Biological Invasions**, n. 9, p. 693-702, 2007.

TUCCI, C. E. M. Gerenciamento integrado das inundações urbanas no Brasil. **REGA – Revista de Gestão de Água da América Latina,** Santiago, v. 1, n. 1, p. 59-74, jan./jun. 2004. Disponível em: <https://abrh.s3-sa-east-1.amazonaws.com/Sumarios/63/2ad4eeedd7a7c343e9e3761021390984_7960253b5475402462f2cae2b731c23f.pdf>. Acesso em: 27 nov. 2017.

UNB – Universidade de Brasília. Apresentação sobre o Sistema Nacional de Informações sobre Saneamento – SNIS. **UNB – Informe.** Disponível em: <https://informe.unb.br/index.php/noticias/9-sobre-infounb/6595-apresenta%C3%A7%C3%A3o-sobre-o-sistema-nacional-de-informa%C3%A7%C3%B5es-sobre-saneamento-%E2%80%93-snis.html>. Acesso em: 27 nov. 2017.

UNEP – United Nations Environment Programme. **Handbook for the Montreal Protocol on Substances that Deplete the Ozone Layer.** 9. ed. Nairoby: Unep, 2012. Disponível em: <http://ozone.unep.org/Publications/MP_Handbook/MP-Handbook-2012.pdf>. Acesso em: 27 nov. 2017.

VIANA, V. M. Biologia e manejo de fragmentos florestais naturais. In: CONGRESSO FLORESTAL BRASILEIRO, 6., 1990, Campos do Jordão. **Anais...** Campos do Jordão: SBS/SBEF, 1990. p. 113-118.

WOLF, K. L. O valor econômico e social das florestas urbanas. **Revista Agricultura Urbana**, v. 13, p. 30-47, 2006. Disponível em: <http://www.agriculturaurbana.org.br/RAU/AU13/AU13economics.html>. Acesso em: 21 nov. 2017.

WOOLLEY, A. R.; KJARSGAARD, B. A. Carbonatite Occurrences of the World: Map and Database. **Geological Survey of Canada**, 2008; 28 p. (1 sheet); 1 CD-ROM.

ZHOURI, A. A re-volta da ecologia política: conflitos ambientais no Brasil. **Ambiente & Sociedade**, Campinas, v. 7, n. 2, p. 211-213, jul./dez. 2004. Resenha. Disponível em: <http://www.scielo.br/scielo.php?script=sci_arttext&pid=S1414-753X2004000200015&lng=en&nrm=iso>. Acesso em: 22 nov. 2017.

ZORZENON, F. J. et al. Principais pragas da arborização urbana II: formigas carpinteiras. **Infobibos**, 2011. Disponível em: <http://www.infobibos.com/Artigos/2011_4/PragasJardins2/index.htm>. Acesso em: 10 abr. 2017.

# Respostas*

## Capítulo 1

Questões para revisão

1. d

    O primeiro item está relacionado ao ecossistema e o segundo, ao hábitat; o terceiro se refere à diversidade biológica ou biodiversidade e o último, ao conceito de biosfera.

2. d

    Por serem consumidores primários, portanto herbívoros, espera-se que haja uma diminuição drástica das espécies vegetais (produtores), que são a base da alimentação desses animais. Isso faria com que a competição pelo alimento aumentasse.

3. a

4. Uma relação mutualística se estabelece quando as duas espécies envolvidas se beneficiam dessa relação.

    Os desastres ambientais de origem antrópica são, por exemplo, os acidentes de origem humana, como o vazamento de petróleo na Baía de Guanabara; o vazamento de mercúrio da Baía de Minamata e o acidente nuclear com Césio 137 no Brasil.

5. De acordo com a Lei n. 6.938/1981, *poluição* consiste na

    > Art. 3° [...]
    >
    > [...] consiste na degradação da qualidade ambiental resultante de atividades que direta ou indiretamente:

◆ ◆ ◆

\* Todos os autores citados nesta seção constam na seção "Referências".

a) prejudiquem a saúde, a segurança e o bem-estar da população;

b) criem condições adversas às atividades sociais e econômicas;

c) afetem desfavoravelmente a biota;

d) afetem as condições estéticas ou sanitárias do meio ambiente;

e) lancem matérias ou energia em desacordo com os padrões ambientais estabelecidos. (Brasil, 1981)

# Capítulo 2

## Questões para revisão

1. b

    A reciclagem do álcool é mais rápida por ser proveniente de uma fonte vegetal, isso também vale para seu processo de refinamento em relação ao petróleo. Sem dúvidas, a emissão de poluentes do petróleo é maior que a do álcool.

2. d

3. c

    A maior parte da energia do país é proveniente das hidrelétricas, que estão localizadas, em sua maioria, na Região Norte do país. Os investimentos em energia solar ainda têm sido ínfimos em relação a outras fontes de energia.

4. As principais fontes de energias renováveis utilizadas pelo ser humano (Portal Energia, 2015) são:

    Hídrica: energia gerada pelo movimento das águas, como é o caso das hidrelétricas. Apesar de ser considerada renovável, seu uso depende do volume e da vazão dos rios.

    Eólica: energia gerada pelos ventos.

    Solar: energia gerada pela luz solar.

    Geotérmica: energia gerada pelo calor no interior da crosta terrestre (vulcões, gêiseres, fontes termais etc.).

    Marés: energia obtida por meio da variação do nível do mar.

    Ondas: semelhante à energia obtida pela variação das marés.

    Biomassa: energia obtida pela decomposição ou pela queima da matéria orgânica (cana-de-açúcar, lixo orgânico etc.)

5. Conforme o que foi visto no livro, não será o esgotamento de petróleo que levará ao seu fim. Haverá, ainda, de acordo com a tendência, diminuição do uso de transportes que usam esse tipo de combustível.

# Capítulo 3

## Questões para revisão

1. d

   A Lei n. 12.587/2012 define que, a partir de 12 de abril de 2015, os municípios com mais de 20 mil habitantes implantem um plano municipal de mobilidade urbana, o que possibilitará receber recursos federais. De acordo com a norma, os municípios que não tiverem o Plano após 12 abril de 2015 ficam impedidos de obter recursos federais orçamentários federais para contratação de novas operações. Esses municípios ficam (temporariamente) impedidos de celebrar novos contratos até que cumpram as exigências da lei.

2. c

   Mesmo que o aumento da velocidade média nas cidades seja um parâmetro a ser considerado na gestão da mobilidade urbana, as políticas públicas, assim como os especialistas em transporte, não consideram sustentável para as condições brasileiras e mais ainda para os centros urbanos densamente povoados qualquer ação que priorize o transporte motorizado particular em detrimento do transporte coletivo.

3. b

   Para que o desenvolvimento urbano seja sustentável e de acordo com a Política Nacional de Mobilidade Urbana, os Planos Diretores Municipais devem analisar as integrações na circulação de pessoas, priorizando o interesse coletivo. Para isso, dois aspectos principais devem ser observados: a redução da necessidade de circulação, principalmente em longa distância e em horários concentrados, e a melhoria da condição de acesso e circulação.

4. Para a mobilidade urbana sustentável, é necessário priorizar a redução do consumo de energia não renovável; o consumo sustentável de recursos; a adoção do conceito de bairro-cidade na

gestão do município; o uso de tecnologia para o aperfeiçoamento dos serviços destinados à população; a aplicação do conhecimento das diversas áreas do saber científico, para prevenção e correção dos problemas do cotidiano nas cidades e, principalmente, a efetiva promoção da sustentabilidade urbana.

5. A ferramenta Imus (Índice de Mobilidade Urbana Sustentável) de avaliação da Mobilidade Urbana Sustentável foi construída por meio de investigação científica realizada em várias unidades federativas do Brasil e empregou referências bibliográficas nacionais e internacionais. Empregada atualmente por vários profissionais dos setores envolvidos, serve de subsídio para o aperfeiçoamento de políticas públicas municipais e estaduais. Segundo essa ferramenta, os principais indicadores são acessibilidade, infraestrutura e transporte.

# Capítulo 4

Questões para revisão

1. a

    A gestão integrada é a única maneira de gerir com qualidade esses espaços, uma vez que as florestas urbanas são compostas por áreas que servem à sociedade, incluindo todos os espaços arborizados de praças, parques, ruas e áreas particulares, sendo reserva legal ou não.

2. As florestas urbanas são um todo composto por vários elementos de vegetação cujo manejo deve ser realizado de maneira a considerar os demais ambientes das áreas urbanas.

3. d

    A interpretação da Lei n. 12.651/2012 está errada. Os serviços prestados por essas áreas são gratuitos. A população assume o custo pelo pagamento de impostos da manutenção e da implantação apenas.

4. Sobre essa questão, os pesquisadores Jesus e Braga (2005, p. 211) comentam: "A dificuldade de comparar os Indicadores de áreas verdes reflete na falta de clareza nas terminologias, bem como as diferentes classificações de termos e métodos empregados", deixando as definições e os métodos a critério dos pesquisadores, o que cria uma diversidade muito grande de parâmetros e resultados.

5. O critério de cobertura das áreas urbanas não considera função, atribuição e nem finalidade; trata-se de um dado que mapeia a característica da cobertura livre quando não há construção e espaços construídos.

## Capítulo 5

### Questões para revisão

1. d

   As listas das espécies da fauna brasileira ameaçadas de extinção vigentes contam com 1.173 espécies. Logo, muitas de nossas espécies estão em perigo iminente.

2. d

   Todos os conceitos relacionados se referem à fauna sinantrópica, que, por sua vez, não deve ser confundida com animais domésticos.

3. c

   Entende-se por *fauna sinantrópica* aquela composta por espécies de animais que interagem de forma negativa com a população humana, causando-lhe transtornos significativos de ordem econômica ou ambiental, ou que representa riscos à saúde pública. Nesse caso, não estão incluídos cachorros e gatos. Conforme mencionado na referida normativa (disponível em: http://www.ambiente.sp.gov.br/fauna/files/2015/09/documentos_legislao_25.pdf), o manejo ambiental para o controle da fauna sinantrópica não inclui manuseio, remoção ou a eliminação direta dos espécimes. O manejo ambiental para controle da fauna sinantrópica nociva deve ser feito com a eliminação ou a alteração de recursos de hábitat utilizados pela fauna sinantrópica, com intenção de alterar sua estrutura e composição, incluindo manuseio, remoção ou eliminação direta dos espécimes.

4. Como estratégia de prevenção, podemos citar o investimento na reparação do ambiente para garantir sua funcionalidade.

# Capítulo 6

## Questões para revisão

1. a

   O consumo médio por pessoa desse recurso é definido, no SNIS, como a quantidade de água consumida, exceto o volume exportado, dividido pela população que usufrui desse serviço. Ou seja, é o consumo médio diário, mesmo que a utilização dessa água seja para atender demandas domésticas, comerciais, públicas e industriais. É um dado extremamente importante, pois embasa as projeções de demanda, assim como o dimensionamento de sistemas de água e esgotos, além de outros mecanismos de controle operacional.

2. a

   Todas as respostas são verdadeiras, segundo definições adotadas pelo SNIS, que é o maior e mais importante sistema de informações do setor de saneamento brasileiro. O Sistema possui uma base de dados que contém informações e indicadores sobre a prestação de serviços de água e esgotos e de manejo de resíduos sólidos urbanos (Brasil, 2016a).

3. b

   Esse método consiste em apurar a variação dos consumos de água no sistema ao longo do dia. É comum que o maior consumo ocorra entre 11h e 14h, e o menor, entre 3h e 4h. A vazão desse consumo mínimo é chamada de *vazão mínima noturna*, que pode ser obtida utilizando-se equipamentos de medição de vazão e pressão, após o fechamento dos registros do perímetro do subsetor de análise (Tardelli Filho, 2004). Esse procedimento determina as vazões do sistema no período de consumo mínimo, em que as pressões são maiores e, pelo fechamento dos registros, ocorrem vazamentos maiores.

4. Considerando definições apresentadas pelo SNIS, normalmente as soluções coletivas são implantadas nas áreas urbanas e rurais que apresentam densidade populacional elevada. Em situações como essa, os custos de implantação e operação são rateados entre a população que utiliza esses serviços.

   Já as soluções individuais costumam ser aplicadas em regiões com população dispersa e tem têm como foco cada residência especificamente, sendo que os custos para implantação são individualizados.

Quanto ao abastecimento de água, soluções emergenciais em algumas regiões acabam se tornando prática permanente, como carro-pipa; chafariz, bica ou mina; cisterna; açude; poço raso; poço profundo; entre outros.

O PNRH considera como serviço adequado ao abastecimento de água para soluções individuais o abastecimento de água potável por poço, nascente ou cisterna, desde que apresente canalização interna, sem interrupções

5. Segundo Carneiro e Miguez (2011), autores do livro *Controle de inundações em bacias hidrográficas metropolitanas*, as principais causas são: o aumento da população vivendo em áreas urbanas; a falta de regulação e da fiscalização do uso e da ocupação do solo para acesso e moradia; sistemas antigos ou ineficientes de drenagem; insuficiência ou inexistência de controles de inundações; falta de integração entre União, estados e municípios para a gestão dos recursos hídricos, do solo e do clima; e péssima gestão dos resíduos sólidos.

# Capítulo 7

## Questões para revisão

1. b

2. a

    Resíduos de classe II A são considerados não inertes e têm propriedades de biodegradabilidade, combustibilidade ou solubilidade em água. Os resíduos da classe II B são aqueles que não tiveram nenhum de seus constituintes solubilizados em concentrações superiores aos padrões de potabilidade de água. Os resíduos especiais, nesse caso, não existem nessa normativa.

3. a

    De acordo com o estabelecido na PNRS, Lei n. 12.305/2010, a hierarquia mais adequada para manejo dos resíduos sólidos é aquela estabelecida no item "a".

4. No processo de compostagem, deve-se evitar substâncias poluentes (xenobióticos), por isso não se deve adicionar alimento com óleo, por exemplo. Clima quente e relativamente úmido auxiliam no processo de compostagem.

5. Proteção da saúde pública e da qualidade ambiental; gestão integrada de resíduos sólidos e adoção de tecnologias limpas como forma de minimizar impactos ambientais.

# Capítulo 8

## Questões para revisão

1. a

    A troposfera é a camada mais próxima da terra, seguida por estratosfera, mesosfera, ionosfera e exosfera.

2. d

    Para que seja considerado um fenômeno atmosférico, deve ocorrer em, pelo menos, uma das camadas atmosféricas. Não é o caso do derretimento das calotas polares.

3. c

    As chuvas ácidas apresentam pH abaixo de 7 e são totalmente prejudiciais aos organismos aquáticos.

4. a

    Como se sabe, o $CO_2$ é o principal causador do efeito estufa, ao passo que o $SO_2$ é o principal causador da chuva ácida.

5. A chuva ácida ocorre quando substâncias ácidas solubilizadas ou geradas como poluente secundário caem na superfície por meio de chuva, neves ou neblinas. *Chuva ácida* é a expressão que utilizamos para descrever as precipitações de componentes ácidos, que, geralmente, são encontradas em chuvas, neves e neblinas. A vida aquática é fortemente afetada por esse fenômeno. Além disso, os ácidos também podem corroer pedras, metal e tintas, acelerando a deterioração natural de construções e monumentos.

✦ ✦ ✦

# Sobre os autores

**Angelo Augusto Valles de Sá Mazzarotto** é doutor em Meio Ambiente e Ruralidades pela Universidade Federal do Paraná (UFPR), mestre em Gestão Ambiental pela Universidade Positivo (Unicenp) e graduado em Engenharia Agronômica pela UFPR. É ainda especialista nas áreas de Educação Ambiental; Meio Ambiente e Desenvolvimento; MBA em Gestão Empresarial; e Formação de Tutores em Educação a Distância (EaD). É auditor líder, com certificação (IRCA – *International Register of Certificated Auditors*), diretor executivo da Matriz Consultoria Profissional e coordenador do curso de Engenharia Ambiental da Faculdade Anchieta (Faesp). Tem experiência nas áreas de gestão urbana, agronomia, ambiental, qualidade, *marketing* e educação, com atividades realizadas em todo o território brasileiro, na Europa e na África. É também engenheiro de segurança, diretor e apresentador do Programa de TV *Olá Planeta* e autor de livros e artigos na área de meio ambiente e sustentabilidade.

**Rodrigo de Cássio da Silva** é doutor e mestre em Ciências Biológicas (Biofísica com ênfase na área ambiental) pelo Instituto de Biofísica Carlos Chagas Filho da Universidade Federal do Rio de Janeiro (UFRJ) e graduado em Ciências Biológicas (licenciatura e bacharelado) pela Universidade Federal Rural do Rio de Janeiro (UFRRJ). É ainda especialista em Planejamento e Educação Ambiental pela Universidade Cândido Mendes e em Engenharia Sanitária e Controle Ambiental pela Escola Nacional de Saúde Pública da Fundação Oswaldo Cruz (Ensp-Fiocruz). Atualmente, é professor adjunto da Universidade Estadual de Ponta Grossa (UEPG), lotado no Departamento de Biologia Estrutural, Molecular e Genética (Debiogem). É coordenador do Curso Superior em Tecnologia em Gestão Ambiental do Centro Universitário Internacional Uninter, membro do Comitê de Ética e do Conselho de Pesquisa da mesma instituição. Atua na área de qualidade da água e do pescado, no ensino de Ciências e Biologia e na formação docente para a educação básica e meio ambiente (gestão e educação ambiental e resíduos sólidos).

# Anexos

Figura A – Imagem total do Jardim Botânico tratada pelo ArcView 3.2a

Legenda
- Regiões impermeáveis
- Áreas de construção
- Vegetação arbórea
- Vegetações rasteiras
- Lago/piscina

*Mapa A – Relatórios recentes de casos locais ou importados de dengue**

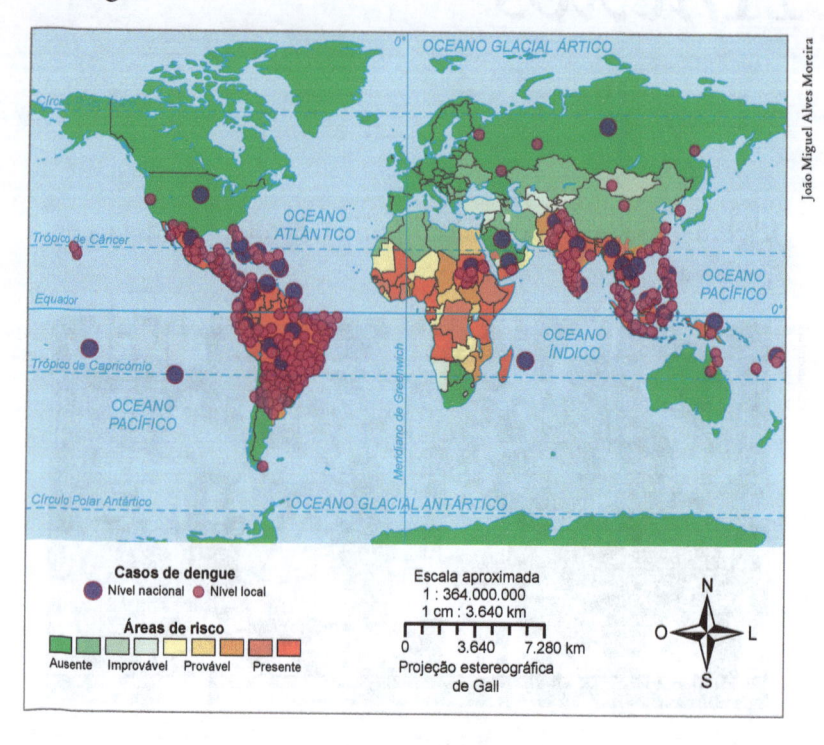

\* Informações recolhidas com base em dados oficiais, artigos de jornais e outras fontes de distribuição do vírus de acordo com o Centro Internacional de Controle e Prevenção de Doenças (HealthMap, 2017).

Impressão:
Dezembro/2017

✦ ✦ ✦